KB267063

장애인고용과 정책집행

장애인고용과 정책집행

이 곤 수 著

한국학술정보[주]

| 머 | 리 | 말 |

1990년 장애인고용정책이 도입된 이래 그동안의 점진적 변화에도 불구하고 최근에는 정책 자체에 대한 근본적인 도전에 직면하고 있다. 이 정책의 근거인 "장애인고용촉진등에관한법률"은 1990년 제정된 이래 지금까지 11차례나 개정되었으며, 특히 2000년에는 전면 개정하여 "장애인고용촉진및직업재활법"으로 변경되었다. 이후에도 2001년과 2002년 각 1차례씩 그리고 2004년과 2005년에는 각 2차례씩 개정이 이루어졌다. 이와 같이 빈번한 개정으로도 법이 의도하는 장애인 문제를 해결하기에는 역부족으로 평가되면서, 장애인 및 옹호 단체들은 1990년대 말부터 시작된 장애인당사자주의와 자립생활 패러다임 운동의 연속선상에서 장애인차별금지법 제정을 적극적으로 요구하고 있다. 그리고 이러한 움직임에 대해 경제단체들은 추가적인 정책비용을 우려하여 부정적 태도를 보임으로써 새로운 사회갈등이 잉태되고 있는 상황이다.

장애인고용문제를 둘러싼 복잡한 상황 전개는 장애인고용정책이 애초의 의도한 성과를 거두지 못한 까닭에 그에 따른 이해집단의 부정적 반응 결과라고 할 수 있다. 그러면 왜 장애인고용정책의 결과가 애초의 정책 의도나 기대와 다르게 나타나고 있는가? 현실적으로 정책과정을 보면, 정책수단이 실현되어 나타난 결과가 당초 정책도입을 통해 달성하고자 기대한 것과 차이가 나는 경우가 많다. 왜 기대한 정책결과가 나타나지 않는 것일까? 집행연구는 바로 이와 같은 의문에서 출발하여 집행과정에 대한 분석을 통해 정책결과의 원인을 추적하는 것이다. 정책연구는 정책수단의 실현을 통해 정책목표를 달성하여 사회문제 해결에 필요한 지식과 논리를 제공해야 한다는 점에서 보면, 정책연구 초점이 집행단계로 이동하는 것은 당연하다고 하겠다.

이 책은 집행이론의 관점에서 장애인고용정책의 문제점을 진단하고 정책개선을 위한 해결책 모색을 설명한 것이다. 집행이론을 통해 구성되는 분석모형은 정책의 미진한 성과와 정책변동에 대한 적절한 설명을 제공할 것이다.

이러한 맥락에서 이 책의 내용은 다음과 같은 질문을 중심으로 구성되었다.

첫째, 장애인고용문제에 대한 정부개입의 본질은 무엇인가? 이를 파악하기 위해 장애인고용문제를 해결하기 위해 정부가 개입해야 할 필요성과 정당성을 검토하고 장애인고용문제의 해결을 위해 정부의 정책개입을 설명할 수 있는 이론적 모형을 탐색한다.

둘째, 장애인고용정책의 성격은 어떻게 규정될 수 있는가? 정책 자체의 특성이 정책과정을 결정한다는 관점에서 보면 정책의 구체적인 성격을 규명하는 것은 장애인고용정책의 이해를 위한 중요한 작업이 될 수 있다. 특히 이 책에서는 장애인고용정책의 독특한 특성을 밝히고 이를 토대로 정책집행과정 분석에 필요한 핵심 요인들을 도출하고자 하였다.

셋째, 장애인고용정책의 집행과정을 적절히 설명할 수 있는 접근법은 무엇인가? 이 책에서는 장애인고용정책의 사회규제적 성격에 기초하여 정책분석의 도구론적 접근을 이해하고, 장애인고용정책의 집행과정에 영향을 미치게 되는 독립 요인들을 도출하여 분석의 틀을 구성하였다.

넷째, 이론적 분석모형은 장애인고용정책집행 사례를 적절히 설명할 수 있는가? 사례 분석을 통해 이 책에서 구성한 이론적 모형의 독립변인들이 장애인고용정책의 집행과정에 어떤 영향을 미치고 있는지를 분석한다. 특히 이 책에서는 도구론적 접근에 주안점을 두어 정책결과의 해석을 집행과정상의 정책참여자들 간의 정치적 상호작용 및 반응을 중심으로 접근하였다.

다섯째, 장애인고용정책의 성공적인 집행전략을 위한 시사점은 무엇인가? 이를 위해 장애인고용정책의 집행과정에서 집행전략은 어떻게 구성되며 그것이 정책결과와 어떻게 관련되고 있는가를 평가하고 이에 따라 정책적 시사점을 제시하였다.

참고로 이 책을 읽는 독자들에게 밝혀야 할 점이 있다. 여기에서 다루어진 장애인고용정책사례는 '장애인고용촉진등에관한법률'이 제정되는 1990년 전후를 시점으로 하여 장애인고용정책의 변화를 초래한 '장애인고용정책및직업재활법'으로의 전면적 개정이 논의되는 1999년 12월까지를 시간적 범위로 하기 때문에 2000년 이후의 변화된 정책내용과 성과까지는 분석하지 못하고 있다는 점이다. 이와 같은 정책변동에 대한 후속적 연구는 현재 진행 중에 있으며 연구결과에 따라 보완할 생각이다. 그리고 이 책이 주안점을 두고 있는 것은 집행이론적 시각에서 장애인고용정책의 도입과 변화과정 및 정책성과를 체계적으로 설명하는 것이다. 따라서 정책연구에 있어 집행이론의 적용이나 장애인고용정책의 본질을 이해하는 데는 무리가 없다고 본다. 모쪼록 장애인 정책에 관심을 가지고 있는 학생이나 독자들, 그리고 집행이론을 공부하는 학생들에게 작으나마 도움이 되기를 바란다.

끝으로 책의 출간에 있어 감사드려야 할 분들이 있다. 이 책은 기본적으로 저자의 박사학위 논문인 '장애인고용정책의 집행과정 분석'을 토대로 하여 집필한 것이다. 학위논문을 비롯하여 장애인 정책연구에 관한 세심한 지도와 함께 항상 학문하는 사람의 전범(典範)을 보여주시는 전영평 교수님께 감사를 드린다. 그리고 부족한 내게 배려를 아끼지 않으시는 대구대학교 김재기 교수님과 학문의 동지로서 끊임없는 자극을 주는 송건섭 교수에게 고마움을 표하고자 한다. 또한 집필과정에서 여러 가지로 도움을 준 박사과정의 박성만 선생과 캔터키대학교에서 수학 중인 김병규 군에게도 감사한다.

2007년 4월
저자 씀

| 차 례 |

제2부 · 장애인고용정책의 특성과 집행이론

제 3 부 · 장애인고용정책집행의 사례 분석

서 장

: 장애인고용의 정책집행론적 접근

인간다운 삶과 자기실현을 위한 기본조건은 직업을 갖는 것이다. 현대사회에서 직업은 장애인이 경제적 자립과 정신적 건강을 통해 인간다운 삶을 유지하기 위한 필수적 조건이 되고 있다. 그러나 개인의 신체적·정신적 장애를 기준으로 고용여부를 결정해 온 관행은 장애인에 대한 고용기회를 박탈하였을 뿐만 아니라, 인간다운 삶의 향유와 사회통합을 어렵게 해 왔다(Hahn, 1988). 더구나 노동력공급이 풍부하거나 실업률이 높고, 고용주들이 직업기술이 우수하고 생산성 있는 인력을 원하는 상황에서는 장애인에 대한 고용 회피가 당연시되기도 한다(Pfeiffer & Giampierto, 1977: 98; Scotch & Schriner, 1997: 152). 이러한 장애인고용문제의 심각성은 장애인의 실업률을 일반실업률과 비교할 때 더욱 분명히 나타난다.[1]

장애인고용문제를 해결하고 장애인의 직업생활을 보장하는 것은 시장의 자율적 기능에 의해서 해결되기는 힘들다. 대부분의 선진 국

---

[1] 우리 사회의 열악한 장애인고용 여건은 2000년 현재 기준으로 장애인 실업률은 28.4%로 전체 실업률 4.1%의 7배에 이르고 있다는 점에서 여실히 드러나고 있으며, 이에 장애인고용문제 해결을 위해 노력할 필요가 있음을 보여준다.

가들은 장애인고용문제를 정부가 가장 우선적으로 관심을 기울여야 할 정책 영역 중의 하나로 인정하고 있으며, 사회적 약자인 장애인에 대해 우선적으로 관심과 배려를 하는 것을 복지국가의 중요한 과제로 삼고 있다(전영평, 1995). 특히 선진국에서는 장애인고용문제의 심각성을 인식하고 그에 대한 국가의 책임을 인정하여 장애인을 비장애인과 동등한 경제적, 사회적 지위를 향유할 수 있도록 하는 다양한 장애인고용정책과 프로그램을 실시하고 있다.[2]

우리나라에서도 1980년대 이후 장애인 문제에 대한 인식이 제고되면서, 1990년에는 장애인고용촉진등에관한법률이 제정되어 장애인고용을 촉진하고 나아가 장애인의 사회통합을 추구할 수 있는 법적 근거를 확보하였다. 그러나 장애인고용촉진등에관한법률이 실시된 지 10여 년이 경과하였으나 그 성과(장애인고용률의 증가)는 당초의 기대와는 달리 매우 미미한 실정에 그치고 있다(전영평, 1998; 이성규, 1998; 전준구, 1996). 또한 법 제정 이후부터 줄곧 장애인고용정책의 핵심 수단인 의무고용제에 대한 기업의 반발과 함께 의무고용제의 폐지와 완화를 위한 경제계의 시도들이 계속되어왔다. 한편, 장애인고용정책이 시행된 이래, 장애인고용 증가는 미진하며, 특히 중증장애인의 재활이나 고용은 무시된 채로 주로 경증장애인 위주의 취업중심이 됨으로써 장애인고용문제의 근본적 해결에는 기여를 하지 못하고 있다는 불만을 제기하고 있다(오길승, 1996; 권도용, 1996; 김성재, 1998).

---

2) 이런 점에서 장애인고용정책은 장애인의 고용촉진과 정상적 직업생활이 가능하도록 정부가 시행하는 정책으로, 장애인의 독립적 경제생활을 가능케 하여 이들이 인간다운 삶을 영위할 수 있도록 하는 것을 궁극적 목적으로 하고 있다(전영평, 1995; 1998).

그러면, 왜 장애인고용정책의 실제적인 결과가 애초의 정책 의도나 기대와 다르게 나타나고 있는가? 미약한 정책성과에 대한 이유는 여러 가지로 설명될 수 있지만, 정책집행의 경험적 연구들이 제시하고 있는 것처럼 주된 원인을 정책집행과정상의 문제에서 찾을 수 있다(Percy, 1989). 즉 정책집행의 특성은 정책성과를 설명하는 데 중요한 함의를 가진다. 왜냐하면 재분배와 사회규제의 성격을 동시에 가지는 장애인고용정책의 집행과정은 참여자들 간의 복잡한 정치적 상호작용으로 매우 복잡할 뿐 아니라 이에 영향을 미치는 변수들도 다양하기 때문이다. 따라서 장애인고용정책의 집행과정에 대한 체계적이고 면밀한 분석은 장애인고용정책의 성과를 보다 정확하게 이해하는 데 중요한 접근방법이 될 수 있다.

이러한 맥락에서 직업재활이나 사회복지실천의 미시적 관점에서 벗어나 정책학적 접근을 통해 장애인고용정책의 집행과정을 분석하고 장애인고용정책의 성과에 대한 설명을 모색할 필요가 있다. 정책집행과정의 분석은 정책집행 활동을 통해 나타나는 정책결과에 대한 설명을 시도하는 것이다. 본 연구의 목적은 장애인고용정책의 집행과정에 영향을 미치는 요인들의 영향력을 규명하고, 집행전략에 따른 집행결과와의 관계를 검토함으로써, 장애인고용정책의 성공적인 집행 가능성을 제고할 수 있는 효과적인 집행전략의 조건들을 탐구하는 것이다.

이 책은 제1부 장애인고용과 정부개입, 제2부 장애인고용정책의 성격과 집행이론, 제3부 장애인고용정책의 사례 분석으로 구성되어 있다. 제1부는 장애인고용문제 이해와 정책적 접근의 이론적 기초를 다루고 있다. 제1장에서는 장애인 문제에 대한 정부개입의 정당성과 필요성에 대한 논의를 검토하였다. 제2장에서는 장애인 문제에 대한 정책적 접근의 토대가 되는 장애와 장애인의 본질을 설명하였다. 제3장에서는 장애인고용문제에 대한 정부개입 방식을 정리하였다. 제2부는 사례 분석의 이론적 토대를 위해 장애인고용정책의 특성과 집행이론을 설명하였다. 제4장에서는 사회복지정책이자 사회규제정책으로서 장애인고용정책의 성격과 정치과정의 산물로써의 특성을 기술하였다. 제5장은 사회규제적 성격이 강한 장애인고용정책에 대한 도구론적 접근의 유용성을 설명하고, 제6장에서는 집행이론의 검토를 통해 집행과정 분석을 위한 이론적 모형을 구성하였다.

제3부는 장애인고용정책의 집행사례를 실증적으로 분석한 것이다. 제7장은 장애인고용정책의 역사적 배경과 정책결정과정의 특징을 분석한 것이다. 제8장은 장애인고용정책의 주요 참여자들을 중심으로 한 집행의 정치과정에 대한 분석이다. 제9장은 장애인고용정책의 집행체계 분석을 통해 문제점을 규명하였다. 제10장에서는 장애인고용정책의 집행전략을 분석하였고, 제11장에서는 정책대상 집단의 반응을 중심으로 집행결과를 평가하였다. 마지막으로 제12장에서는 사례분석의 내용을 요약 정리하면서 장애인고용정책의 문제점 해결과 성과개선을 위한 정책적 시사점을 제시하였다.

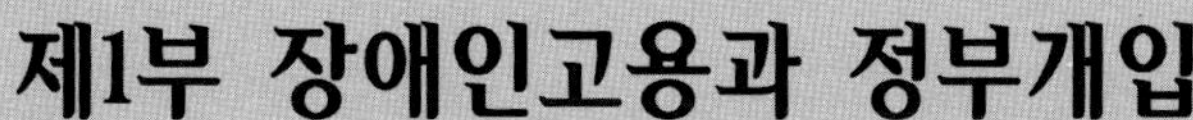

제1부 장애인고용과 정부개입

제1장
장애인 문제에 대한 정부개입의 정당성

1. 장애인 문제와 정부개입

현대 국가에 있어 장애인 문제는 사회의 각별한 관심은 물론 정부 차원의 정책적 배려가 요청되는 매우 민감하고도 중요한 문제 영역에 해당된다. 장애인은 육체적 또는 정신적으로 취약한 존재이며, 사회 세력 분포로 볼 때에도 힘이 약한 소수이기 때문에(강경선, 1989: 83), 이들에 대한 정책적 배려가 없이는 장애인복지가 실현되기 힘든 것이 사실이다. 특히 현대 산업사회의 특성과 관련된 각종 사고, 질병, 재해, 노령 등으로 인해 장애인의 발생이 급증하고 있다는 점을 인식할 때(전영평, 1995: 279), 장애인 문제에 대한 현대적 관점의 정부개입과 사회적 협동이 더욱 필요하다.

장애인이 처하고 있는 열악한 제반 문제들을 해결할 수 있는 대안은 장애인 정책이라고 할 수 있는데, 장애인 정책은 누구나 외모 및 신체, 정신적 상태에 상관없이 인간으로서 존엄성을 향유하고 각기 행복한 삶을 영위할 권리가 있다는 대전제하에 장애인 문제를 다루는 정책으로 정의될 수 있다. 그런데 장애인 문제를 어떻게 해결할 것인가-즉 시장실패로 보고 이에 대해 정부가 정책적으로 개입하여 해결할 것인가, 아니면 시장기능을 통해서 자연스럽게 해결되도록 할 것인가-에 대해서는 논란의 여지가 있다. 일반적으로 장애인에 대한 인간으로서의 존엄성 보장과 정상인과 동등한 사회적 대우를 받도록 한다는 복지국가적 이념에는 상당한 합의가 존재하고 있는 것처럼 보인다. 그러나 이 목적을 달성하기 위해 국가가 실천적으로 어떠한 역할을 해야 할 것인가에 대해서는 논란의 여지가 있다. 서로 상이한 사회적 가치관을 토대로 한 다양한 사회 세력들 간에 장애인 문제의 해결을 위한 방법, 즉 혜택과 분배의 문제와 관련하여 어떻게 그러한 혜택이 계획되고 분배되어져야 하는가를 둘러싼 논쟁이 발생하고 있으며, 학자들 간에도 이에 대한 의견의 일치를 보지 못하고 있는 것이다. 이러한 논쟁의 핵심은 장애인복지를 확보하는 적절한 장치가 시장 메커니즘인가, 아니면 정부부문인가의 문제인가이다. 다시 말해 장애인 문제를 국가의 적극적인 정책적 개입으로 해결해야 할 것인가, 아니면 개인의 자유의사에 기초해 작동하는 시장 메커니즘에 맡겨두는 것이 바람직한가로 귀착된다.[1]

이하에서는 이와 같은 장애인 문제 해결을 위한 정부개입의 옹호론과 반론의 상반된 논리를 검토하기로 한다.

2. 정부개입의 옹호론: 시장 실패의 보완과 사회적 형평 실현

사회문제의 해결을 위한 정부개입에 관한 전통적인 논의는 기본적으로 공공부문과 민간부문의 경계선에 관한 논의이다. 이런 공공부

---

1) 최근 신보수주의 경향과 함께 국가정책을 통한 간섭을 줄이고 모든 분야에 시장의 원리를 도입하는 시도들이 활발히 이루어지고 있다. 특히 경제계에서는 사유화와 규제완화의 형태로 나타나고 있으며, 이는 사회복지정책에도 깊이 연결되어 사회복지서비스의 공급 주체를 다변화하는 이른바 복지다원주의가 제기됨으로써 논쟁적 이슈가 되고 있다(이성규, 1997: 55).

문과 민간부문의 경계선에 대한 가장 체계적인 논의는 경제학자들이 주장하는 시장실패이론이다. 이 이론은 국가의 생존에 필요한 모든 기능을 시장 메커니즘에 의해 이루어진다는 가정에서 시작한다. 여기서 시장 메커니즘은 재화나 서비스가 각 행위자의 자발적 교환행위에 의해 이루어지는 것을 의미하며, 시장은 보이지 않는 손에 의해 효율적으로 자원배분이 이루어지는 가장 이상적인 메커니즘으로 강조된다. 그러나 시장 메커니즘이 제대로 작동하지 않는 경우, 즉 시장에 의한 자원배분이 효율적이지 못하는 경우가 발생하게 되는데 이를 시장실패라고 한다. 이러한 시장실패의 존재가 정부의 시장에 대한 개입이 정당화되는 근거가 된다.

시장실패의 원인은 흔히 시장의 기능장애, 시장의 내재적 결함, 그리고 시장의 외재적 결함의 세 가지로 구분된다(Wolf, Jr., 1988). 첫째 유형은 시장의 구조적 전제가 파괴되는 경우로서 불완전 경쟁, 실업이나 불황 등이 여기에 해당한다. 둘째 유형은 시장이 효율적으로 작동하도록 하는 제반 가정이 붕괴되는 경우로, 외부성(externalty)과 공공재(public goods)의 존재, 불완전한 정보 등이 해당한다. 셋째 유형은 시장이 이상적으로 기능하더라도 해결하지 못하는 문제로서 소득분배의 불균형과 가치재(merit goods)의 공급이 여기에 해당한다.

이렇게 볼 때, 장애인 문제에 대한 정부역할 문제는 그것이 시장에 의해 해결될 수 있는 문제인가 아니면 시장실패가 존재하는 공공부문인가의 판단에 의해 파악될 수 있다.[2] 장애인 문제에 있어 대표적 시장실패 현상은 시장의 기능장애 및 내적 결함과 관련시켜 볼 수 있다. 즉 장애인을 위한 각종 시설 및 서비스의 공급은 시장 메

---

[2] 김정수(1993)는 '국가의 제 할 일'이라는 관점에서 장애인복지문제를 시장실패와 관련하여 다루고 있다. 특히 장애인부문의 시장실패를 경제적, 정치적, 그리고 도덕적 시장실패의 세 가지로 나누어 설명하고 있다.

커니즘에 맡겨 놓을 경우 제대로 이루어지지 않는다는 점이다. 이는 장애인복지시설 및 서비스가 공급 측면에서는 대체로 특수한 기술과 많은 비용이 소요되는 반면에 수요 측면에서 볼 때는 장애인 시장의 규모가 제한적이기 때문에 시장실패가 발생할 수 있는 부문이다. 합리적 행위자로서 시장의 공급자들이 수익률이 매우 낮은 장애인 서비스나 시설을 장애인의 욕구를 충족시키고 사회적으로 필요한 만큼 효율적으로 제공할 가능성은 극히 적으며, 더구나 시장에서 공급된다고 할지라도 높은 생산원가로 인한 시장가격의 상승은 이를 이용할 수 있는 장애인의 범위는 제한적일 수밖에 없다는 점이다.3)

이와 같이 장애인복지시설 및 서비스의 공급을 그냥 민간부문에 방치할 경우 그것을 필요로 하는 수많은 장애인들, 특히 경제적으로 취약한 장애인들을 소외시키는 문제가 발생하게 된다는 것이다. 따라서 이러한 시장실패를 해결하기 위해서는 장애인복지시설 및 서비스를 국가가 직접 생산하여 제공하거나 민간생산자에 대한 원조를 통해 개입해야 할 필요가 있다(전영평, 1998: 27).

그러나 장애인 문제와 관련한 시장실패는 무엇보다 시장기능의 결과로 나타나는 시장 외재적 결함으로서 소득분배의 불평등 측면에서 제기된다.4) 이것이 특히 장애인 문제에 대한 정부의 개입을 정당화하는 가장 중요한 근거라고 할 수 있다. 그런데 문제는 소득분배의 공평성 문제가 중요하다는 점에는 동의할지라도 어떤 기준에 의해

---

3) 한국보건사회연구원(1996)에 따르면, 장애인복지서비스의 가장 기본적 내용이어야 할 교육부문에서 이러한 문제점이 더욱 부각되고 있는데 취학연령의 장애아 중 23%가 취학하지 못하거나 진학을 포기하고 있다. 그리고 장애아를 가진 가정은 일반가정보다 월평균 16만 2천 원을 더 지출해야 하는 등의 경제적 어려움을 겪고 있는 것으로 나타났다.

4) 소득분배의 불공평성의 문제는 본래 시장이 달성할 것으로 기대되는 가치가 아니라는 점에서 정부개입의 논리적 근거로 볼 수 없다는 견해가 많으나, 시장의 부적합성이라는 보다 넓은 개념에서 시장실패의 일 유형으로 간주된다 (Wolf, 1988).

그것이 판단되어야 할 것인가에 대해서는 만족할 만한 해답이 없다는 것이다. 그래서 이러한 시장의 외재적 결함에 의한 시장실패에 대한 대응은 가치판단에 의존할 수밖에 없게 되며, 정부개입의 범위, 강도, 방법 등을 둘러싼 철학적 – 도덕적 대립이 야기된다. 자본주의 국가에서 소득분배의 불평등을 완화하기 위한 정부개입은 개인의 권리, 자본주의 체제의 원리, 그리고 자유주의 원리와 갈등적 관계를 가진다.

자유주의 체제를 근간으로 하는 국가에 있어 사회적 약자를 보호하기 위한 정부개입의 옹호 논리로 흔히 Rawls의 정의론이 활용되고 있다(김항규, 1995; 유종해, 1991; 황영수, 1991). Rawls(1971)는 어느 누구도 자신의 기호, 소득, 능력 등을 알지 못하고 어느 누구도 사회에 있어서 자신이 어떤 위치를 차지하게 될지 모르는 가상적인 원초적 상황 속에서 사람들이 합의하게 될 기본적 원칙이 바로 사회적 정의가 되어야 한다고 주장한다. 이러한 가정을 통해 두 가지의 정의의 원칙을 도출하고 있는데, 첫째 원칙은 모든 사람이 동등한 만큼의 기본적 자유에 대한 사전적 권리를 가져야 한다는 것이다. 이것은 자유가 모든 경제적, 사회적 가치에 우선하여야 함을 강조하는 것이다. 두 번째 원칙은 소위 최소극대화의 원칙으로, 이것은 사회적, 경제적 불평등은 가장 불리한 위치에 있는 자의 후생(well-being)을 극대화하고 기회의 평등을 확보할 수 있도록 이루어져야 한다는 것이다. 특히 이 두 번째의 최소극대화의 원칙이 중요한데 이것은 가장 가난하고 불리한 위치에 있는 자에게 이들을 가져다주기 위해 절대적으로 필요한 경우가 아니고서는 자유와 기회, 소득과 부, 자존 등 모든 사회적 기본가치 및 재화는 평등하게 분배되어야 한다는 것이다. 이 주장은 한 사회에서 가장 못사는 사람들의 지위를 향상시키는 것이 평등의 실현 수단이 된다는 것을 역설적으로 강조하고 있는 것이다. 그러므로 이러한 Ralws의 정의론은 장애인 문제에 대한 정부의 가부장적

역할을 요구하는 하나의 도덕적 근거가 된다.[5]

특히 현대 산업사회에 있어 무엇보다 중요한 장애인 문제는 노동시장에 있어서의 어려움이다. 이와 관련하여 다른 인구집단에 비해 장애인이 가지는 보다 심각한 사회적 불이익은 다음과 같다. 첫째 부분적 기능장애로 인한 노동력의 결손, 둘째 중증의 심신장애로 인한 노동력의 부재, 셋째 장애 치료 및 재활과정과 보장구 구입 등을 위한 과다한 특별지출이다. 물론, 장애인이라 하여 모두 노동력이 없는 것은 아니며, 대체로 심신의 어느 일부분의 장애로 인하여 노동력에 결손이 있을 뿐이다. 신체 일부에 장애가 있다고 하더라도 교육 및 직업재활 등을 통하여 잔존능력을 발휘하고 대체기능을 양성하면 어느 정도 노동력을 갖출 수 있다. 그러나 고용주는 비장애인과 같은 생산성 향상에 기여할 수 없다고 보아 고용을 회피하거나 열악한 임금조건으로 고용하게 된다. 전통적으로 산업사회에 있어 장애는 고용여부를 판단하는 가장 대표적인 기준이 되어왔고,[6] 이는 다시 소위 통계적 차별(statistical discrimination)에 의해 장애인에 대한 고용의 기회를 제한하는 결과를 초래하였다.[7] 장애인고용에 관한

---

5) 가부장주의(paternalism)란 사회에서 개인이 자신의 복지, 선, 행복, 욕구, 이익, 가치 등을 보다 잘 추구하도록 정부가 개인의 자유를 강제적으로 간섭하거나 제한하는 것을 말한다(Dorkin, 1972). 공공정책을 정치과정의 산물로 인식할 때, 가부장주의는 사회의 지배적 세력들이 소수집단의 성원들을 사회적으로 경제적으로 종속적인 위치에 유지하면서 그들에 대한 깊은 그리고 진지한 동정을 표하게 하고 장애인들에 대한 보호자, 안내자, 리더, 그리고 중재자의 역할을 하도록 한다. 이런 점에서 가부장주의는 부모와 자식과 같은 인물 사이의 우월성과 열등성(동시에 시혜적이고 착취적인)의 관계를 포함하는 것으로 규정될 수 있다.

6) 역사적으로 현대 산업사회에 있어 자본주의의 발전과 그에 따른 병폐로 인해 사회정책의 필요성이 요구되면서 장애의 개념규정이 공식화되었다. 즉 정부의 사회정책 수립에 앞서 도시 빈민의 수를 확인하고 분류하기 위한 필요가 있었고, 이 확인과 분류의 과정에서 장애는 항상 중요한 범주가 되었는데, 장애인은 일할 의지가 없는 사람들로 분류되는 범주에 대응되는 것으로서 "일할 수 없는 사람"의 범주로 규정된 사회적 지위를 갖게 되었다(Stone, 1985).

7) 통계적 차별은 흔히 노동시장에 있어 편견과 정보의 부족 때문이다. 즉 고용

경험적 연구 결과들은 고용주들이 장애인고용에 대해 부정적 태도를 가지고 있으며, 아무리 사회 – 경제적으로 불리한 입장에 있다고 하더라도 장애인보다는 비장애인을 선호하고 있음을 보여준다. 그래서 장애인들은 다른 사회적으로 불리한 집단들의 실업률보다 훨씬 높은 수준인 대략 2 / 3이상의 장애인들이 실업상태에 있는 것이다(Hahn, 1984; 1986).[8]

더구나 뇌성마비나 척수장애 등 그 정도가 심하든가 또는 여러 가지 장애가 중첩되어 노동 불능의 상태에 처한 장애인도 많다. 이러한 중증장애인들은 생산적인 노동력이 결여되어 있기 때문에 노동시장에 참여하여 소득을 가질 수 있는 기회가 박탈됨으로써 더욱 심각한 빈곤을 겪게 된다. 더구나 중증장애인의 경우 일상적인 행동조차 혼자 할 수 없는 경우가 많기 때문에 장애인 본인뿐만 아니라 그 가족의 노동력까지 감소되어 장애인 가족의 빈곤을 강화하는 결과를 초래하게 된다. 또한 거의 모든 장애인들은 신체적 손상을 발견하게 되면 막대한 의료비를 감수하면서도 치료를 받고자 한다. 그런데 모든 수단을 통해 치료를 하더라도 장애가 장기화 상태로 들어가게 되면, 잔존능력 또는 대체기능을 개발하기 위한 재활과정에 의존하게 된다. 결국 장애인은 의료재활, 교육재활, 그리고 직업재활 등에 추가적인 과다 지출을 하게 되는 것이다.

이처럼 장애발생 초기에 부담하는 과다한 의료비는 물론 재활과정에서의 비용, 그리고 주택 등 물리적인 생활환경의 개선 및 보장구의

주는 지원자의 고용자격을 평가할 수 있는 정확한 자료가 없을 경우, 그 개인의 속성(인종, 성, 장애 등)에 기초한 집단의 평균적 생산성을 근거로 판단하게 된다(Johnson and Baldwin, 1993: 776-777).
8) 한국에서도 장애인의 실업률은 일반실업률보다 월등히 높다. 1996년 6월 30일 현재 장애인 실업률은 27.4%로 이는 일반실업자 실업률에 비해 월등히 높은 것이다(한국보건사회연구원, 1996). 이런 점에서 노동시장에서의 장애인에 대한 차별과 장애인의 억압된 경제적 지위에 대하여 '산업예비군(industrial reserve army)' 개념은 좋은 설명도구가 될 수 있다.

구입 등에 대한 경제적 부담으로 인하여 장애인과 그 가족은 빈곤의 악순환에서 벗어나기 어렵게 된다(이근창, 1995: 185-187). 이러한 맥락에서 사회의 가장 불리한 그리고 가장 소외되는 계층의 복지나 편익에 초점을 맞추어야 한다는 Rawls의 정의론은 사회의 부와 소득분배의 불평등을 완화하기 위한 제도적 장치로서 사회복지정책 차원에서 장애인에 대한 정부의 우선적인 책임의 논리를 성립시킨다.

3. 정부개입에 대한 반론

앞에서 살펴본 바와 같이 자본주의 체제하에서 정부개입의 정당성은 시장의 자원배분에 관한 잠재적·실재적 실패와 소득분배의 결함에 기초하고 있다. 이러한 정부개입은 주로 공공정책이라는 수단을 통하여 정부기관에 특정 기능을 법률적으로 행정적으로 부여하게 되며, 그러한 정부개입의 결과는 규제, 순수 공공재 및 준공공재의 공급 또는 이전지출 관리의 4가지 형태로 나타나게 된다. 그런데 이러한 정부의 개입활동이 본래 의도한 결과를 나타내지 못하거나 기존의 상태를 오히려 악화시키는 경우가 있는데 이를 '시장실패'에 대응하여 '정부실패(또는 비시장실패)'라고 한다.9) 특히, 복지부문에 있어 정부실패의 문제는 자본주의의 모순을 해결하고 시민의 복지요구에 대응하여 복지국가의 이념을 실현하기 위한 정부의 적극적인 복지정책을 통한 개입이 정부개입의 영역 확장을 초래하고 나아가 정부의 과부하(government overload)를 야기함으로써 이른바, '복지국가의 위기'로 나타나게 되었다. 이러한 복지국가와 관련한 정부실패의

---

9) Wolf(1988)는 정부수요와 정부공급의 특징을 고려하여 정부실패의 원천을 i) 비용과 수입의 분리, ii) 내부성, iii) 파생적 외부성, iv) 분배적 불공평 4가지 유형으로 분류하고 있다.

문제는 1970년대 후반과 1980년대 초반 서유럽과 미국 등에서 서구 자본주의의 위기의 주요 원인을 과도한 정부부문의 팽창으로 진단하고 그 해결책으로 정부부문의 축소와 시장 메커니즘으로의 복귀를 주장하는 신보수주의자들에 의해 제기되어왔다.[10] 이 신보수주의는 1980년대에 걸쳐 구미의 복지국가 체제에 상당한 변화를 초래한 것으로 평가된다(라승균, 1997).

복지국가의 정부과부하현상으로 야기되는 정부실패를 구체적으로 살펴보면 다음과 같다(Pierson, 1991).

첫째, 민주주의 정부에 고유한 속성으로 인해 정부실패가 초래된다. 즉 국민의 정치적 지지에 의존하는 정당의 성격상 유권자의 표를 얻기 위해서는 정당들 간의 경쟁이 불가피하며 이는 결국 자신들의 불만과 부정을 해소하려는 수많은 이익집단의 요구를 만족시키기 위한 정부의 약속과 활동의 확대를 가져오며, 결국 복지정책 및 프로그램의 비능률성을 초래하게 된다. Friedman(1962: 186)은 복지지출의 본질 자체가 비능률을 조장한다고 보고 있다. 정부에 의해 제공되는 복지서비스는 시장가격을 매개로 하는 것이 아니라 조세에 기초하여 생산된다. 이러한 비용과 수입의 절연은 복지지출의 낭비를 조장하므로, 정부활동의 비효율성은 불가피하다는 것이다. 그리고 정부의 복지 프로그램은 시장체계를 통해 공급되는 서비스보다 구체적인 특정 요구에 제대로 반응할 수 없기 때문에 결과적으로 비효율적이 된다는 것이다.

또한 비효율성의 또 다른 측면으로 정부의 복지 프로그램은 복지혜택의 방향을 왜곡시키는 요인들이 강력하게 작용함으로써 복지 프

---

10) Mishra(1984)에 따르면, 복지국가의 정부과부하의 원인은 ⅰ) 상호조직화된 이익집단의 성장과 이들의 압력행사, ⅱ) 시민의 정부행위에 대한 기대의 증가, ⅲ) 다양한 집단들이 가진 전통적 가치나 사고양식의 쇠퇴, ⅳ) 정부 규모의 복잡성의 증가 및 그에 따른 사회과학지식의 한계이다.

로그램이 원래 의도했던 수혜자들에게 제한적인 혜택밖에 주지 못한다는 점이다. 다원주의적 민주주의는 사회 내의 제 세력들 또는 이익집단들이 서로 자기들의 이익이 정책과정에 반영되도록 투쟁하는 과정을 통하여 민주적이고 바람직한 공공정책이 결정된다고 본다. 이렇게 되면, 복지정책 및 프로그램의 결정 및 집행과정에 있어서 이른바 '이익집단정치'의 특성으로 인해 복지 프로그램의 혜택이 힘 없고 가난한 소수사람들이 아니라 주로 중산층 및 상류층 사람들에게 돌아가게 되기 때문에 정부개입이 확대될수록 정부실패 현상이 증가한다는 것이다.

둘째, 복지관료주의(Welfare Bureaucracies)에 의해 정부내부로부터 팽창압력이 발생한다는 것이다. 복지국가의 역할 증대는 관료제를 팽창시켰고, 관료조직의 내부목적과 사회적 목적의 괴리로 인하여 정부실패를 초래한다. 즉 복지국가의 관료제는 표면적으로는 공익을 내세우면서도 실제적으로는 사익을 추구하는 경우-이를테면, 복지 수혜자를 위한 복지 프로그램이 아니라 관련 행정가나 전문가를 위한 프로그램으로 전환되는 경우-도 많다는 것이다. 이러한 현상은 바로 복지서비스의 진정한 수혜자가 누구인가라는 근본적 의문이 제기하게 되는 결과를 초래하는 것이다.

셋째, 복지국가의 정부실패는 정부에 대한 시민의 의존성 증가와 도덕적 타락, 그리고 무책임성을 조장하고, 창의력과 자존심 및 기타 바람직한 자유주의적 가치와 미덕을 약화시켰다는 것이다. Friedman (1980)은 복지 프로그램의 수혜자들의 독립성과 자기결정의 능력이 복지급여의 남용으로 점점 메말라간다고 주장한다.

끝으로, 복지국가의 정부실패는 복지를 증진시킬 수 있는 다른 제도나 원천을 무시하고, 그 발전을 방해했다는 것이다. 즉 복지국가는 엄청난 복지지출에도 불구하고 빈곤을 제거하지 못하였으며, 오히려 전통적인 가족이나 지역공동체에 근거한 복지제도를 대체함으로써

'의존성의 순환'에 빠지게 한다. 이와 같은 신보수주의의 사회복지에 대한 가정은 결국 사회복지의 확대가 경제성장을 방해한다는 경제와 복지의 상충론과 국가의 복지책임을 약화시키고 복지책임을 다원화 하는 복지다원론(Welfare Pluralism)으로 요약될 수 있는데 이 두 가 지 논의는 바로 작은 정부의 주장으로 수렴되고 있다.

정부개입의 축소와 시장 메커니즘으로의 복귀를 주장하는 신보수 주의자들의 사회복지부문에 대하여 갖고 있는 핵심적인 사상적·정 책적 가정은 첫째, 여러 선진제국에서 보여주는 경기침체의 주된 원 인은 복지국가 체제에 있다. 즉 복지정책이 지나치게 확대되어 비용 부담의 과다함으로 인해 국가정책이 파탄하고 근로의욕이 상실되어 경제를 침체시킨다. 특히, 케인즈주의에 입각한 복지정책은 본질적으 로 인플레이션과 노동의욕의 상실로 이어져 경기침체와 국가재정의 파탄을 초래하며, 이를 해결하기 위한 방법은 정부의 개입범위를 줄 이는 것이다. 즉 정부의 활동은 개인이 개별적인 노력을 통해서 얻기 어려운 분야 혹은 개인의 능력 밖에 있는 기능으로 제한하여야 한다.

둘째는 이러한 정부 영역에서 정부가 할 일은 정부가 담당하는 서 비스의 범위를 축소하여 한정된 대상만을 중심으로 해야 하며, 나머 지는 민간 영역에서 해결하도록 두어야 한다. 사회복지에는 공적 부 문뿐만 아니라 사적인 부문, 자발적 부문, 영리부문이 존재하고, 이 모두는 복지자본이기 때문에 스스로의 노력이나 가족의 책임, 자원 봉사 그리고 스스로 서비스를 구매해야 하는 부문이 확대되더라도, 그것은 사회복지의 다른 형태일 뿐 그것이 사회복지의 후퇴를 의미 하는 것은 아니라는 것이다.

한국에서도 이러한 사회복지정책의 신보수주의적 경향은 이른바 '한국형 복지모형'에서 찾아볼 수 있다(김정렬, 1996: 39). 이 모형은 경제성장과 사회복지의 확대가 상충됨으로써 복지가 경제성장을 저 해하지 않는 범위 내에서 이루어져야 하며 복지의 책임을 국가뿐만 아니라 기업, 가족, 종교계, 지역사회 등이 분담해야 한다는 복지다원론을 내용으로 하고 있다.[11] 사회복지의 책임을 지역사회, 기업, 종교단체 등 민간부문이 공유한다는 복지다원주의는 국가의 사회복지 책임 영역의 적극적 확대를 회피하고자 하는 의도와 동전의 양면을 이루고 있다. 노인시설의 유료화, 민간보육시설의 확대정책, 그리고 장애인부문에 있어 장애인유료복지시설 확대, 장애인복지공장의 설립, 특수유치원 확대 등의 정책은 바로 이러한 경향을 보여주는 것이다. 특히 장애인유료복지시설의 유치라든가 공동체적 복지지향 등은 장애인복지문제에 국가의 책임을 회피하려는 태도이다. 즉 가족, 기업, 종교단체, 시민단체 등 민간부문으로 복지책임을 떠넘기려는 신보수주의의 복지관을 반영하고 있는 것이다. 또한 생산적 복지의 근거하에 노동력이 없는 장애인에 대한 지원은 국가가 책임을 지지만, 근로능력 있는 장애인은 기업과 장애인에게 그 책임을 전가하고 있다는 비판을 받고 있다(김정렬, 1996: 40).

4. 신보수주의 반론에 대한 비판

정부의 사회복지 개입의 축소를 주장하는 신보수주의의 주장은 여러 가지 점에서 비판을 받고 있다. 일반적으로 신보수주의자들의 복지국가 비판 및 정부개입 축소에 대한 주장은 사실에 기초한 접근이

---

11) 국민복지기획단 보고서(1995)에 따르면, 한국형복지모델의 구성에 있어 복지다원주의의 도입은 종합적 복지의 증진은 국가뿐만 아니라 민간단체와 기업 등 공급주체를 다원화하여 복지공급체계의 유연성을 확보함으로써 가능해지고, 공공부문에 있어서는 중앙과 지방정부의 기능배분을 적절히 이루도록 하며, 가족, 기업, 민간단체 등 다양한 주체를 복지체제에 접근하도록 하여 상호조화와 협력을 통한 종합적이고 다양한 사회복지의 보완적 역할을 이루도록 한다는 것이다.

기보다는 국가개입의 극소화와 시장질서의 강화라는 이념적 목표실현을 위한 하나의 주장에 불과하다는 것이다(라병균, 1997). Mishra(1984)에 따르면, 무엇보다 복지국가의 성장과 위기에 대해 매우 불충분한 근거를 바탕으로 일반화하고 있으며, 복지지출의 증가는 단순히 정당의 정치적 동기나, 관료주의적 동기에 의한 것이 아니라는 점에서 비판된다. 복지지출의 증가는 노인인구의 증가, 상대적 가격의 영향, 연금계획의 성숙 등의 다른 요인들로 설명될 수 있는 것이다. 그리고 정부의 예산적자에 대한 주장 또한 과대 포장되고 있는 경향이 있으며, 정부의 사회복지정책이 경제적으로 비효율의 문제인가에 대해 의문이 제기되고 있다. 예컨대 보수주의자들은 서독과 오스트리아의 경우 탁월한 경제성장, 그리고 상대적으로 낮은 인플레이션과 실업률을 유지하면서 높은 수준의 사회복지비 지출과 사회적 보호제도를 실시해 왔다는 점에 대해서 설명하지 않고 단순히 서구 몇몇 국가의 경우를 모든 국가에 일반화시켜 정부실패로 규정하는 무리한 논리를 전개하고 있다는 비판을 면하기 어렵다.

더구나 국가복지가 전체 사회복지의 핵심이 되는 체제에서 복지다원주의를 수용하는 과정과 그 결과는 국가복지가 매우 취약한 상황에서 이를 수용되는 것과는 전혀 다를 수 있다. 국가복지가 상당한 정도 제도화되어 있는 사회에서의 복지다원화는 근본적으로 국가복지의 헤게모니를 해치지 않는 범위 내에서 수용될 수 있을 것이다. 그러나 반대로 국가복지가 매우 취약한 사회에서는 이러한 복지다원주의의 주장은 오히려 시장원리에 의해 움직이는 민간부문이 전체 사회복지의 주도권을 행사하고 국가의 복지부문은 더욱 취약한 형태로 존속하게 될 가능성이 있다. 특히 국가복지부문이 낙후되어 있는 한국의 경우, 복지다원주의의 전면적 수용은 사회복지에 대한 국가책임의 회피를 정당화하고, 가족, 지역사회, 기업, 종교단체, 기업의 복지책임 전가 및 강화로 이어져 결국은 복지공급을 시장 메커니즘에 의존하는 체제가 형성될 가능성이 크다.

특히, 다른 사회복지 영역보다 더욱 취약한 장애인복지부문의 경우 이러한 흐름에서 예외일 수는 없을 것이다. 더욱이 장애인복지의 시장실패에서 논의된 요인들로 인하여 소수의 부유한 장애인을 제외한 모든 장애인들의 복지는 진공상태가 될 수도 있다. 결국 복지다원주의가 비록 신보수주의와는 그 출현배경이나 지향점이 다르다고 할지라도 한국과 같은 국가복지가 미약한 사회에서 복지다원주의의 무비판적 도입은 시장 위주로 공급되는 신보수주의적 복지공급 모형으로 흡수될 위험이 있다는 것이다.

그러면 이러한 문제에도 불구하고 신보수주의적 가정에 입각한 주장이 꾸준히 제기되고 장애인 정책에 대한 논란이 계속되는 까닭은 무엇인가? 이는 앞에서 언급한 바와 같이 장애와 장애인 문제에 대한 이론적, 실무적 합의의 결여 때문이라고 할 수 있다. 근본적으로 장애가 어떻게 규정되느냐에 따라 장애에 대한 해결책이 영향을 받게 된다는 점에서, 장애에 대한 통합적인 개념적 틀이 있는가, 그리고 어떻게 정립되어 있는가 하는 것은 장애인 정책의 성과를 위한 기본적 전제가 되는 것이다.

그러므로 장애인고용문제를 포함하는 장애인 정책의 올바른 방향의 정립을 구축하고 장애인 문제 해결의 딜레마를 극복하기 위해서는 무엇보다 장애인 문제에 대한 근본적인 개념적 틀과 접근법이 정립되어야 할 것이다. 다음에서는 이러한 문제 인식의 연속선상에서 장애인고용정책의 이론적 논거가 되는 장애의 개념적 틀과 정책논리를 검토하기로 한다.

제2장
장애인 문제의 본질

　장애인 문제에 대한 정부역할 논의의 핵심은 바로 장애 및 장애인의 문제에 대한 본질을 어떻게 보느냐에 달려 있다. 그리고 장애인 정책의 효과성은 바로 이 장애에 관한 정부개입 논리를 어떻게 구축하느냐에 달려 있다고도 할 수 있다(Scotch & Schriner, 1997: 148). 이런 점에서 다음에서 장애인의 개념과 모형을 검토하기로 한다.

1. 장애의 개념

　장애 이슈의 논쟁에서 주된 초점은 장애의 정의에 대한 것이다.[12] 장애를 어떻게 규정하며, 누구를 장애인으로 규정하는가에 대한 통일된 견해가 없으며, 학자마다, 국가마다, 또는 한 국가 내에서도 법

---

12) 사회과학에 있어 개념 정의의 중요성은 사회과학의 연구대상인 사회적 세계는 자연과학의 연구대상인 자연세계와는 적어도 한 가지 근본적인 측면에서 다르다. 인간은 사회적 세계의 어떤 대상에 의미를 부여하고, 그 의미에 따라 대상들에 대한 행동을 취하게 된다. 그래서 만일 인간이 특정 상황을 사실이라고 정의한다면, 그것은 그 상황 속에서 사실이 되는 것이라는 점에서 사회과학의 이론과 실제에 있어 개념 정의의 중요성이 강조되는 것이다(Thomas, 1966).

이나 프로그램의 목적에 따라 제도적 개념이 다르게 정의되고 있다. 장애 개념 규정의 중요성은 장애가 어떻게 개념 정의되느냐에 따라, 장애인 집단의 규모와 성격이 달라지고, 장애인 집단의 규모와 성격이 달라지면 장애인 문제의 해결책으로서 정책의 성격도 달라진다는 점이다(전영평, 1998: 117). 다시 말해, 장애의 개념을 어떻게 보느냐에 따라 장애인 문제 해결에 대한 상이한 시각을 갖게 되며, 결국 장애인 정책의 방향이 달라지는 것이다.[13] 그러므로 Hahn(1982)이 지적한 바와 같이 장애인 문제에 대한 통합적인 정책적 접근의 발전에 가장 주요한 장애물은 무엇보다 장애인 정책 영역의 연구자 및 실무자들 사이에 장애 및 장애인의 의미에 대한 일반적 합의가 부족하다는 것이다.

실제로 장애인을 위한 정부계획과 프로그램의 개발에 기초로 사용되어온 것에는 적어도 세 가지의 구별되는 정의, 즉 신체적 손상(impairments), 기능장애(disabilities), 사회적 장애(handicaps)가 있다.[14] 일상에서 흔히 유의어로 혼용되어온 이 세 가지 개념의 구분은 Harris(1971) 장애 개념(손상, 장애, 핸디캡)에서 출발하여 Wood(1981)에 의해 보다 세련되게 보완되어 공식적으로 World Health Organiza-

---

13) 예를 들어, 만일 장애를 하나의 개인적인 비극으로 본다면, 장애인은 다소 비극적 상황의 희생자인 것처럼 취급될 것이며 이는 일상의 상호작용에서 뿐 아니라 이 희생자들에 대해 그들이 빠진 비극을 보상하고자 하는 장애인 정책으로 변환되어질 것이다. 반면에, 만일 장애가 '사회적 억압'으로 정의된다면, 장애인은 상황의 개별적 희생자이기보다는 방치되어 있는 혹은 알려지지 않은 사회의 집합적 희생자로 간주될 것이고 이러한 견해는 개인에 대한 보상보다는 억압을 완화시키는 방향으로 장애인 정책이 이루어질 것이다.

14) 이보다 앞서 Hamilton(1950)은 장애를 기능장애(disability: 의사에 의해 설명될 수 있는 객관적 측면을 가진 육체적이나 정신적 손상의 조건)와 사회적 장애(handicap: 장애가 개인과 그의 최대한의 기능적 수준 사이에 끼어 든 방해물의 누적적 결과)로 설명한 바 있다. 그리고 Wood의 분류와 유사하게 Nagi(1964, 1965, 1969)는 장애를 활동 병리(active pathology), 손상(impairment), 기능적 한계(functional limitation), 장애(disability)로 분류한 바 있다.

tion(WHO, 1981)의 장애 개념 분류로 수용된 것이다. 장애에 대한 이 세 가지 관점의 중요성은 각각 장애인 문제의 분석과 처방에 서로 다른 함의를 가진다는 점이다.

장애에 관한 가장 일반적이고 대중적인 이해는 육체의 기능을 강조하는 엄격한 의학적 기준에 기초한 손상(impairment)의 개념이다. 손상이란 신체적, 정신적 또는 해부학적 구조의 상실 내지 비정상이다. 이러한 의학적 관점의 장애 개념은 또한 장애를 장애인의 보편적 문제에 초점을 두기보다는 장애를 개별적인 진단적 범주로 취급하고, 다양한 유형의 장애의 원인과 결과 사이의 인과관계를 강조하는 의료 병리학의 영향을 반영하고 있다. 해부학적, 생리학적, 정신적, 정서적 특성의 상실로서 손상의 개념에는 다음의 조건들이 포함된다. 첫째, 해부학적, 생리적, 정신적 혹은 정서적 일탈을 가져오는 모든 병리 조건, 둘째, 병리 상태의 통제 혹은 제거 이후에 남은 부분적 상실이나 비정상, 셋째, 병리와 결합되지 않은, 즉 선천적인 비정상성(abnormality)이다. 이러한 의학적 정의는 환자는 그의 자율성을 전문적 지시에 맡기고 모든 노력을 치료라는 목적에 투입하여야 한다는 "병의 역할(sick role)" 개념에 의해 형성되어왔다. 이러한 의료적 내지 임상적 시각에서 볼 때, 장애의 문제들은 개인이 위치한 환경이나 사회 때문이라기보다 단지 개인의 손상 때문에 발생하는 것으로 본다. 따라서 그에 대한 해결책은 집단적 노력보다는 주로 개인의 노력을 통해서 모색되어진다. 즉 장애문제를 의료화, 개별화시키며, 의료인에 의한 장애의 해결로 모색되며, 따라서 "환자로서 장애인"에 대한 의료적 처리와 시설수용이라는 방법을 선호하게 되고 그 서비스 또한 장애인의 통제가 거의 또는 전혀 인정되지 않는 과정을 통해 전문직에 의해 설계되기 때문에 장애인에 대한 억압적 결과를 초래한다는 비판을 받고 있다. 그리고 이 손상으로서 장애의 개념은 오직 전문적 진단에 의해서만 규정되기 때문에 장애의 논쟁이 본질적으로 "탈정치화"하는 한계를 갖는다(Hahn, 1982: 386-387).

장애의 두 번째 정의는 그 사람이 수행할 수 있는 작업의 양이나 종류에 관련된 건강상의 한계를 강조하는 기능장애(disability)의 개념이다. 기능장애는 그 사람에게 정상적인 것(나이, 성, 사회적-문화적 요인에 의존하여)으로 간주되는 역할을 제한하거나 능력을 저하하는 것이다. 기능장애와 손상 모두 기능에 관련된 개념이지만, 기능적 한계가 나타나는 차원이 어디냐에 그 차이가 있다. 즉 손상은 조직(이를테면, 신경조직), 기관(organ), 체계 차원의 기능적 한계를 나타내는 데 비해, 기능장애는 전체로서 유기체의 차원에서 나타나는 기능적 한계를 말한다. 이러한 기능장애(disability)로서 장애의 개념 규정은 엄격한 의료적 접근에서 벗어나 경제적 개념으로 전환되고 있음을 보여준다.

그러나 장애에 관한 경제학적 정의도 특히 고용문제가 장애인 노동자의 능력상의 결점에 초점을 둠으로써 장애문제의 해결을 개인적 차원으로 한정시키게 된다. 즉 이 접근법에서는 직업재활 또는 소득유지 프로그램을 장애인 문제의 주요 해결책으로 제시한다(Berko-witz et al, 1986). 따라서 의학적 정의처럼 경제학적 정의도 근본적으로 환경과 작업장의 변경 또는 피고용인의 태도의 변화보다는 개인의 수정이 인구의 일부분인 장애인의 사회적-경제적 욕구를 충족시키는 가장 바람직한 수단이라고 보게 된다. 이러한 접근의 결과는 장애인고용을 포함한 사회생활의 많은 측면들에 있어서 장애인에 대한 편견과 차별을 극복하고자 하는 시도로부터 벗어나게 하는 것이다(Hahn, 1982: 387).

이 두 가지 기능적 차원의 장애 개념들은 새로운 사회적 장애(handicap) 개념에 의하여 도전받고 있다. 사회적 장애는 손상이나 기능장애에 의해 초래되는 사회적 불리함을 의미하는 것으로, 이 개념은 본질적으로 사회-정치학적 장애 개념으로 부분적으로 낙인 이론에 바탕을 둔 것이다(Nagi, 1991). 사회적 장애는 개인이나 유기체의 기능보다는 사회적 기능에 관한 개념으로, 특정의 사회구조적, 물리적 환경하에서 그 개인에게 기대되는 사회적으로 정의된 역할과 임무와 관련된다. 사회적 장애로서 장애의 개념은 장애가 본질적으로 사회의 요구에 적응할 수 없는 개인의 무능력함 때문이기보다는 주로 구조화된 사회적 환경이 장애인의 욕구와 열망에 적응되지 못하고 있기 때문이라고 본다.

따라서 이러한 견해에 따르면 장애인은 다른 사회적으로 불리한 집단들(disadvantaged groups)과 마찬가지로 생물학적 열성, 고정 관념, 부정적 낙인, 분리, 편견, 차별을 받고 있는 여성이나 인종적 소수집단과 마찬가지로 하나의 소수집단이라는 것이다(Hahn, 1988; Oliver, 1986; Bowe: 1985). 장애인에 대한 사회－정치적 정의에 입각한 이러한 접근은 장애인의 문제들을 장애인의 내적 또는 개인적 결점의 표시라기보다 사회·경제적 질서의 외적 결점의 표출로 파악한다. 여기서 장애(손상 혹은 기능장애)가 사회적 장애로 되느냐의 여부는 개인이 그 환경과 상호작용하는 방식, 즉 사람이 사회에서 어떻게 기능하고 있는가에 달려 있다. 이런 관점에서, 장애의 문제는 개인적 맥락이 아니라, 장애인과 외부환경의 복잡한 상호작용이라는 관점에서 이해하고, 장애인 문제의 해결책을 장애인에 대한 차별 자체를 방지하는 쪽으로 규정하고 있다.

〈표 2.1〉 장애 개념의 분류

	정 의		개념 간 관련성	
질병 (Disease)	개인 내부의 비정상적인 어떤 것; 병인(病因)이 신체의 구조와 기능에 변화를 초래	질병이 객관화될 때, 즉 누군가가 그것을 알게 될 때 손상이 된다; 손상은 질병보다 포괄적이다. 왜냐하면 질병이 존재한다는 것을 반드시 나타낼 필요가 없기 때문에		
손상 (Impairment)	기관(器官) 차원의 심리적, 생리적, 해부적 구조나 기능상의 상실이나 비정상성		신체의 활동을 방해하기 때문에 문제가 외면화될 때 손상은 장애가 된다; 장애는 기관이나 기구의 성과에 대응되는 것으로서 개인의 성과를 말한다.	
기능장애 (Disability)	사람들에게 통상적인 것으로 간주되는 방식으로 활동할 수 있는 능력의 제한이나 결여			핸디캡은 "사회화된 것"이기 때문에 장애와 구별된다; 핸디캡은 흔히 개인의 불리함이 되는 가치평가를 포함하며, 다른 사람들과 관련된 것이다.
사회적 장애 (Handicap)	나이, 성, 사회구조적 요인들에 의할 때의 통상적인 역할 수행을 제한하거나 방해하는 손상이나 장애로 인한 불리함			

자료: Nagi(1991: 322-323)에서 재작성

2. 장애의 소수집단 모형과 통합적 모형

이와 같이, 장애의 세 가지 개념은 각각 나름대로 장애문제 해결에 대한 함의를 가진다. 관료들은 일반적으로 기능적 한계 접근의 양대 지주인 의학적 장애 및 경제학적 장애의 관점에 입각하여 장애문제의 근본원인을 생물학적 열등성과 경제적 무능이라는 관점에서 이해하는 경향이 있다. 따라서 그 문제의 소재가 그들이 책임져야 할 장애인 자신의 속성 및 행동에 고유한 것으로 보고, 정부가 그 행위를 수용하는 것은 부적절하다고 보는 것이다. 이러한 인식은 장애의 문제와 장애인의 개인적 신체적 손상 또는 직업적 능력에 대한 기능적 한계의 관점에서 장애인 문제의 해결책을 모색하게 함으로써 주로 신체적 손상이 기능장애로의 전환되는 것을 예방하는 재활(rehabilitation)에 초점을 두게 한다(Batavia, 1993: 735). 그래서 본질적으로 사회적 - 물리적 환경이 다양한 육체적 장애를 가진 사람들에 대한 차별을 구조화하는 방식에 대한 집단적 내지 정치적 선택을 반영하는 법과 정책에 의해 형성된다는 점을 간과하게 함으로써 장애인 문제 해결의 노력을 제한된 차원으로 한정시킨다. 기능적 한계의 시각은 경우에 따라 장애인 개인의 문제는 국가의 지원 없이도 개인의 의지와 노력이 있다면 충분히 가능하다고 믿기 쉽고, 따라서 장애인을 지원하는 정책의 부족을 장애인에 대한 불평등으로 보지 않을 수도 있으므로 적극적 조치(affirmative action) 지향의 장애인 정책을 반대하게 된다. 한편, 영속적 장애와 만성적 건강조건의 효과를 완화시키기 위한 의료적 시도도 장애인 문제를 해결할 수는 없다. 실제로 의료기술의 발전이 심각한 상해나 질병으로 생존할 수 없는 많은 사람들의 생명을 연장시킴으로써 실질적으로 장애인 집단의 규모를 증가시켰다. 그리고 장애에 대한 경제학적 이해에 기초한 시장 메커니즘의 보완적 성격을 지닌 재활 및 사회복지 프로그램들은 단순히 가부장적 온정주의에 입각한 단편적인 구호물자를 제공하는 것에 불과하여 장애인의 일반적 복지 증가에 실질적으로 거의 기여하지 못하고 있으며, 오히려 재정압박 시기에 이르러서는 정부부담의 증가라는 불평에 직면하게 함으로써 장애인을 사회적 부담으로 보는 부정적 결과를 초래하는 것으로 지적된다(Hahn, 1993: 742). 바로 이점이 장애인의 기능적 한계접근에 기초한 정부역할의 한계이며, 나아가, 장애인고용정책에 있어 정부와 시장의 책임선 설정에 있어 하나의 딜레마가 된다.

이와 같이 장애인의 기능적 한계를 강조하는 손상이나 기능장애의 개념의 불완전하다는 비판적 인식하에 최근에는 사회적 장애의 개념이 지배적이 되고 있지만, 사회적 장애의 개념이 장애문제를 완전히 묘사하기에는 분명한 한계가 있다. 사회적 장애 개념이 주장하는 것처럼 차별이 완전히 제거되더라도 장애인의 손상이나 기능장애가 완전히 해결된다고 하기는 분명히 어렵다.

반면에 사회적 장애의 개념은 개인과 환경의 상호작용이라는 거시적 수준에 초점을 두고 있다. 여기서 장애가 핸디캡이 되느냐의 여부는 개인이 그 환경과 상호작용하는 방식, 즉 사람이 사회에서 어떻게 기능하고 있는가에 달려 있다. Bowe(1985)가 지적한 바와 같이 장애인들은 가장 높은 빈곤, 실업, 복지의존성의 희생자이며, 그리고 장애인들은 다른 소수집단들보다 철저하게 학교, 주택, 수송, 및 공공시설로부터 격리되어왔다(Hahn, 1988). 보다 구체적으로 장애인의 사회적 장애문제를 살펴보자. 실제로 장애인들이 사회적 장애를 가진다는 사실은 결코 부정할 수는 없을 것이다. 물론 사회적 장애의 원인이 어떤 장애인에게는 그 자신에 대한 태도에 의한 것일 수도 있고 이것이 다시 사회의 부정적인 고정관념에 의해 강화되기도 한다. 그러나 대부분은 주로 장애인의 욕구와 무관하게 설계되고 구축된 환경과 사회적 조건에 의해 주로 사회적 장애를 가지게 된다(Batavia, 1993: 736).

이처럼 사회적 장애[15]의 원인이 바로 개인 외부의 규칙이나 신념

---

15) 장애인이 가지는 일반적인 핸디캡의 몇 가지를 예시하면, 첫째, 장애인들은 공공시설 및 장소의 접근을 막는 계단에 의해 핸디캡을 갖게 된다. 둘째, 장애인들은 고용 차별에 의해 핸디캡을 갖는다. 셋째, 장애인들은 접근할 수 없는 주택에 의해 핸디캡을 가진다. 넷째, 장애인들은 개인적 지원서비스의 이용 불가능성으로 인해 핸디캡을 가진다. 다섯째, 장애인들은 접근 불가능한 대중 교통시스템에 의해 핸디캡을 가지게 된다.

체제와 그에 따른 행동에 있으며, 이는 또한 공공정책의 결점에 그 원인이 있음을 말해 준다. 물론 그 사람의 정치적 정향과 그 근저에 있는 가정에 따라서 공공정책의 부족을 핸디캡의 원인으로 볼 수도 있고 그렇지 않을 수도 있다. 그런데 손상 내지 장애의 결과로 생래적이며 그리고 해결할 수 없는 사회적 장애를 가지게 되는 사람은 아주 소수의 사람들뿐이며－예를 들어, 코마(coma) 상태에 있거나 심각한 뇌손상을 입었거나, 급격히 악화되는 의학적 조건을 가진 사람 등－그 자신의 타고난 능력의 결핍으로 외적 환경요소와 관계없이 사회적 장애를 갖는 것이 정당화될 만한 사람들은 거의 없다는 것이다(Hahn, 1998). 하지만, 이런 주장이 다른 모든 조건이 동등하다면 장애인들이 비장애인만큼 자신의 목적을 달성하기 용이하다는 것을 의미하는 것은 아니다. 분명히 기능적 장애를 가진 사람은 그렇지 않은 사람들보다 어떤 사회에서든 더 큰 어려움을 가지고 있다. 그러나 그러한 장애인의 내적 한계는 전형적으로 그 개인에게 사회적 장애가 되는 외적 한계만큼이나 극복하기 힘든 것은 아니라는 것이다. 다시 말해 신체적 손상을 입은 개인은 그 자신의 손상과 장애를 상쇄시킬 수는 있지만, 그에게 가해지는 사회적 장애를 제거할 수 없으며, 사회만이 사회적 장애를 제거할 수 있다는 것이다. 이 점은 장애인 문제 해결을 위해 정부의 책임성과 정책이 지향해야 할 방향이 무엇인가를 암시하고 있는 부분이라 할 것이다.

이런 관점에서, 장애의 문제는 개인적 맥락이 아니라, 장애인과 외부환경의 복잡한 상호작용이라는 관점에서 이해하고, 장애인에 대한 차별 자체를 방지하는 쪽으로 규정될 필요가 있다. 무엇보다 장애인 문제의 본질은 외부의 환경적 요소에 의해 장애인에게 부과되는 핸디캡인 것이라는 점을 인정해야 한다. 개인이 자신의 손상과 장애를 극복할 수는 있어도 장애인에게 가해지는 사회적 핸디캡을 제거할 수는 없는 것이다. 따라서 장애인 정책은 가부장적 온정주의를 넘어서 사회적 장애를 제거하는 것이 되어야 할 것이다(전영평, 1998; Hahn, 1985; Oliver, 1986). 나아가 이는 장애인 정책이 장애인을 정상인과 동등한 경제적·사회적 지위를 향유할 수 있도록 국가책임주의에 입각한 인권정책적 차원에서 전개될 필요성을 강조하게 된다(김종인, 1999; 전영평, 1995).

소수집단 모델은 사회적 장애로서 장애의 관점에 입각하여 장애인의 사회적 불리함의 주된 근원으로 편견과 차별에 관심의 초점을 둔다. 장애의 소수집단 패러다임은 다음과 같은 세 가지 주요 가정을 가진다(Hahn, 1993: 741). 첫째, 육체적 무능보다는 사회적 태도가 장애인이 직면하게 되는 문제들의 중요한 근원이다. 둘째, 사회적 환경 및 기존 환경의 모든 측면들은 공공정책에 의해 형성 내지 조형되었다. 셋째, 공공정책은 잠재적인 사회적 태도와 가치관의 반영이다. 따라서 장애인에게 불평등 내지 차별적인 효과를 가지는 환경적 특성은 우연적인 것이라고 할 수 없는 것이다. 그것들은 서로 다른 인구의 집단들 간의 지배－복종관계를 구축해 온 사회적 구조의 부분이라는 것이다.

그런데 이 소수집단 모형의 유용성을 판단하는 데 있어서 고려해야 것이 있다. 장애인은 분명히 전형적인 소수집단(즉, 여성, 노인, 인종에 기초한 소수집단 등)이 가진 거의 모든 특징들을 가지고 있으나, 여성, 노령, 인종 등에 기초한 다른 소수집단과 분명한 차이점이 있다는 점이다.[16] 무엇보다 장애인 소수집단은 외부적으로는 집

---

16) 즉, 많은 장애인들은 특수교육이라는 이름하에 분리된 교육체제에서 교육을 받아 왔으며, 의도적이든 비의도적이든 장애인들은 다수자인 비장애인과 상호작용을 할 수 없게 하는 분리주의적 정책에 의해 부과되는 제한이라고 할 수 있는 교통, 주택, 공공시설의 이용과 접근의 어려움을 겪어왔다. 그리고 장애인의 대다수는 빈곤 속에서 살고 있으며, 또한 그들은 대부분의 산업

단적 유사성을 가지지만 집단 내적으로는 다양성을 가지고 있다. 즉 장애를 일으키는 조건과 그것이 생활에 끼치는 영향은 매우 다양하게 전개되며, 어떤 장애는 선천적이며 어떤 장애는 후천적이다. 그리고 다양한 장애조건은 다른 종류의 기능적 장애를 일으키며, 또한 그 장애의 정도가 각각 다르다. 그리고 어떤 장애는 고정적인 반면에, 어떤 것은 진행적으로 그 사람의 건강과 삶에 영향을 미친다. 그리고 무엇보다 장애인들은 소수집단의 일원으로서 자각 및 정체감의 형성이 매우 다르게 나타난다. 특히 후천적 장애인의 경우는 스스로 정체감을 형성하는 데 많은 어려움을 겪게 되고, 자신의 변화된 상황에 대한 주위의 수용능력에 따라서도 많은 영향을 받게 된다.

따라서 개별적인 서비스나 재화의 필요성이 절실한 장애인들의 욕구에 기반을 두지 않거나 이를 전적으로 무시한 장애인 정책은 형식화될 우려가 있다. 다시 말해 사회적 차별과 그 차별에 초점을 둔 치유책의 강조만으로는 장애인의 독립성 및 완전한 사회참여를 가장 잘 증진시킬 수 있도록 의학적, 교육적, 복지서비스 전달체계의 필요한 개혁으로 이끄는 데는 제한적인 도움밖에는 줄 수가 없다. 육체적 정신적 손상을 가진 장애인 직면하게 되는 모든 장애를 차별로 특징짓는 것은 그것이 개인적 변형(variation)에 대해 사회체계가 반응할 수 없는 일반적인 무능력과 혼합됨으로써 아직도 우세하고 흔히 잘못된 장애인에 대한 고정관념과 배타적인 현실을 사소한 것으로 간과할 위험이 있기 때문이다((Scotch & Schriner, 1997). 장애는 고립과 의존성을 증가시키는 방식으로 사회적으로 구축된 것이라고 할 수 있지만, 그것은 또한 장애가 차별과 낙인을 뛰어넘는 문제들과 관련이 있다. 즉 특정한 사회적 반응을 필요로 하는 장애의 실질

국가에서 광범한 복지의존성과 매우 높은 실업률의 짐을 지고 있다. 이런 점에서 장애인들은 분명히 억압받는 소수집단(an oppressed minority group)의 특성을 가진다고 할 수 있다(Hahn, 1987: 553).

적인 측면들이 있으며, 많은 장애인들은 편견과 차별이 제거된다고 하더라도 제거되지 않을 기능상의 문제를 가지고 있다. 변형에 기초한 장애 개념은 낙인과 무능력은 손상에 내재된 것이라는 것이나 장애는 단순히 개인적 차원이라는 것을 부정한다. 장애와 관련된 변형을 인식하는 모델은 자원분배의 이슈와 확립된 제도에 의한 창조적 적응의 필요성을 정당화한다고 믿는 것을 설명하는 데 도움이 된다.

또한 장애인 문제에 대한 정부의 역할이 효과적이기 위해서는 어떤 사회적 장애가 그 개인의 경로에 놓여 있든지 관계없이, 각 개인은 기본적으로 자율성과 독립성을 추구할 권리가 있다는 점을 인정해야만 한다. 장애인의 핸디캡은 장애인 각 개인이 직면하게 되는 사회적 환경에서 찾을 수가 있으며 이는 장애인에 의해서 가장 잘 설명될 수 있기 때문에, 장애인의 참여를 배제하고 이른바 정부의 "장애인을 위한" 정책 설계는 또 다른 정책실패를 계획하는 것이 될 수 있다.

그러므로 장애인 문제에 대한 올바른 접근을 위해서는 장애의 개인적 요인과 이러한 외적 요인 모두에 초점을 둠으로써 장애문제의 균형 있는 인식이 필요하다. 보다 바람직한 정부개입의 수준과 본질을 판단하기 위해서는 장애인 개인적 측면의 장애-신체적 손상과 기능장애 혹은 변형-와 개인 외부의 사회적 장애 요소를 고려하는 통합적 관점이 요구된다(Hahn, 1982: 389). 다시 말해 장애인 문제를 생물학적 열등성과 경제적 무능이라는 개인적 책임의 차원에서 다루는 전통적 장애인 정책에 내재된 기능적 접근의 한계를 넘어서 장애인의 불평등 문제에 적극적으로 대응하는 사회적 해결책이 함께 모색되어야 할 것이다.

따라서 장애에 대한 적절한 이해를 위해서는 장애를 개인 혹은 그 개인의 속성에서 파악하느냐 아니면 그 개인을 둘러싼 환경에서 찾느냐에 따라 개인적 차원의 장애와 사회적 차원의 장애로 구별할 필요가 있는 것이다(Oliver, 1996: 33). 이 경우 손상과 기능장애로서 장애 개념은 개인적 차원의 장애로 사회적 장애로서 장애 개념은 사회적 차원의 장애이다. 이런 식으로 장애 개념을 인식하게 되면 장애 문제에 대한 정부의 접근은 개인적 차원의 장애와 사회적 차원의 장애의 두 가지 측면에서 동시적으로 대응하는 것이 필요하게 된다. 그리고 장애인 문제에 대해 이러한 통합적 관점은 정부의 개입이 장애인의 신체적 손상이 기능장애가 되는 것을 방지하고, 기능장애가 사회적 장애가 되는 것을 방지하도록 하는 것임을 보여준다. 장애인 정책은 궁극적으로 신체적 손상과 기능장애에 결합되는 사회적 장애 - 즉 사회적 차별 내지 사회적 불리함(disadvantage) - 에 대응하는 것이어야 한다(Hahn, 1982).

제3장
장애인고용과 정부개입 모형

1. 장애인고용의 접근모형

장애인의 고용은 장애인의 경제적 자립 기반을 조성을 통해 사회적 통합을 실현시켜줄 수 있는 가장 중요한 대안으로 인정되어, 다양한 장애인고용정책의 실천적 대안이 제시되고 있다(전영평, 1998). 그러나 이러한 정책적 수단들은 상이한 장애 및 장애문제에 대한 인식과 서로 다른 정치적 동기를 바탕으로 하므로 논리적 일관성을 찾기가 매우 어렵다. 앞에서 제시된 장애에 대한 개념적 틀은 이러한 정부의 활동을 체계적으로 파악하는 데 도움이 될 수 있다. 장애의 통합적 시각에 입각한 장애인고용을 위한 정부의 개입은 장애인이 노동시장으로 잘 수용될 수 있는 여건을 확보할 수 있도록 모색되어야 함을 시사한다.

이를 위한 정부개입 활동은 크게 장애의 두 가지 차원에 따라 구별되는 두 가지의 접근법으로 논의될 수 있는데, 하나는 장애인고용정책에 적용되는 정부개입이 개인적 장애 차원에서의 대응이며 다른 하나는 사회적 차원의 장애에 대한 대응이다. 전자는 장애인고용의 문제를 장애인의 개인적 문제(기능적 한계)의 해결을 지향하는 노동공급 측면에 초점을 둔 것으로, 이를 완화적 접근(ameliorative approach)이라고 부르기로 한다. 후자는 노동의 수요조건에 초점을 두는 것으로서 장애인이 수용되어야 할 고용환경의 변경을 지향하는 것으로 이를 교정적 접근(corrective approach)이라고 부르기로 한다.[17]

〈표 3.1〉 장애인고용을 위한 정부의 접근모형 및 프로그램

	장애의 원인	초 점	주요 프로그램
완화적 모형	개인적 차원	최저생활의 보장	소득 지원, 경제적 경감 시책
		노동력의 회복, 증진	재활(직업재활), 훈련(직업훈련)
교정적 모형	사회적 차원	직업 창출	보조금·지원금 지급, 보호작업장 운영 및 보조, 고용할당제
		동등한 기회 보장	차별 금지를 위한 규제(노동, 교육, 이동성에 있어 동등한 권리 보장)

완화적 모형은 개인의 장애를 노동력 참여를 제한하는 주로 인적자본(human capital)상의 결점으로 보고, 개별적 장애의 제거 및 감소 내지 대안적 기능의 향상을 통해 그 결점을 극복하는 전략을 제시하고 있다. 이는 흔히 장애인에 대한 전통적인 소득보장 프로그램이나 직업훈련과 재활 같은 노동공급중심의 수단 이용을 정당화한다.

이에 반해 교정적 모형은 시장에 대한 보다 최근의 정부개입을 정당화하는 데 이용되는 것으로 장애인을 위한 직접적인 직업창출(job creation)의 시도와 동등한 접근 가능성을 확보(혹은 차별금지)하기

---

17) 이러한 접근모형의 분류는 Haveman, Halberstadt, and Burkerhauser (1984)의 장애인 정책의 국가 간 비교연구의 모형에서 제시된 정부대응방안의 유형화에 기초하여 이를 수정한 것이다. 이들은 기능적 한계로 장애라는 경제학적 관점에서 장애비용의 감소 및 분담을 위한 정부의 대응방식을 완화적 전략(ameliorative strategies)으로, 개인의 장애로 인해 초래되는 결과에 대한 정부의 대응활동을 교정적 전략(corrective strategies)으로 분류하였으나, 본 연구에서는 장애의 개인적 차원과 사회적 차원에 대응한 정부개입을 각각 완화적 접근모형과 교정적 접근모형으로 나누었다.

위한 규제가 정당화된다. 사회적으로 불리한(disadvantaged) 장애인 노동자들의 고용 제고를 위해 설계된 비교적 새로운 노동시장에 대한 정부개입은 완화적 접근과는 아주 다른 근거에 의존한다. 직접적인 직업창출을 위한 정부개입에는 장애인을 고용하는 민간 고용주에 대한 고용보조금의 지급, 장애인을 고용할 목적으로 한 기업(이를테면 보호작업장)의 설립, 운영이나 보조금의 지원, 장애인을 위한 작업장 변경 비용의 보조, 개별 기업에 대한 장애인의 고용할당제(quotas), 직접적인 공공부문의 고용 제공 등이 있다. 그리고 동등접근성을 위한 정부개입은 직접적 직업창출과는 다소 다른 논거에 입각한 방법으로 장애인 집단을 사회적 소수집단으로 간주하고 장애인고용의 가장 중요한 장애물로서 장애인에 대한 사회의 편견의 제거와 고용주의 자의적 차별의 금지, 그리고 장애인의 동등한 접근 가능성을 확보하기 위한 정부의 규제 프로그램이다.

장애인고용문제의 해결을 위한 완화적 접근과 교정적 접근은 상이한 장애 개념과 그에 따른 해결방안에 입각하고 있으나 서로 배타적이라기보다는 상호보완적이다. 예를 들어, 완화적 접근-특히 재활이나 훈련 프로그램-을 통한 장애의 감소나 기능 향상이 반드시 고용으로 연결되는 것은 아니며, 그러한 공급중심의 정부개입 활동의 성패는 노동시장의 수요조건 또는 차별의 존재여부에 달려 있기 때문이다. 마찬가지로 직업창출 프로그램에 의해 장애인 노동수요가 확대된다고 하더라도 적격한 지원자가 없다면 그 성과를 기대하기 어려울 것이다. 고용주의 입장에서 장애인고용의 사회적, 경제적 비용을 상쇄할 만큼의 충분한 유인이 없는 한, 순수한 인도주의적 동기에서의 장애인고용 증가를 기대할 수는 없을 것이다. 따라서 장애인고용을 위한 정부의 개입은 장애인의 측면과 고용주의 기대라는 두 가지를 모두 포괄함으로써 장애인의 수용성이 제고되는 균형 잡힌 접근이 필요한 것이다.

2. 완화적 접근모형

장애인 정책의 전통적인 완화적 접근은 시장실패론에 근거하여 장애비용의 분담과 감소를 지향하거나 혹은 소득분배의 형평성이라는 복지 이념에 근거하여 장애인의 경제적 문제를 해결하고자 하는 것이다. 무엇보다 완화적 접근법은 장애를 개인적 차원에서 인식하고 이러한 장애 및 장애가 초래하는 경제적 복지의 상실을 겨냥하여 이를 보완 혹은 보충하고자 하는 것이다. 이 완화적 접근에는 경제학적 근거에서 장애비용의 분담을 위한 소득지원 프로그램[18]과 장애의 사회적 총비용을 감소시키기 위한 재활 프로그램으로 구성된다.

먼저 장애의 병리적 진행과정을 고려하면, 활동적 병리(active pathology) 상태를 발견하게 되면 사람들은 막대한 의료비를 감수하면서도 치료를 받고자 한다. 그런데 모든 수단을 통해 치료를 하더라도 신체적 손상으로 남을 수 있다. 이렇게 신체적 손상이 장기화 상태로 들어가게 되면, 잔존능력 또는 대체기능을 개발하기 위한 재활과정에 의존하여 기능장애를 최소화하기 위해 노력하게 된다. 결국 이런 재활과정에서 장애인은 의료재활, 교육재활, 그리고 직업재활

---

18) 장애인 정책의 일환으로서 장애인에 대한 소득지원제도를 엄격한 의미에서 장애인고용정책으로 보기는 분명히 어렵다. 부분적으로 소득지원 프로그램은 노동력을 거의 혹은 완전히 상실하여 경제적 자립이 어려운 장애인의 최저생활의 보장을 위한 경제적 지원책이라는 점과, 손상으로 인해 야기되는 고용기회의 박탈과 그에 따른 경제적 빈곤, 빈곤에 의한 재활 및 교육 기회의 감소, 장애의 영향 확대, 빈곤의 지속이라는 장애에 의한 '빈곤의 악순환'을 감소시킬 수 있다는 측면에서 장애인고용과 간접적인 관련성을 갖는다고 할 수도 있지만, 장애인고용과 직접적으로 관련된 정책은 아니라고 할 것이다. 다만 이러한 소득지원제도는 소득보장체계가 잘 확립된 국가에서는 장애인고용정책의 완화적 접근의 다른 형태인 재활 프로그램이나 교정적 접근의 직업창출 제도에 중요한 영향을 미치는 역 인센티브가 된다는 점에서, 그리고 사회보장체계가 미비된 국가에서는 장애인고용 확대를 위해 선행되어야 할 기본적 토대가 된다는 장애인고용정책에 중요한 의미가 있다.

등에 추가적인 과다 지출을 하게 되는 것이다. 이처럼 장애발생 초기에 부담하는 과다한 의료비는 물론 재활과정에서의 비용, 그리고 기능장애가 영속화될 경우 주거 시설을 비롯한 물리적인 생활환경의 개선과 보장구의 구입 등에 대한 경제적 부담이 증가하게 되어, 장애인뿐만 아니라 그 가족은 빈곤의 악순환에서 벗어나기 어렵게 된다(이근창, 1995: 185-187). 이러한 맥락에서 장애문제에 대한 전통적인 접근은 장애인과 가족의 경제적 복지와 편익 제공에 초점을 맞추게 된다.

이러한 소득지원 프로그램의 경제학적 근거는 외부효과와 공공재의 존재이다. 앞에서 언급한 바와 같이 장애의 발생과 진행과정에서 장애조건은 장애인 개인뿐만 아니라 다른 사람들-특히 그의 가족, 친구 혹은 친척들-의 경제적 복지의 손실, 즉 외부효과 혹은 파급효과(spillover effect) 비용을 발생시킨다. 분명히 장애를 갖게 된 사람의 정상적 생활의 기회가 부정됨으로써 그에게 느끼는 집합적 동정을 반영하는 시장은 존재하지 않는다(즉 시장실패가 존재한다). 그러한 집합적 동정 내지 다른 분출효과가 존재하는 곳에서, 그러한 외부효과 비용은 개인적인 장애비용, 즉 손상을 입은 개인이 부담하게 되는 비용에 부가되어 사회적 총비용의 구성요소가 되어야 한다. 만일 장애인 이외의 다른 사람들이 그 개인의 장애로 영향을 받게 된다면, 이 모든 다른 사람들에 대한 잠재적 보상은 측정되고 총계되어야 한다. 이러한 장애의 비용 요소들은 손상을 입은 개인이 지는 직접적 비용에 더해져야 총사회적 장애비용이 되는 것이다. 이러한 장애조건과 연관된 보상되지 않는 외부비용의 존재는 장애비용을 분담하거나 감소시켜야 하는 이유를 설명하는 중요한 실마리를 제공한다.

외부비용에 대한 보상이 가능하지 않을 때 혹은 시장이 매우 불완전할 때, 개인은 참된 사회적 가치를 부분적으로만 반영한 신호를 받게 된다. 그 결과, 개인의 결정은 잘못된 것, 즉 비록 그 개인에게는 옳지만 사회의 관점에서는 분명히 잘못된 결정을 하기 쉽다. 예를 들어, 손상의 비용이 단지 개인이 부분적으로만 지게 될 때, 그는 사회적으로 최적인 것보다는 약화되는 것을 회피하기 위한 주의를 더 적게 기울이기 쉽다. 이러한 잘못된 신호와 잘못된 결정의 결과로, 손상의 총수준과 그로 인한 장애의 총비용은 최적보다 더 커지게 되기 쉽다. 따라서 정부의 개입은 이러한 외부비용을 내부화하기 위해 필요한 것이다.

장애비용의 분담을 위한 정부개입의 두 번째 근거는 장애인에 대한 사회 구성원의 집합적 동정 비용과 관련된다. 장애인을 돕기 위해 사회구성원들은 개별적으로 기여하고자 한다. 이러한 개별적 자선의 선택에 있어서 각 개인의 기여 행동은 다른 사람들의 기여 행동에 영향을 받는다. 다시 말해, 정의 외부효과가 있는 경우, 일반적으로 그러한 행위는 그것이 가지는 파급효과보다 적게 이루어진다는 것이다. 왜냐하면 다른 사람이 그러한 행위를 한다면 그러한 행위로 인한 이익을 받을 수 있는 이웃효과(neighborhood effect)가 존재하기 때문이다. 그래서 만일 개인의 자발적인 기여는 개인의 기여가 다른 사람들과 합동으로 이루질 때 더 크게 나타나는 공공재의 특성을 가지고 있는 것이다(최성재·남기민, 1993). 이러한 집합적 행동의 필요성이 정부의 개입을 가능하게 하는 것이다. 다시 말해 개별 장애인들에 대한 지원을 제공하는 최적 수준은 어떤 집합적 행위가 필요하게 되고, 그 과정에서 비장애인들이 집합적 동정을 표현할 수 있는 능률적인 메커니즘으로서 공공부문을 가지게 되기 때문에 손상된 개인의 장애관련 비용의 분담이 보다 넓게 분산되어진다(Haveman et al., 1984).

이러한 경제학적 정부개입의 근거는 장애정책에 중요한 기능을 제시한다. 즉 장애비용의 적절한 분담을 위해 구축된 장애인에 대한 소득지원 프로그램이다. 장애인에 대한 소득지원을 통해서 비장애인의 복지에 있어 잠재적 증가는 이러한 공공정책의 능률성의 토대가 된다. 그리고 이러한 소득지원 프로그램은 소득 재분배의 관심-즉 형평성 동기-으로 보장될 수도 있다. 사회의 가장 불리한 그리고 가장 소외되는 계층의 복지나 편익에 초점을 맞추어야 한다는 형평성의 이념은 사회의 부와 소득분배의 불평등을 완화하기 위한 제도적 장치로서 사회복지정책 차원에서 장애인에 대한 정부의 우선적인 책임의 논리를 지지한다(전영평, 이곤수, 1999).[19]

장애비용을 분담하기 위해 사회적으로 바람직한 제도를 확보하기 위한 정부의 역할 수행에 있어서 정부개입은 매우 다양한 형태를 취할 수 있다. 한 극단에서, 정부부문은 보다 포괄적이고 접근 가능한 장애인 보험시장을 구축하기 위해 노력할 수가 있다. 예를 들어 이것은 민간 보험시장에 대한 규제, 정보의 제공, 보험 구입의 법적 명령, 혹은 이런 것들의 결합을 통해 행해질 수 있다. 이와 달리, 포괄적인 보호 범위를 확보하기 위해, 정부는 직접 장애보험 체계를 창출, 운영할 수 있다. 원칙적으로, 정부 행위는 조세, 보조금, 규제를 갖는 민간운영 체계나 공공후원 및 운영체계를 통해서 능률성과 형평성 목적을 모두 달성할 수가 있다. 궁극적으로 선택은 각 접근법을 통해 얻을 수 있는 자원배분의 능률성에 대한 평가에 달려 있다.[20] 다른

---

19) 정부개입을 통해 장애비용의 최적 분담이 달성되고, 장애효과나 장애수준의 감소를 위한 최적 수준의 투자가 이루어진다고 할지라도, 비장애인에게서 장애인에게로 소득이전으로 얻을 수 있는 사회적 이익이 있을 수도 있다. 이 경우는 장애인을 위한 소득지원은 사회적 이익을 가져오지만, 그 이익은 수혜자의 장애라는 특징보다는 소득재분배의 목표에서 나오는 것이다. 다시 말해, 장애인에 대한 소득지원제도는 장애라는 불리한 특징에 보상하는 것이 아니라 소득재분배의 목적을 위해 정부개입이 필수적이 된다는 점에서 비록 정부개입의 처방은 같지만 상이한 논리적 기초를 가지는 것이다.

20) 만일 사회적 보험체계가 채택된다면, 손상은 사회가 바람직하다고 보는 심각성의 수준에서 보호될 수 있을 것이다. 보호되는 인구는 모든 시민이나, 혹은 노동자만, 아니면 어떠한 다른 집단만 포함할 수도 있다. 순수보험 편익(이를테면 손상의 참된 사회적 비용에만 관련된 편익)이나 소득 재분배 노력에 의한 편익이 제공될 수 있다. 이런 형태의 공공장애정책은 손상의

한 극단에서 정부는 장애비용의 분담을 위해 저소득 장애인에 대한 장애수당을 지급하는 공적 부조체계를 설립할 수 있다.[21]

그리고 사회 보험에 보충적이지만 다른 접근법으로 특정한 집단에 대해 어떠한 손상에 대해 책임성을 부과하는 것이다. 이런 접근법은 많은 손상이 직업과 관련된 것이고 법적 책임이 결여되면 고용주들은 작업장에서 발생하는 사고나 다른 위험의 가능성을 줄이려는 인센티브를 거의 갖지 않는다는 점을 인식하고, 직무상에 발생한 손상에 대해 노동자에게 편익이 제공되며 그 비용의 재정적 책임은 고용주에게 돌아가도록 하는 것이다. 이러한 메커니즘은 비용 - 분담 목표에 기여하며, 동시에 고용주에게 손상의 수나 장애와 관련된 비용을 감소시킬 행동을 시도하려는 인센티브를 제공할 수 있다. 그 외에 보상의 논리에 입각하여 정부개입의 이유로서 손상 위험성이 매우 높은 특수집단 - 이를테면 전시의 군인 - 을 선택하여, 그러한 높은 위험 활동에 의해 발생된 장애에 대해 보상을 제공하는 프로그램은 전체 사회가 그 비용을 부담하도록 할 수 있다(전영평, 1998). 그리고 이러한 직접적인 금전적 보상을 제공하는 소득지원 프로그램 이외에, 다른 형태의 보상을 제공하는 정부개입 활동이 선택될 수 있다. 장애인의 의료비 제공이라는 보상 대신에 사회가 직접적으로 의료서비스를 제공하는 것과 같은 현물의 급여나, 기타 세제감면 등과 같은 경제적 경감조치를 취할 수도 있다. 특히 개인적 차원의 장애 개념에서 보는 것처럼 병리적 진행과정이라는 측면에서 볼 때, 장애인에게는 무엇보다 의료적 지원이 1차적으로 요구되는 것이다. 다시 말해, 병리적 상태가 손상이 되는 것을 방지하고 손상이 기능

집합적 가능성에 대한 사정에 달려 있으며, 동시에 집합적 기여에 기초하게 된다.

21) 우리나라의 장애인 소득지원정책은 공적 부조 중심의 소득보조제도 중심으로 이루어지고 있다.

장애가 되지 않도록 하는 것이 개인적 장애 차원의 기본적이면서 중요한 대응책이므로 의료비의 보조나 직접적인 의료서비스의 제공은 통상적으로 장기간의 치료와 재활을 필요로 하는 개인적인 장애비용을 감소시키는 중요한 방안의 하나이다.

한편, 장애인에 대한 경제적 지원 프로그램들이 개인적 장애가 가져오는 경제적 부담을 완화시키기 위한 것이라면, 재활 프로그램은 장애인의 이동 가능성이나 고용 활동에 미치는 개인적 차원의 장애(손상 및 기능장애)의 영향을 감소시키기 위한 노력이다. 재활 프로그램은 육체적 손상과 그로 인해 노동 기회가 박탈되는 장애인의 복지 상실이라는 이중적 문제에 초점을 두고, 장애인이 유급 고용될 수 있도록 장애의 경제적 비용 요소를 감소시키고자 한다. 장애의 사회적 총비용의 감소라는 재활 프로그램의 경제학적 근거는 앞에서 논의된 것과 같이 장애의 외부비용이라는 측면에서 설명된다. 육체적 손상을 입은 사람들은 개별적으로 자신이 감수해야 할 기능장애를 최소화하기 위해 노력함으로써 장애의 비용을 감소시키고자 한다. 예를 들어, 재활서비스 혹은 직업훈련 서비스의 제공을 생각해 보자. 이러한 활동들은 투자(investment)라는 성격을 가지고 있다. 즉 자원은 현재 소비되지만, 그 투입된 비용에 대한 이익—수입과 생산성의 이익—은 장기간에 걸쳐 나타나게 된다. 이러한 투자를 위한 재원의 확보를 할 수 있는 장애인의 능력과 그러한 투자의 이익은 손상을 가진 개인 이외의 다른 사람들에게도 파급된다는 사실 때문에, 장애인에 의한 자발적 투자는 최적보다 적게 이루어지게 되는 시장실패가 나타나기 쉽다. 이러한 파급효과에 의해 장애인 재활 영역의 시장실패가 존재하게 되고, 이는 정부의 개입을 요청하게 되고, 직접적인 재활서비스 제공이나 보조금의 지급이라는 형태로 그러한 비용 감소의 투자가 능률적 수준으로 달성될 수 있도록 요구되는 것이다. 이러한 경제학적 근거는 사회의 장애 총비용을 감소시키는 정부개입을 정당화하게 된다. 재활서비스의 제공이나 직업 또는 기술 훈련의 제공은 그런 정부개입 활동들의 대표적인 예이다. 이런 정부개입은 장애인에 대한 소득지원제도와 같이 공공개입의 특징을 가지며, 똑같이 시장실패에 기초하여 정당화되지만, 장애 노동자들이 움직이는 노동시장의 공급 측면을 대상으로 한 것이라는 점에서 중요한 차이가 있다.22)

그런데 훈련 프로그램은 장애인에 대한 직접적인 제도로서 근로능력을 회복·향상시킴으로써 노동시장으로 돌아갈 수 있도록 하기 위한 직업재활 프로그램과는 다소 상이한 특징을 갖는다. 즉 재활 프로그램은 주로 개인적 장애 그 자체에 초점을 두어 이를 수정함으로써 개인의 능력을 향상시키려는 것인 반면, 훈련 프로그램은 장애의 영향을 직접 교정하기보다는 장애인이 할 수 있는 대안적 활동의 제공을 모색하는 것이다. 흔히 이 훈련프로그램은 재활 프로그램의 일부분으로 간주되기도 하지만, 기술과 훈련 프로그램의 제공은 장애 조건을 직접적으로 감소시키는 것이기보다는 장애 주변에서 작용하는 것이라는 맥락에서 구별되는 것이다. 즉 훈련 프로그램은 장애인이 참여할 수 있는 활동을 정의하고, 그 활동에 필요한 훈련을 제공함으로써 장애인의 노동공급 조건을 개선시키기 위한 인적 자본에 대한 투자의 성격을 가지는 것이다.

---

22) 직업재활 및 훈련 프로그램은 노동시장의 공급이라는 측면을 가지기 때문에, 직접적인 목적은 많은 장애인을 노동시장에 복귀시키는 것이 된다. 따라서 장애인고용 수를 증가시키기 위해서 고용될 가능성이 높거나 혹은 직장에 복귀할 가능성이 높은 장애인을 대상으로 프로그램을 제공하는 이른바 선별기법(creaming) 전략이 사용될 가능성이 증가한다.

3. 교정적 접근모형

교정적 모형은 장애인고용을 위한 보다 최근의 정부개입방법으로 사회적 장애의 효과를 감소하거나 제거함으로써 장애인의 문제에 대한 접근을 하는 것이다. 장애인과 그 사람의 특징에 초점을 두는 완화적 접근과는 달리 교정적 접근은 장애인이 사회적·경제적 활동하는 상황-환경 혹은 제도적 틀-을 변경시킴으로써 장애의 효과를 감소시키기 위해 장애인을 위한 직접적인 직업창출(job creation)의 시도와 동등한 접근 가능성을 확보(혹은 차별금지)하기 위한 규제를 정당화한다.

특히 교정적 접근방식 중 직무적응(job-adaptation) 프로그램은 장애인 개인의 특징보다는 작업장의 영향을 강조하여, 특정한 장애인 노동자의 능력에 맞추어진 특정 직무와 결합된 과업 및 환경의 본질을 변경하려고 한다. 이런 교정적 프로그램들은 대부분의 국가에서 공공부문의 직업에서 이루어지거나 이를 위해 민간부문에 보조금을 제공하기도 한다. 이 직무적응 프로그램과 유사한 것은 장애인의 이동성의 측면에서 대중교통 수단-자동차, 버스, 지하철 등-의 조정이 있다. 이러한 교정적 목적의 정부개입 프로그램은 장애인에게 비장애인과 마찬가지의 고용 가능성과 이동 가능성을 보장하기 위해서는 적어도 장애인이 기능하는 환경적 조건을 변경시킬 집합적 책임이 있다는 가정을 받아들이는 것에서 시작된다. 공공시설에 대한 동등한 접근성을 보장하기 위한 정부개입은 장애인들의 접근을 향상시키기 위한 공공 및 민간 건물, 공공시설, 공공장소의 건축 설계 및 재설계를 포함하게 된다(Hahn, 1988).

한편, 장애인으로 하여금 전체 사회의 일반적 활동에서 보다 능동적인 역할을 할 수 있도록 하는 이러한 정부개입 접근은 모든 노동자들은 근로권을 갖는다는 견해와도 일치되는 것이다. 대부분의 서구 국가들에서는 모든 노동자의 근로권을 보장하려는 정부 차원의 시도로서 공공부문뿐만 아니라 민간부문 모두에서 장애인고용 할당제를 확립하는 것으로 이어지고 있다. 이 경우 교정적 정부개입은 장애인을 위한 기회의 평등을 보장하기 위한 제도의 근본적 변화를 필요로 하며 장애인고용의 증진에 있어 민간기업들의 역할 부담을 보다 강조하는 것이 되기도 한다. 그리고 실질적인 의미에서, 보호작업장의 설립이나 장애인을 고용하는 민간 고용주에 대해 고용보조금의 지급 프로그램 또한 장애인이 활동하는 제도적 환경을 변경하기 위한 정부의 집합적 노력이다. 이러한 정부개입 프로그램의 목적은 노동시장의 수요 측면에 초점을 두어 장애인의 고용기회를 직접적으로 촉진시키는 것이다. 그리고 이 수요중심의 정부개입 활동은 재활과 훈련을 포함하는 공급 측면의 정부개입의 성과를 보완하는 것이기도 하다. 이 직접적 직업창출을 위한 정부개입으로는 장애인 노동자에 대한 고용보조금, 핸디캡을 가진 노동자들을 고용할 목적으로 설립된 기업(이를테면 보호작업장)에 대한 보조금지원, 작업장 적응비용의 보조금지원, 개별 기업에 대한 장애인 노동자 고용할당제(quotas), 직접적인 공공부문 고용의 제공 등이 있다(Haveman et al., 1984).

그런데 직접적 직업창출 수단이 제시된 것은 경제적인 것이라기보다는 주로 정치적인 이유에 기초하고 있다. 1970년대 후반과 1980년대 이후 서구 복지국가에서는 세계대전 이후의 소득지원 체계의 성장 특히, 교육, 훈련, 소득이전 지출의 급격한 증가로 막대한 복지국가의 재정에 필요한 조세를 납부하는 사람들의 반대에 직면하게 되었다. 이런 반대 입장에서는, 사회복지체계의 실패가 강조되고, 사회보장 프로그램의 노동에 대한 역 인센티브가 주장되며, 사회복지서비스의 제공이 빈곤과 실업 문제를 본질적으로 감소시키지 못하고 있다는 비판이 제기되었다(최성재·남기민, 1990). 그리고 빈곤층에 대한 이전지출을 비롯한 사회보장정책은 투자와 경제성장을 제약함으로써 국가 경제에 짐이 되는 것으로 간주되었다. 따라서 그 치유책은 소득지원의 제공은 단지 노동에 대한 대가로서만 인정되는 생산적 복지노선에 입각해야 한다는 것이다. 근로능력 있는 빈곤층에 대해서는 이전지출을 통한 생활보장보다는 일자리를 제공하여 자립자활할 수 있도록 해야 한다는 것이다. 장애인고용을 위한 직접적 직업창출 전략은 바로 이러한 생산적 복지의 이념적 맥락에서 반대 주장들을 수용한 것으로 볼 수 있다.23) 따라서 이러한 직접적 직업창출 전략의 논거는 전통적인 보호중심의 복지와 대립되는 것으로서 경제와 복지의 양립이라는 생산적 복지논리에 입각한 정치적 선택인 것이다. 그런데 이러한 직업창출을 위한 정부개입은 한편으로는 직업과 연관된 자아 존중, 노동의 가치, 생산된 산출물에 대한 주장에 의해 지지되고 있다. 그리고 장애인고용 기회의 확대에 초점을 맞추는 직업창출 전략은 직업재활 프로그램의 주된 제약요소인 직업 부족을 감소시키며, 소득이전 프로그램에 의한 노동참여의 역 인센티브를 상쇄한다는 측면에서 정당화된다.

그리고 이러한 주장들은 다시 노동시장 성과에 대한 경제학적 분석에 의해 지지되고 있다. 직접적 직업창출의 경제학적 근거는 노동시장 운영에 대한 기존 법적·제도적 제약요소들이 미치는 부정적 경제적 효과에 대한 인식에서 출발한다. 이 제약요소들, 즉 최소임금법, 정부규제, 고용주의 차별행동, 노조 권력과 영향력, 소득이전과 소득세에 의한 노동공급의 역 인센티브, 그리고 실업보험과 봉급 조

---

23) 이런 점에서 기존의 보호중심의 복지모형을 소비적 복지라고 하는 반면 자립자활 중심의 이러한 복지모형을 생산적 복지모형이라고 한다. 그리고 생산적 복지모형은 빈곤층에게 생계보호 수당이 아니라 일자리의 제공을 통해 자립하도록 함으로써 복지비용의 경제적 부담을 감소시키고 유휴 노동력의 확보할 수 있다는 점을 강조하고 있다는 점에서 Wellfare에 대응하여 Workfare 복지모형이라고도 한다(허만형, 1998).

세에 의한 수요 역 인센티브 등 때문에 노동시장은 노동의 공급과 수요 변화에 신속하게 반응하지 못하며, 고용주가 지불하는 총임금과 노동자들이 받는 순임금이 비탄력적이 된다는 것이다. 고용주가 부담하는 총임금 비용은 저급 기술 노동자의 인지된 한계 생산물에 비례하여 증가되고, 노동자가 받는 순임금은 이러한 노동자들의 노동공급 가격에 비례하여 감소된다. 그래서 탄력성 있는 임금의 시장효과가 작동되지 않음으로써 저임금 노동자 집단인 장애인의 고실업은 불가피한 것이며, 그에 따라 빈곤이 지속된다는 것이다.

그래서 이러한 노동시장의 왜곡을 교정할 필요성이 제기되는데, 가장 직접적인 접근법은 제약요소들을 직접적으로 제거하는 것 - 즉 최소임금과 소득조건의 이전 프로그램의 역 인센티브를 감소시키는 것 - 이다. 다른 방법으로는 이러한 정책들과 관행들의 적대적 부수효과를 완화시키거나 상쇄하는 해결책으로 이것은 직접적 직업창출 프로그램에 의해 달성될 수 있다는 것이다. 직업창출을 통해 고용주들은 저임금의 장애인 노동자들을 고용함으로써 임금비용을 감소시킬 수 있고, 반면에 장애인들에게는 고용 가능성과 직업적 수입을 증가시킬 수 있게 된다. 다시 말해, 이런 경제적·합리적 근거는 잘 설계된 직접적 직업창출 프로그램들이 노동시장 제약요소들의 적대적 부수효과를 상쇄시킬 수 있으며, 그에 따라 장애인과 다른 저임금 노동자들의 고용과 수입을 증가를 가져올 수 있고, 나아가 인플레이션의 압력 없이 산출과 총고용을 증가시킬 수 있다는 것이다. 장애인을 비롯한 고용이 어려운 사람들을 대상으로 한 고용보조금, 보호작업장, 민간 고용주에 대한 고용할당제, 직접적인 공공부문의 고용 등을 포함하는 많은 직업창출 프로그램들은 이러한 노동시장의 구조의 변경을 겨냥한 경제적 근거에 의존하고 있다.

교정적 모형의 두 번째 접근방식은 직접적 직업창출 접근과는 전혀 상이한 다소 급진적인 논거에 입각한 방법이다. 그것은 사회가 장애인들의 고용, 교육, 이동성에 대한 동등한 접근을 보장하기 위하여 사회적 경제적 장치들의 변화를 일으킴으로써 장애인의 존재를 수용해야 한다는 사회적 장애의 개념에서 출발한다.

장애의 개념에서 논의한 바와 같이 사회적 장애의 시각은 장애인 집단을 사회적 소수집단으로 간주하고 장애인고용의 가장 중요한 장애물로서 장애인에 대한 사회의 편견의 제거와 고용주의 자의적 차별의 금지, 그리고 장애인의 동등한 접근 가능성을 확보하기 위한 정부의 규제 프로그램으로 제시하고 있다(Zola, 1989). 이 소수집단 모형은 특히 미국에서 1970년대 이후 장애인 정책의 명백한 기초가 되어왔다. 소수집단 모형은 초기의 장애 개념의 한계-즉 의료적 차원 및 기능적 한계 차원의 장애모형이 장애를 개인의 무능력과 의존성으로 연결시키게 되는 장애인의 병리적인 속성으로 규정함으로써 장애인이 처한 사회적, 물리적 환경을 장애물을 다루지 못하는 한계 -에 대응하여 발전되었고 미국 장애인 정책 변화의 동인이 되었다.24) 인종적 차별금지를 위한 시민권 차원의 입법은 장애인 집단의 사회적 불리함을 극복하기 위한 수단으로서 함의를 가지고 있다.25)

---

24) 소수집단 모형에 입각한 장애인 정책은 인종적 소수를 보호하기 위한 법체계(특히 1964년 시민권법)를 모형으로 하였다. 그래서 장애인 정책은 손상의 심각성이나 특성과 관계없이 장애를 가진 모든 사람들에게 독립적인 생활의 보장이라는 이념을 일반적으로 지지할 뿐만 아니라 직업재활과 같은 장애인 소비자들의 독립적 역할을 증진시키는 것을 지향하였다. 장애인의 독립성의 보장이 오랫동안 장애인을 위한 많은 서비스의 목적으로 제시되면서, 커뮤니티 통제, 임파워먼트, 자기결정의 가치와 같은 인종적 소수집단 커뮤니티의 주된 목적들이 장애인 옹호자들에 의해 장애인 권리 확보를 위해 채택되었다.

25) 그러나 흑인 인권보장을 위한 차별금지 입법들이 흑인에 대한 법적 분리를 폐지하였고, 많은 고등교육을 받은 미국 흑인들 고용과 중간계급 지위로의 지위 상승을 가능하게 하였지만, 하나의 집단으로서 교육을 받지 못한 흑인들은 수입이나 고용의 측면에서 30년 전보다 상대적으로 더 악화되었고, 집단 간 관계의 상태는 1960년대의 시민권 운동의 목적에 훨씬 미치지 못하고 남아 있다는 한계가 있다. 실제로 미국에서 인종문제의 논쟁에 있어 가장 지속적인 이슈는 'Affirmative Action Program'으로 지적되고 있다.

장애인의 교육, 고용, 이동 가능성에 대한 동등한 권리 보장을 주장하는 시민권 모형은 사회적, 경제적, 정치적 주류에 대한 접근을 대폭적으로 확장시킴으로써 장애인의 권리 보장에 상당한 긍정적 기여를 한다(Jacobus ten Bruoek, 1966, 841-919). 현실적으로 장애인의 고용상의 지위를 살펴보면 고용의 측면에서 상당한 차별이 존재하고 있음은 분명한 사실이라 할 것이다(W. Johnson and J. Lambrinos, 1986: 264-277). 장애인고용에 관한 각종 서베이 자료와 경제학적 연구들은 장애인에 대한 차별이 광범위하게 이루어지고 있으며 심각히 부정적인 결과를 가져온다는 주장을 뒷받침하고 있다. 고용주들에 의한 장애인 임용과 승진의 거부, 열악한 직무(dead-end job)의 제공, 작업장으로의 완전한 접근을 가능하게 하는 편의시설 설치의 회피 등 차별적 태도와 절차들은 장애인고용을 어렵게 만드는 요인들이다.

이와 같이 장애인고용문제의 발생 원인이 구조적인 부정적 차별화 기제의 산물로 인식될 때, 이를 해결하기 위한 대안의 선택 방향은 긍정적 차별화를 통한 집합적 노력으로 향해야 할 것이다. 그래서 장애인고용 차별에 대한 대응은 단순히 차별의 금지와 완화를 넘어서 과거의 부정적 차별을 보상하는 차원의 적극적 조치(affirmative action)를 포함해야 한다는 것을 시사하는 것이다(J. Edward, 1987). 따라서 장애인에 대한 차별금지와 적극적 행동 계획을 위한 입법과 규제는 고용의 평등을 위한 제도적 기초가 된다.[26]

그런데 이러한 노선의 미국장애인법(ADA: American Disability Act)과 같은 시민권적 입법 조치의 결과로서 장애인 다수의 불리한 사회적 지위가 극복될 수 있을 것인가에 대해서는 다소 의문의 여지가 있다. 차별금지를 위한 법적 장치의 마련만으로 장애인들이 사회적, 경

---

26) 그러나 미국의 경우, 미국장애인법(ADA)이 이러한 차별을 법적으로 금지하였지만, 장애인의 고용 확대에는 거의 기여하지 못하고 있다는 비판을 받고 있다.

제적으로 동등한 지위를 가지게 되었다거나, 혹은 장애를 가지고 있는 것이 더이상 많은 개인들이 생활의 좋은 기회를 갖는 데 영향을 미치는 요소가 아니라고 하기는 분명히 어렵다. 고용주의 차별 외의 다른 요인들이 장애인의 고용문제에 최소한 부분적으로 영향을 미치고 있다(Scotch & Schriner, 1997: 152-153). 많은 장애인들은 노동시장의 수요에 대응하지 못하는 부적절한 교육과 인적 자본 요인에 의해 고용의 불리함-즉, 장애인들은 역사적으로 학교교육으로부터 배타되어 왔기 때문에 낮은 수준의 교육과 훈련을 받은 경향이 있고, 이는 점점 후기 산업적 노동시장으로 변화하는 경향 속에서 장애인들을 보다 취약하게 만들고 있다는 점-을 받고 있다. 또한 장애인들이 경험하는 사회적 고립은 조직 문화에 대한 적응을 어렵게 만든다. 그리고 장애인에게 부적절한 사회적 지원체계(건축 시설, 교통수단, 통신 등에 대한 접근 가능성의 제약)에 의해 노동시장에서 불리하게 되어 있다. 따라서 개인의 육체적·정신적 손상조건은 노동수요에 대응할 수 있는 장애인의 능력에 부정적인 영향을 미친다고 할 것이다.

4. 통합적 접근모형

장애인에 대한 낙인과 사회적 고립화로 인하여 장애인 문제가 발생한다고 볼 수 있지만, 단순히 사회적 차별이라는 견지에서만 장애인고용문제에 접근할 때에는 결코 해결될 수는 없다. 무엇보다 장애는 고립과 불평등이 혼합된 복잡한 방식으로 인종, 성, 나이, 계급 등의 다양한 요소들과 상호작용하고 있기 때문이다. 따라서 장애인고용문제의 해결은 정부 혹은 장애인 자신들에 의한 장애인 지원체계의 개발을 포함하여 복합적 전선에서의 노력을 필요로 한다. 고도로 경쟁적인 글로벌 경제시대에 있어, 법적으로 차별금지를 규정한다고 하더라도 고용주들이 비용을 고려하고 장애인을 고용하리라고 기대하기란 매우 어렵다. 그리고 많은 장애인들이 최소의 비용으로 수용될 수 있다는 상당한 증거가 있다고 하더라도, 그런 비용들은 사소한 것이 아니다. 많은 고용주들은 피고용인의 채용, 승진 절차, 성과 평가 과정에 있어 직무 지원자와 개개 종업원의 역량에 둔감한 불필요하게 경직된 관료제적 인사 관리를 이용하는 경향이 있다. 이는 대량의 정보를 처리할 필요성의 결과이며, 일상화를 통해 소송을 회피하려는 시도 혹은 단순한 편의의 결과이기도 하다. 예를 들어 관료제적 표준운영 기술과 작업 일정은 비슷한 문제들이 많은 노동자들에게는 기능적이지만, 그와는 다른 사람들을 배제시키는 결과가 된다. 즉 표준화된 절차와 과정은 비표준화된 방식이나 개별화된 지원을 필요로 하는 장애인들을 고용에서 배제시키게 된다.[27] 그러므로 장애인의 고용이 명목뿐인 증가를 넘어서기를 원한다면, 장애를 차별을 넘어서 장애인 다양성에 입각하여 어떤 장애는 완전히 개별화된 시설과 실무를 포함하는 특수한 조치가 필요로 한다는 것을 인식해야 하며, 이런 측면에서 고용환경의 물리적 측면 - 작업장, 직무구조 등 - 의 변경에 대한 투자의 필요성이 제기되는 것이다(Paul C. Higgins, 1992).[28]

그러므로, 고용주에 대한 보조금의 지급 같은 완화적 프로그램이 고용주들에게는 생산성 손실을 최소화함으로써 장애인고용에 기여할

---

[27] 관료제적 업무구조는 생산성을 최대화하기 위한 투입의 표준화를 강조하는 기술 때문에 개인 차원의 변형에 부정적이며 이를 적극적으로 다루지 못한다. 능률성의 가치와 표준화를 강조하는 운영기술을 가진 대규모 제도들은 장애인에 의해 도입되는 가변성을 쉽사리 수용하기가 어렵다. 이런 점에서 장애인고용증진을 위해서는 조직 변화가 어려운 대규모 기업보다는 중소규모의 기업을 주 대상으로 하는 것이 효과적이라는 주장이 성립될 수 있을 것이다.

[28] 사회가 어떤 개인적 장애의 조건을 완전히 수용할 수 있다면, 그 조건하에서 사회적 장애는 중단된다고 할 것이다. 다양한 개인의 조건들을 충족시킬 수 있는 "보편적 설계(universal design)"를 가진 사회체계는 비교적 낮은 수준의 사회적 혹은 경제적 비용으로 장애를 최소화할 수 있다는 것이다(Irving Zola, 1989: 401-428).

수 있지만, 그런 프로그램을 성공적으로 집행하는 것은 단순히 차별 금지 혹은 동등한 접근 가능성의 확보라는 목적보다는 오히려 장애인의 생산성 문제를 직시하는 것이 보다 현실적이라는 것을 암시한다. 다시 말해, 소수집단 모델에 입각한 장애인고용문제에 대한 접근은 장애인의 임파워먼트(empowerment)의 증진에는 가치를 가질 수는 있지만(Hahn, 1986), 장애인고용과 연관된 많은 공적 혹은 사적 문제들에 대한 정책적 해결책의 개발을 위해서는 보다 포괄적인 접근법이 필요할 것이다. 차별에만 초점을 두는 것은 장애인의 고용 및 다른 욕구들을 충족시키기 위해 효과적이며 정치적으로 옹호될 수 있는 정책개발로 나아갈 수 없다. 이런 점에서 장애인의 고용문제에 대한 사회적 차원의 접근은 장애인의 고용을 협력적으로 극대화할 수 있는 통합적인 정부개입 방안이 필요하다고 할 것이다.

〈그림 3.1〉 장애인고용에 대한 정부개입의 통합모형

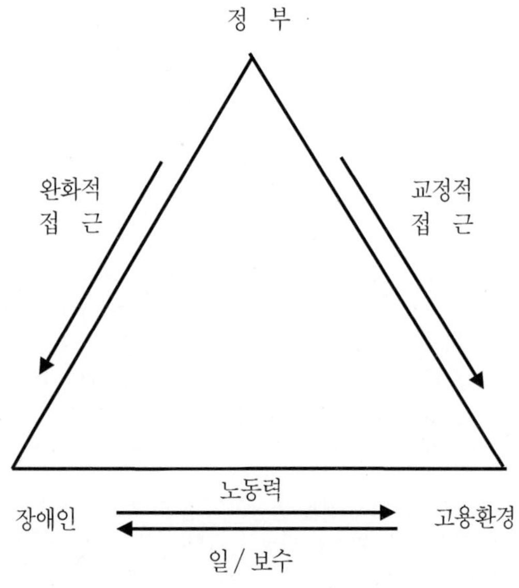

앞에서 논의된 개인적 차원의 완화적 정부개입과 사회적 차원의 다양한 교정적 정부개입 방안들은 장애를 둘러싼 외부효과, 공공재 등의 시장실패 요인과 노동시장의 수요적 조건 및 사회 구조적 문제를 교정하기 위해 설계되는 통합적인 장애인고용정책의 다양한 선택 대안들이 될 수 있다. 여기서 구체적인 개입 내용의 결정은 궁극적으로는 다양하고 광범한 고려에 의한 사회적 선택이 된다. 중요한 고려사항으로는 여러 가지 개별적 장애의 비용, 장애를 가진 사람과 그런 장애로 인해 영향을 받는 다른 사람들에게 주어진 비용의 감소, 비장애인들이 장애의 직접적 비용을 보상하려는 자발적 기여 의지의 정도, 다양한 선택의 실현 가능성, 행정적 비용 및 유인효과, 그리고 장애인에 대한 사회적 태도 등이 있을 수 있다.

그런데 장애의 경제학적 접근에 따른 장애비용과 편익에 대한 평가가 장애인고용정책의 기반을 제공할 수 있다고 하지만, 사실 이러한 모든 것에 대해 객관적으로 측정하기란 매우 어렵다. 게다가 언급된 다른 모든 고려들은 사회적 판단과 취향을 반영하지만, 객관적인 기준에 준거하여 비교 평가될 기회는 매우 적다고 할 것이다.[29] 그래서 장애인고용정책은 정책의 결정과 집행과정 속에서 이러한 사회적 요인들이 반영되어야 할 뿐 아니라 장애 영역에 있어 정부개입 수단의 결정에는 경쟁적인 이해관계를 조정해야만 하는 것이 되어야 한다. 물론 장애인의 사회통합 및 정상화 같은 장애인 정책의 추상적 목표로 채택되는 것－즉 개개인의 잠재력을 최대한 개발할 수 있

---

29) 이러한 정책 대안의 선택에 대해 Anthony Culor(1974)는 "무엇이 지불되어야 하는 가"에 대한 집합적 판단은 집합적 책임성을 가진 사람－자선조직이나 정부 관료－에 의해 적절하게 이루어질 수 있다고 주장한다. 그것은 가장 창의적 편익－비용 분석 가조차도 집합적 동정의 가격을 계산할 수는 없으며 정부의 직무는 정확하게 그런 집합적 주장을 표현하는 것이기 때문이라고 함으로써, 경제적 능률성을 넘어 장애인 정책의 정치적 성격을 분명히 적시하고 있다.

는 개인적 사회적 조건을 제공하는 것 - 은 장애인고용정책 중심 이슈가 되기도 한다. 그런데 이러한 추상적인 목표가 완전히 달성되지 못하는 것은 구체적인 정책내용에 있어서 경쟁적인 사회적 세력들의 상대적 영향력을 반영하는 까닭이라고 볼 수 있을 것이다. 분명히 정책집행은 정치적인 것이며, 결코 "합리적 방법"을 단순히 적용하는 것은 아니다(Percy, 1989). 그러므로 장애인고용을 위한 정부개입을 논의할 때, 장애인고용의 문제에 대하여 논리적 정책 대응책과 함께 정책의 정치적 속성에 따른 현실적 어려움과 제약요소들을 파악할 필요가 있다. 이러한 측면에서 장애인고용을 위한 정부개입의 특성이 표현되는 장애인고용정책의 특유한 성격을 살펴보고자 한다.

제2부 장애인고용정책의 특성과 집행이론

제4장
장애인고용정책의 특성

장애인고용정책의 성격 규명은 정부개입의 맥락적 측면과 정책의 가치와 수단의 연계성, 정책집행과정상의 특성을 이해하는 데 도움이 될 수 있다. "정책 내용에 따라 정치가 결정된다"는 Lowi(1972)와 Spitzer(1986) 등의 주장과 동일 선상에서 Ripley와 Franklin(1986)은 정책집행과정의 체계적 연구를 위해서는 정책유형과 집행과정의 관계를 먼저 분석해야 한다고 주장하였다. 이러한 주장은 정책유형에 따라 정책집행에 영향을 미치는 주요 변수들의 관계가 상이하게 나타난다는 점에서 집행과정 분석에 있어서 정책 특성을 파악하는 것이 중요함을 강조하는 것이다.[1] 대체로 장애인고용정책의 성격에 관해서는 주로 목적적 차원과 수단적 차원에서 사회복지정책(재분배정책)과 규제정책의 특성을 동시에 가지고 있는 것으로 평가되고 있다(전영평, 1995).

---

[1] 이와 같은 맥락에서 Hansenfeld와 Brock은 사회정책의 집행은 정책유형에 초점을 맞춤으로써 집행에 대한 이론적 응집성을 제고할 수 있다고 하였다 (Hansenfeld & Brock, 1991: 451-452).

1. 사회복지정책으로서의 장애인고용정책

장애인고용정책은 장애인의 복지실현을 정책적 목표로 삼고 있다. 사회복지정책은 서비스, 소득의 제공을 통해서 시민들의 복지에 직접적인 영향을 미치는 정부 정책으로 정의될 수 있다(T. Marshall: 1970). 이는 복지정책이 추구하는 일차적인 목적이 대상 집단의 복지실현에 있다는 것을 의미한다. 일반적으로 사회복지(social welfare)란 사회적으로 평안하고 만족스런 상태를 말하는 것으로 바람직한 사회를 지향하는 이상향적 개념으로 사용되고 있다. 다시 말해 사회복지는 물질적 조건과 환경에서부터 시작하여 보다 높은 차원의 심리적·정신적, 혹은 인간관계 등을 포함하는 종합적인 만족할 만한 상태를 의미한다(현외성 외, 1993: 44). 그런데 현실 사회는 이러한 사회복지적 이상과는 달리 불행과 불만에 빠져 있는 수많은 사람들로 가득차 있다는 점에서, 사회복지정책은 이러한 상태에서 집합적 책임하에 그러한 비복지를 제거하고자 하는 것이다. 사회복지정책이 추구하는 이념적 가치로는 흔히 자유, 평등, 민주주의, 박애, 정의 등 여러 가지가 제시되고 있으나, 그 기저에는 공통적으로 인간 존엄성의 실현 가치라는 기본적 측면을 가지고 있다. 장애인 정책의 근본이념 역시 대개 '인간으로서의 존엄성 실현'이라는 관점에 입각해서 파악된다.[2] 즉 외모 및 신체, 정신적 상태에 상관없이 인간은 누구나 인간으로서 존엄성을 향유하고 각기 행복한 삶을 영위할 권리가 있다는 대전제하에 장애인의 복지문제가 다루어지고 있다. 장

---

2) 특히 장애인복지의 근본이념에 대해서는 UN이 채택한 '세계 장애인의 해 행동계획'에서 제시하는 "완전 참여와 평등"에 잘 나타나고 있다. 여기서 참여란 장애를 가진 사람들이 사회생활 자체 및 사회발전뿐만 아니라 국가정책 결정단계에도 참여하는 것을 말한다. 그리고 평등이란 사회 내 다른 시민들과 동등한 생활조건 및 사회경제개발에 따른 생활조건의 개선에 있어서 균등한 배분을 받는 것을 의미한다(김학기, 1992: 56).

애인고용정책은 장애인의 직업생활을 통해 인간다운 생활을 할 수 있도록 장애인의 직업생활과 직업안정을 도모하고 있다는 점에서 목적적 측면에서 사회복지정책의 성격을 가지고 있다.

또한 장애인고용정책이 추구하는 기본적인 사회적 이념으로서 정상화(normalization)는 사회복지정책이 지향하는 사회정의(사회적 형평)의 실현과 관련되어 있다.3) 장애인고용정책은 단순히 시장실패에 대한 소극적인 정부개입이라기보다 장애인의 복지를 위해 기업에 대해 사회적 책임을 부과하는 적극적인 정부의 개입이라는 특성을 가지고 있다. 이는 기업 활동에 대한 정부개입이 보통 기업의 활동으로 인해 초래된 경제적, 사회적 손실이 존재하거나 예상될 경우 정당화되는 데 비해, 장애인고용문제에 있어서는 이러한 기업의 사회적, 경제적 손실에 대한 책임성이 분명하지가 않다. 장애인고용정책은 이와 같이 기업의 직접적 과실이나 고의가 확인되는 시장실패의 치유가 아니라 사회적 형평을 위해 정부가 규제를 가하고 있다는 측면에서 진보주의적인 규제철학에 바탕을 둔 것이며, 이는 곧 사회개량적 복지정책의 이념적 맥락과 같이 하는 것이다.4)

장애인고용정책은 사회적·경제적 약자인 장애인만을 정책수혜자

---

3) 정상화(normalization)란 지역사회에 고령자나 장애인 등 사회적 불리함을 지닌 사람들이 일정 수가 존재하는 것은 정상적인 사회이기 때문에 이들이 보통의 일상적인 생활을 영위할 수 있도록 해야 한다는 것이다.

4) 사회적, 경제적 약자를 위해서 그에 대한 직접적 책임성이 없는 기업에 대해 정부가 규제행위를 행하는 장애인고용정책의 진보주의적 이념의 측면은 기업의 책임성 확보를 위한 대표적인 정부규제인 환경정책과 비교할 때 더욱 분명해진다. 환경규제정책은 기업의 환경오염이나 훼손 행위에 대해 피해를 복구하거나 손실을 보상하도록 하거나 환경오염부담금을 부과하는 것인 반면에, 장애인고용정책은 장애인의 고용문제에 분명한 직접적인 책임성이 규명되지 않음에도 불구하고 고용할당제를 통해 장애인고용을 강제하고 이를 위반할 때 고용부담금을 내도록 하고 있다는 점에서 분명한 차이를 보이고 있다(전영평, 1995). 이처럼 정부의 개입이 시장실패에 대한 치유 수준을 넘어서 사회적 형평을 윤리적으로 강조하는 입장을 사회개량주의로 규정하고 있다(Goodin, 1988: 4).

로 하고 있다는 점에서 사회복지 수단적 개념으로서의 성격을 가지고 있다. 사회복지의 개념을 어떻게 파악하느냐에 따라 달라지기도 하지만, 복지정책은 자력으로는 일상적인 사회생활을 영위하기 어려운 사회적 약자(빈곤자, 아동 및 청소년, 노인, 장애인 등)를 우선적인 요구호 대상으로 하여 이들에게 정부가 서비스를 제공하는 것이다.5) 장애인고용정책의 주 수혜자 또한 사회적 약자인 장애인을 대상으로 하고 있다는 점에서 특수한 영역의 사회복지정책의 하나이다. 그러나 여타 사회복지정책과 달리 장애인 정책 영역에 있어서는 사회복지 개념은 협의의 사회복지 개념을 포함하여 인간의 삶에 어느 정도 직접적으로 관련이 있는 기본적 영역을 포함하는 광의의 개념으로 파악되어야 할 것이다. 왜냐하면 욕구와 서비스의 관계는 변화하며, 따라서 개인적 욕구에 대응한 자선적 차원의 복지서비스의 확대에만 장애인 문제 해결에 본질적인 의미를 두게 된다면 장애인 문제는 해결되지 않고 계속해서 불만족 상태가 될 것이기 때문이다. 특히 장애인고용문제에 있어서 장애인은 인간으로서의 존엄과 평등,

---

5) 일반적으로 사회복지의 개념은 흔히 협의, 광의, 그리고 최광의의 세 가지로 다루고 있다.1) 협의의 사회복지 견해는 사회복지를 실체 개념으로 파악하기는 하나 이것을 기능적으로 한정하여 국가부조를 받고 있는 자, 장애인, 아동, 기타 원조와 육성을 필요로 하는 자로 하여금 자립하여 그 능력을 발휘할 수 있게 필요한 생활지도, 재활서비스, 기타 서비스를 행하는 것으로 이해한다. 광의의 사회복지 개념은 협의의 사회복지 내용 외에 사회정책, 사회보장, 보건, 의료, 주택, 고용, 교육 등이 포함되는 것으로 국가에 있어서 최저한 수준(national minimum) 혹은 평균적인 필요가 충족되지 않는 개인, 가족, 집단 등에 대해 국가가 제공하는 여러 가지 사회적 서비스를 총칭하는 개념이다. 최광의의 사회복지 개념은 토목, 건축, 재정, 금융, 군사, 경찰 등 전 국민의 행복, 사회생활의 안녕과 발전을 지향해서 시행하는 제반 시책을 총칭하는 것이라고 정의되고 있다(김상규 외, 1993: 5) 오늘날 사회복지의 개념이 이론적으로는 흔히 국민 전체의 사회조건을 향상시키고 전체 국민의 복지를 제고하는 최광의의 의미로 규정하는 경향이 있으나, 정책 실제에 있어서는 협의적·잔여적인 방향을 취하여 국민 중 특수계층의 욕구를 충족시키려는 정책, 혜택, 프로그램, 서비스를 의미하는 것으로 보고 있다. 같은 맥락에서 장애인 문제에 대한 접근 역시 사회복지서비스의 제공으로 해결하려고 한다.

그리고 국민으로서의 권리가 무시되고 사회적 차별의 대상이 되어왔다는 점에서, 장애인의 "완전한 참여와 평등"이라는 장애인 정책의 근본목적은 단순히 자선적 성격의 사회복지서비스만으로는 결코 달성될 수 없으며 장애인을 둘러싼 주변의 사회적·물리적 환경의 변화가 수반되어야 하기 때문이다.[6]

2. 사회규제정책으로서 장애인고용정책

장애인고용정책은 장애인의 복지를 정부규제를 통해 구현하려 하기 때문에 여타 복지정책과는 달리 규제정책의 성격을 지니고 있다. 대부분의 복지정책이 가진 자에 대한 세금 징수를 통한 국가적 차원의 재분배적 정책(Lowi, 1972; Ripley and Flanklin, 1986)을 통해 실현되고 있는 것에 비해, 장애인고용정책은 장애인의 고용 달성을 통해 장애인의 복지를 실현시키기 위해 고용주로 하여금 장애인을 의무적으로 고용하도록 하고, 이를 위반할 경우 고용부담금을 부과하는 강력한 규제수단을 사용하고 있다는 점에서 특정 행위자의 행태를 제약하고자 하는 규제정책의 성격을 가지며(Meier, 1985), 규제정책 중에서도 가장 논쟁적인 사회규제이다.[7]

정부규제는 크게 경제규제와 사회규제로 구별될 수 있는데, 경제

---

6) DeJong(1994: 55)은 장애인 문제의 해결을 위해서는 ⅰ)인권보호정책, ⅱ)특수교육과 직업재활 프로그램, ⅲ)소득 및 현물지원 프로그램의 세 가지 요소로 장애인 정책이 구성될 필요가 있다고 주장한다.

7) 전준구(1996: 16)는 장애인고용정책이 장애인의 직업생활을 보장해 줌으로써 사실상 장애인에 대한 소득이전의 효과가 있다는 점에서 재분배적 성격을 가지고 있다고 하였지만, 대부분의 사회복지정책이 전형적으로 정책수혜자에 대해 직접적으로 이전지출이라는 재분배적 수단을 사용하는 것과는 달리, 장애인고용정책은 수혜자가 아닌 다른 정책대상 집단에 대해 규제수단을 사용하고 있다는 점에서 재분배정책과 구별되는 특징을 갖고 있다.

규제는 주로 시장실패의 치유와 시장의 효율성을 높여 경제 전체를 보호하는 것을 목적하는 것인 데 비하여, 사회규제는 경제활동의 부산물로 생산되는 사회적 위해(social harm)를 억제하여 시민의 안전을 도모하기 위한 것이다. 양자 모두 기업의 자유로운 선택을 제한하는 것이지만, 경제규제는 기본적으로 경쟁적 시장질서의 붕괴로 인해 초래되는 비능률로부터 시장기능을 회복시켜 효율성을 증진시킴으로써 피규제산업 전체를 돕는다는 목적을 가지고 있기 때문에 근본적으로 자유주의적 개별 기업의 이익에는 반하지만 자유주의적 이념과는 조화되는 것이다. 그러나 사회규제는 기업 활동의 사회적 책임을 부과하는 보호주의적 목적을 가지고 있으므로 자유주의 이념과 상충되며, 개별 기업이든 전체 산업이든 기업의 입장에서는 기업의 이익이나 시장의 비효율성과는 무관한 비용을 지출을 요구하는 것이 된다. 그리고 이러한 비용은 기업에게는 부담의 순증가가 되기 때문에 기업주들은 가능한 한 여러 가지 이유를 들어 규제를 회피하거나 저항하게 됨으로써 정부와 기업 간에 '적대적 규제문화'를 형성하고, 정부규제의 찬반 논쟁을 가열시키는 근본원인이 되는 '가장 논쟁적인 정책 분야'가 된다(Bardach, 1989: 210).

또한 사회규제정책은 사회구성원들 사이에 가치를 배분하는 정책과정의 일부로서 "누가 정부의 규제로부터 편익(혜택)을 받는가 혹은 비용을 부담하게 되는가"로 특징지어질 수 있다. 여기서 가치의 배분-다시 말해 비용과 편익의 배분-에는 모두가 전적으로 합의하기란 어려운 까닭에 대립과 갈등이 뒤따르기 마련이며 조직화된 힘의 경쟁이 발생하게 된다. 서로 다른 가치를 둘러싼 싸움에서 누가 결정하고 누가 경쟁에서 이기는가 하는 문제를 둘러싼 지배와 독점, 협상과 타협, 거래와 양보라는 정치 본래의 모습은 정부규제 과정에서 일어나는 일반적 양상이다. 따라서 정부규제는 그것에 이해관계를 가지는 이익집단들 사이의 정치적 협상과 타협의 결과로서 이루어지게 된다(최병선, 1992: 104).

이러한 과정에서 가장 중요한 특징은 정부의 규제를 통해 비용을 지불해야 하는 집단(피규제자)과 규제의 편익(혜택)을 받게 되는 집단(규제수혜자)이 달라진다는 점이다(최병선, 1992; 전영평, 1995; Q. Wilson, 1990). 정부규제의 비용과 편익이 상이한 집단에 귀속되어진다면, 수혜자들은 자신의 이익을 확보하기 위하여 피규제자들은 비용과 손실을 기피하기 위하여 각각 정책과정에 적극적으로 영향력을 행사하려고 함으로써 규제의 정치상황이 전개되어진다. 그러므로 규제정책은 한 사회 내의 제 집단의 정치·경제적 이해관계와 정부의 개입이 상호작용하는 정치과정이 되는 것이다(Bernstein, 1977: 258). 따라서 사회규제정책으로서 장애인고용정책은 그 정책의 형성과 집행과정에서 독특한 정치적 상황이 형성될 수 있음을 시사한다.

3. 정치과정의 산물로서 장애인고용정책

이상의 논의를 통해 사회규제정책의 속성을 가진 장애인고용정책에 대한 본질을 보다 정확히 이해하기 위해서는 장애인고용정책 또한 하나의 정치과정의 산물이며, 그 집행과정 또한 상황에 따라 변화하는 정치의 장내의 세력관계를 반영하는 정치적 과정으로 파악될 필요가 있음을 알 수 있다.[8] 또한 정책집행은 특정 정책에 이해관계가 있는 다양한 행위자들 간의 상호작용으로 이루어지고 있음을 분명한 사실이다(Hjern, 1982; Berman, 1978; Bardach, 1977, 1982; Elmore, 1979; Bullock & Lamb, 1984). 정책에 영향을 받는 개인이나 집단들은 정책

---

8) 규제의 정치과정론적 접근은 한편으로 정부개입의 표면적 정당성의 이면에 존재하는 현실적인 정부개입의 이유와 행위를 파악하는 데 도움이 된다는 점에서 중요한 의의가 있다.

집행과정에 참여하여 자신의 이익을 보호 또는 확대하려 하며, 이들과 공식적 정책참여자들 간의 상호작용에 의하여 정책의 내용이 확정되고 집행의 결과가 나타난다는 것이다.9) 이러한 인식은 정책과정에서 참여자들의 상호작용이 정책형성에 어떤 영향을 미치는가를 분석하는 것이 중요함을 말해 준다. 다시 말해 정책결정 및 형성체계의 참여자들은 누구이며, 경쟁하는 이익집단들이 자기들의 주장과 요구를 정책에 반영시키기 위하여 어떻게 정치적 행위를 하는가, 그리고 이 경우 정부는 이해관계의 조정이라는 소극적인 역할만을 담당하는지 아니면 정책과정을 실질적으로 지배하는지를 파악할 필요가 있을 것이다.

정책관련 이해 집단 간의 역학적 관계 및 그 과정에서 초래되는 비용과 편익의 분배라는 관점에서 정책과정을 분석하는 데는 어떠한 정치적 상황에서 어떤 정치적 원인이 어떻게 서로 상호작용하고 있는가를 규명하고 있는 Wilson의 규제정치론(Wilson, 1974; 1980; 1989)이 유용한 시각이 될 수 있다.10) Wilson(1989)에 따르면, 특정

---

9) 이러한 이익집단과 관료제의 정치적 상호작용 관계에 대하여 Chub(1983)은 양자 간의 정치적 영향력의 관계 유형을 이익집단주도(interest group initiatives)와 관료제 전략(bureaucratic strategies)이라는 두 가지 차원에서 각 차원을 결합하여 세 가지의 모형 – 조합주의모형, 다원주의모형, 포획모형 – 을 도출하여 분석하고 있다. 이익집단주도의 정도에 있어서는 단일의 편익수혜집단이 정책에 참여하는 수혜자 독점형과 비용부담 집단이 정책을 주도하는 부담자 독점형을 양극단으로 하고 그 중간에 수혜자집단과 비용부담 집단이 균형을 이루는 경쟁형이 존재한다. 그리고 관료제 전략에 있어서는 정부 관료제가 주로 수혜자들로부터 지지를 획득하기 위해 수혜집단의 비위를 맞추는 조합주의형과 비용부담 집단의 입장을 적극 존중하는 흡수형(co-optive pattern)을 양극단으로 그 중간에 다양한 이익집단들의 요구에 따라 정책을 펴나가는 다원주의형이 위치한다(Chubb, 1983: 23-26).
10) Wilson(1989)의 규제정치 이론은 어떠한 정치적 상황에서 어떤 정치적 원인이 어떻게 서로 상호작용하고 있는가를 규명하는 것이다. 여기서 Wilson은 규제의 정치적 상황을 개개 이익집단들이 감지하는 편익과 비용의 강도에 따라 대중적 정치(majortarian politics), 기업가적 정치(endtrepreneurial politics), 고객 정치(client politics), 이익집단 정치(interests group politics)의 4가지 유형으로 분류한다.

정책으로부터 기대되는 비용과 편익의 귀속에 대한 의식에 따라 참여자도 달라지고, 상호작용의 유형도 다양화할 뿐 아니라 결과적으로 산출물인 정책의 내용도 달라진다는 것이다. 특히 Wilson은 규제의 정치적 상황을 이익집단들이 감지하는 편익과 비용의 강도에 따라 유형화하고 있다. 그중 사회적 차별에 관한 정부규제가 대체로 대중적 정치(majortarian politics)모형으로 편입되고 있다는 점에서 장애인고용정책을 대중적 정치상황의 특성을 갖는 것으로 보는 견해가 있다(최병선, 1992: 415-416). 대중적 정치상황은 정부규제로 인한 비용과 편익이 모두 이질적이고 불특정한 다수에게 분산되어 있어, 어느 누구도 규제로 인해 큰 피해나 이익을 보지 않기 때문에 그러한 정책을 강력하게 요구하거나 반대하는 집단이 존재하지 않게 된다.

장애인고용문제를 사회적 차별의 문제로 이해한다면, 차별에 대한 책임은 그 사회에 존재하는 수많은 공공 및 민간부문의 사업주(고용주)에게 돌아 갈 것이고 그 사회적 차별로 인해 피해를 보는 것은 모든 장애인이 될 것이다. 그리고 이러한 사회적 차별의 책임의 정도나 그 피해의 정도는 개개 사업주나 장애인 개인에 따라 서로 다르게 나타날 것이다. 그러므로 장애인고용에 대한 사회적 차별 규제의 비용을 부담하게 될 피규제자인 사업주나 규제수혜자인 장애인 모두 그러한 규제의 요구나 반대를 하는 집단적 행동은 집단행동의 딜레마에 의해 쉽게 조직화되기 어렵다고 할 것이다.

그런데 '장애인고용촉진등에관한법률'은 장애인고용의 문제 해결을 위한 직업창출을 위한 핵심적인 정책수단으로서 상시 근로자 300인 이상의 고용주로 제한함으로써, 규제비용의 부담이 소수의 동질적인 집단으로 한정되는 Wilson의 기업가적 정치모형의 특징을 가지고 있다(전준구, 1996: 20-21). 기업가적 정치상황은 규제의 감지된 편익은 분산되는 반면, 규제의 감지되는 비용은 집중됨으로써 피규제자들은 보다 쉽게 조직화하여 규제과정에 영향력을 행사하기가 용이하게 된다.[11] 이는 곧 피규제자인 기업들이 조직적으로 정부규제의 완화를 위해 정치적 영향력을 행사할 가능성이 크다는 것을 의미하며, 그에 따라 장애인고용정책의 내용이 변동될 수 있다는 점에 주목할 필요가 있음을 말해 주는 것이다. 따라서 정책집행은 집행자와 대상 집단 간, 그리고 상이한 관련 집단 간의 상호작용 속에서 이루어진다는 것을 인식할 때, 정책이 정책참여자의 어느 일방에 대한 행동 변화를 요구하는 것이라 할지라도 상이한 정책참여자들의 다양한 반응들을 포괄적으로 이해할 필요가 있다는 것이다. 특히 정책으로 인해 발생하는 이득과 비용이 각각 서로 다른 집단에 돌아가는 규제정책의 경우에는 규제수혜자와 규제대상자의 반응과 이들과 규제자 간의 상호작용이 매우 중요하다. 그러므로 장애인고용정책의 전략과 도구에 대한 분석 및 이해에는 장애인고용정책에 내재하는 이러한 규제의 정치적 과정이 포함되어야 할 것이다.

그러면 장애인고용정책의 과정에 참여하는 주요 영향력 행사자는 누구인가? 정책참여자에 대해서는 다양한 구분이 가능하다. 일반적으로 정책참여자는 공식적 참여자와 비공식적 참여자로 나누어지는데, 입법부, 행정부, 법원 등이 전자에 속한다면, 정책대상 집단(혹은 이익집단), 사회단체, 언론 등이 후자에 속하게 된다. 한편, Kingdom(1984)은 정책참여자를 정부내부 참여자와 정부외부 참여자로 나누고, 전자에는 대통령과 그의 정책참모, 관료제, 의회 등이 포함되고, 후자에는 이익집단, 연구기관 및 자문위원, 언론, 정당, 여론 등이 포함된다고

---

11) Wilson(1989)에 따르면, 개인이나 집단은 자신의 순편익(편익—비용)이 증가하는 경우보다 순편익이 급격하게 또는 상당한 정도로 감소할 때 정치적으로 보다 민감하게 반응하며, 정치적 활동을 활발하게 전개한다. 이는 개인이나 집단이 현재 상황의 개선 가능성보다 현재상태에 대한 위협을 중요시함을 의미하는 것이다. 그리고 개개 집단의 정치적 행동은 비용이나 편익이 대규모의 이질적 집단에 분산되어 나타난 경우보다는 소수의 동질적 집단에 집중되는 경우에 쉽게 조직화될 수 있다고 하였다.

하였다. Anderson(1984)은 정책참여자를 공식적 참여자와 비공식적 참여자로 나누고, 전자에는 입법부, 행정부, 행정수반, 사법부 등을 포함시키고, 후자에는 이익집단, 정당, 일반국민 등을 포함시키고 있다. 다원주의 정치원리가 작용하는 미국과 같은 국가의 정책과정의 설명에는 주요한 영향력을 행사하는 참여자로 관료제, 의회위원회, 이익집단 등이 강조되고 있으며, 특히 이들 3자 간의 상호작용 현상을 철의 삼각형(iron triangles) 혹은 정책하위체계(policy subsystems) 등의 개념으로 설명되고 있다(Heclo, 1978: 94-105).

그렇지만 한국의 장애인고용정책의 집행과정에 있어 중요한 참여자는 집행 부처(기관, 조직), 국회 또는 해당 상임위원회, 그리고 대상 집단으로서 비용부담자와 수혜자 집단 등을 들 수가 있다(전영평, 1995; 전준구: 1996). 여기서 집행기관은 장애인고용정책의 주무 부처인 노동부(구체적으로 장애인고용과, 직업안정과 및 지방노동사무소)와 중간집행기관인 장애인고용촉진공단이 되며, 정책대상 집단 중에서 비용부담자로는 민간 사업주와 모든 정부 부처와 지방자치단체의 기관 및 공기업 등이 되며, 정책수혜자는 장애인이 된다. 그리고 기타 참여자로 국회의 환경노동위원회와 유관 정부 부처(보건복지부, 교육부, 및 경제관련 부처)가 있다.[12] 그러나 장애인고용정책이 갖는 사회규제정책의 특징에 비추어볼 때, 장애인고용정책의 분석에는 규제의 삼각형 모형이 유용한 분석 틀이 될 수 있다. 즉 규제자, 피규제자, 규제수혜자로 형성되는 규제의 삼각형에 있어 규제자는 의무

---

12) 한편으로 이러한 정책참여자들을 장애인고용정책에 대한 정치적 지지를 기준으로 지지집단과 반대집단으로 구분할 수도 있다. 이 경우 지지집단으로는 집행 부처(노동부), 이익수혜자, 장애인복지 관련 부처(보건복지부, 교육부), 국회 유관위원회인 환경노동위원회 및 보건복지위원회, 장애인에 대한 옹호적 국회의원, 장애인관련 전문가 집단 및 사회단체 등을 들 수 있고, 반대집단으로는 경제지향적 부처(경제관련 부처), 비용부담자(사업주), 반대성향의 국회의원, 반대성향의 전문가 및 사회집단을 들 수 있다.

고용을 강제하고 고용부담금을 부과하는 노동부[13]가 되며, 피규제자
는 의무고용을 이행하거나 고용부담금을 납부해야 하는 민간 및 공
공부문의 사업주가 되며, 규제수혜자는 취업하고자 하는 장애인이
된다(전영평, 1995: 284).

<그림 4.1> 장애인고용정책의 규제의 삼각형

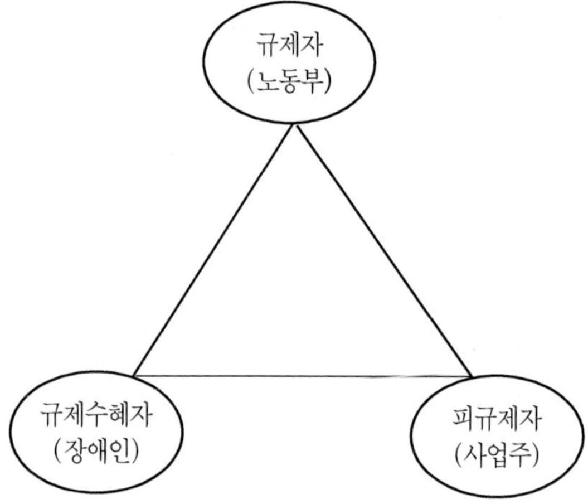

---

13) 여기서 노동부로 대표되는 규제자에는 규제의 효과성을 확보하기 위해 고용
    유인 및 촉진 기제의 역할을 담당하는 장애인고용촉진공단을 포함하는 노동
    부 산하의 집행체계를 의미한다.

제5장
장애인고용정책의 도구론적 접근

1. 도구론적 접근의 필요성

장애인고용정책의 중요한 특징은 규제정책으로서의 성격이다. 규제정책으로서의 장애인고용정책에 대한 보다 정확한 기술적 분석을 위해서는 정책목적의 달성을 위해 채택되는 정책도구[14]와 전략에 대한 검토가 강조되어진다. 정책연구는 정책수단의 실현을 통해 정책목표를 달성함으로써 사회문제를 해결하는 데 필요한 지식과 논리를 제공해야 한다는 점에서 정책도구는 중요한 연구대상이 되어왔다. 특히 정부규제의 효과성에 관한 연구들은 규제도구 혹은 정책도구의 선택을 중심으로 한 도구적 접근법에 대한 논의를 하고 있다(Salamon and Lund, 1989: 30-32).[15] 즉, 정책문제의 해결에 있어, 문제 인식과 목표

---

14) 정책도구(policy tools)라는 용어는 정책수단(policy instruments)이나 정부 도구(government tools 또는 tools of government) 등의 용어와 상호교환적으로 사용되고 있다(Hewlett, 1991: 54).

15) 정책연구에 있어 도구적 접근법은 기존의 정책연구가 법이나 프로그램만을 대상으로 이루어지는 한계에 대한 비판적 인식에서 출발하여 정책도구에 대한 설명이 정책형성과 집행에 대한 이해를 보다 제고할 것이라는 신념에 바탕을 두고 있다. 이런 점에서 도구적 접근법은 '공공정책에 대한 전혀 새로운 접근방법' 혹은 '정책연구를 위한 새로운 분석 단위를 규명해낸 접근

설정은 시작에 불과하며, 어떻게 정책문제를 해결할 것인가에 대한 전형적인 결정은 도구 선택의 문제로 귀결되어진다(김태영, 1997: 129). 도구적 접근법은 정책을 도구의 결합으로 보고, 문제 해결을 위해 동원 가능한 실천적 수단으로서 정책도구들을 확인하고 이들 도구들의 효율적인 결합을 통하여 정책목표를 효과적으로 달성하고자 하는 것이다(전영평, 1994: 124).

이러한 도구적 접근법의 유용성은 특히 정책 평가에 있어 정부의 개입활동의 특성을 구분하는 방법으로 이용되며, 평가의 대상이 되는 정부의 개입활동을 설명하는 유용한 분석 도구로 평가되고 있다(Vedung, 1993).[16) 또한 정책도구의 분석은 정책형성과 집행 사이의 연계(linkage)를 보다 잘 이해할 수 있도록 한다.

정책연구 분야에 있어 도구적 접근법은 크게 두 가지 범주로 구별될 수 있다(Bagchus, 1998).[17) 정책도구의 특징(feature), 환경과 도구와의 관계, 도구와 정책 이슈 간의 관계, 정책도구의 설계 및 실현 방식, 도구의 사정 및 정책결정자가 도구에 부여하는 의미 등을 기준으로 전통적 도구 접근법과 수정도구 접근법으로 나누어진다.

먼저, 전통적 도구 접근법은 엄격한 목적-수단 합리성(goal-means

방법'(Salamon, 1989: xv)으로 일컬어지기도 한다.

16) 대체로 정책결정자들은 어떤 일을 되도록 하는 가능한 수단에 의존하여 정책을 결정한다는 점에서, 다시 말해 정책을 특정한 정책문제에 대한 해결책이라는 관점에 입각하면, 정책의 핵심은 정책문제를 해결할 수 있는 정책수단의 선택에 관한 문제로 집약될 수 있으며, 따라서 정책도구의 선택, 적용과 전략을 경험적·분석적으로 조사하는 것은 정책 평가에 중요한 함의를 가지는 것으로 볼 수 있다.

17) 도구적 접근법의 분류는 학자에 따라 다르게 정리되고 있는데, 예를 들어 Linder와 Peters(1992)는 정책도구에 관한 많은 연구들을 도구주의자(instrumentalists), 절차주의자(proceduralists), 상황주의자(contingentists), 구성주의자(constitutionist)로 분류하고 있으며, 전영평(1994)은 Elmore(1987)류의 정책도구론과 Salamon(1989)류의 도구적 접근법으로 구분하고 있다. 여기에서는 보다 도구적 접근법을 포괄적으로 정리한 Bagchus(1998)의 유형화에 따르기로 한다.

rationality)의 견지에서 정책도구의 선택을 설명한다(Geelheed, 1983; Hood, 1983; De Haan et al. 1986; Needham, 1982). 전통적 접근법에서는 정책도구를 중립적인 것으로 보며 그러한 중립성에 가치를 두고 있다. 그래서 정책도구는 그 자체로 내재적인 특징을 가지는 것이 아니며 그 정책도구가 지향하는 목표로부터 특징이 도출되는 것이다. 그래서 전통적 접근법에서는 정책도구에만 초점을 두고 정책도구가 설계되고 적용되는 상황은 고려하지 않는다. 전통적 도구 접근법에 있어서 정책도구는 정책결정자의 지시 수단이며, 정책결정자는 목표의 계층구조를 결정한다. 그래서 목표의 계층제 혹은 목적－수단의 연쇄에 따른 목적－수단의 합리성이 정책도구 선택의 기준이 되며, 또한 정책도구의 유용성을 판단하는 기준이 된다. 이는 정책목표가 정책도구와 별개로 도구 선택 이전에 이미 결정된다는 것을 의미하며, 결과적으로 정책도구의 선택은 정책목표들의 조작화(operationalization)로 간주되는 것이다. 즉 정책목표가 결정된 후에야 비로소 그 목적과 관련된 정책도구가 고려된다는 것이다. 그리고 전통적 도구 접근법에 의하면, 정책목표 달성을 위한 대안적인 정책도구의 수는 무한하며 오직 설정된 목표에 달려 있는 것이 되며, 도구의 선택은 대안적 정책도구와 그 도구의 가능한 결과에 대한 평가에 관련되는 것이다. 이런 점에서 전통적 도구 접근법은 도구의 실현과 도구에 주어지는 의미가 분명히 결과 발생적인(sequential) 것으로 볼 수 있다. 그러므로 전통적 도구 접근법에 따르면, 정책도구의 평가는 특정 정책도구와 그 결과의 일치(accordance)로, 그리고 결과는 다시 미리 설정된 정책목표와 관련지어서 평가되게 된다.

수정된 도구 접근법은 1980년대 후반 이후 전통적 접근법을 보다 세련화하면서 전통적 접근법과는 구별되는 특성을 가진 정책연구들에서 발견되고 있다(Bresser and Klock, 1987; Hufen, 1990; Linder and Peters, 1989; De Bruijn, 1990). 수정된 도구 접근법은 정책도구의 특징, 정책도구와 상황과의 관계, 정책도구의 선택 및 실현 방식, 정책도구의 평가 등에 있어서 전통적 접근법과 뚜렷한 차이를 보여주고 있다. 먼저 수정도구 접근법은 전통적 접근법이 정책도구 근저에 존재하는 가치와 규범에 대한 고려를 하지 않고 있다고 비판한다. 수정도구 접근법은 한편으로는 정책도구들 간의 긴장(tension)을, 다른 한편으로는 보다 보편적인 가치, 도덕, 윤리적 원칙을 깊이 있게 다루고 있다. 이는 수정도구주의자들은 정책도구는 상황 외부의 설계되는 내적 특징을 가진다고 보고 있으며, 그에 따라 도구 유형론을 발전시켜왔다(Van der Doelen, 1989). 전통적 도구 접근법에서는 상황과 정책도구 간에는 어떠한 관계도 존재하지 않는 것으로 보지만, 수정 접근법에서는 상황과 도구 간의 관계를 강조하며, 또한 정책도구의 대상 집단을 중요하게 다룬다. 그래서 수정 접근법은 정책도구와 관련된 이해관계의 역동적 상황을 중요한 분석 요소로 도입함으로써 전통적 접근법의 정책도구의 기계적인 적용이라는 시각에서 벗어나고 있다. 분명히 정책과정에는 많은 상이한 이해관계를 가진 행위자들이 개입하며, 이들에 의해 정책도구의 선택, 집행, 성과의 영향을 미친다는 것 또한 사실이다.[18] 이러한 시각은 정책대상자들의 활동에 주의를 환기시키며, 나아가 정책도구의 평가에 있어서 최종목표와의 비교에 주목하게 한다(De Bruijn and Hufen, 1992: 74-75).

또한 수정도구 접근법은 정책도구의 선택이 경쟁적인 이해관계를 갖는 행위자들 간의 상호작용 내지 밀고 당기기(the pushing and the pulling)로 간주되며, 특히 행위자들의 자기이익 추구가 도구의 선택 과정에서 중요한 부분이 되는 것으로 본다(Hufen, 1990). 이는 특히,

---

18) 이와 유사하게 Elmore(1987: 175-178)는 정책은 전형적으로 다양한 정책도구들로 구성되지만, 그 구성 요소들의 결합 논리는 '정책 도구의 운영상 특징이나 기대되는 가능한 결과'에 대한 이해가 아니라 오히려 '연합정치(coalition politics)'라고 주장하고 있다.

어떤 정책도구가 선택되느냐에 따라 그 정책문제 해결에 따른 수혜자와 비용부담자가 결정되므로 이들은 정책도구의 선택뿐만 아니라 정책과정 전반에 걸쳐 계속해서 영향을 미치려 하기 때문에, 궁극적으로 정책도구의 효과성에 중대한 영향을 미치기 때문이다. 그리고 이러한 행위자들 간의 밀고 당기기에 따라 형성되는 상황이 목적 – 수단 관계와는 별개로 존재하며, 정책도구의 선택, 적용, 지속에 중요한 영향을 미치게 된다. 이런 점에서 전통적 도구 접근법과는 달리 수정 접근법에 의하면, 모든 정책도구들이 대안으로 고려되는 것이 아니라 특정 시점에서 각 행위자들이 자신의 판단에 따라 선택하는 한정된 이용가능 대안 중에서 특정 도구가 가져올 결과만을 평가하게 된다는 것이다. 그래서 도구의 평가에 있어서도 수정 접근법은 목표의 달성 정도에 중점을 두기보다는 정책도구가 선택, 집행되는 상황을 강조하게 되는 것이다.

이와 같이 수정된 도구주의의 상황적 합리화의 강조는 정책 설계에는 대안적 정책도구에 관한 지식뿐 아니라, 그 대안이 선택·적용되는 상황에 대한 지식을 필요로 하게 된다. 분명히 상황에 따라 어떤 정책도구는 다른 정책도구보다 효과적이다. 그런데 이러한 입장에서 서면 다시 다음과 같은 질문에 봉착하게 된다. 즉 "특정 정책도구를 효과적인 개입수단이 되게 하는 상황은 무엇인가?" 혹은 "특정 정책도구가 비효과적인 수단이 되는 상황은 무엇인가?"하는 것이다. 간단히 말하면, 정책도구의 설계는 특정한 정책 상황에 들어맞는 정책도구를 지향해야 하는 것이다(Elmore, 1987). 정책도구와 상황 간의 적합성(fitness)이 확보될 때, 정책도구가 효과적이 된다는 것이다. 이러한 최적의 도구 – 상황의 적합성에는 도구의 특징, 정책목표, 상황적 요인, 대상 집단의 특징 등 4가지의 조건이 제시되고 있다(de Bruijn and Hufen, 1998: 50). 효과적인 정책도구란 정책도구의 특징과 맥락의 특징, 목표, 정책대상 집단 사이에 최적의 적합성을 가져야 함을 의미한다.

한편, 도구적 접근법에 입각한 연구들은 주로 정책도구가 문제를 악화 또는 개선시켰는가에 관한 분석, 즉 도구의 효과성에만 관심을 집중해 왔다. 그런데 도구의 효과성도 중요하지만, 특정 정책도구가 왜, 어떻게 선택되었는가에 대한 관심도 필요하다. 왜냐하면 정책도구의 아무리 효과적이라고 하더라도, 그것이 채택되어 이용되지 않는다면 소용이 없기 때문이다. 따라서 어떤 정책도구가 왜 그리고 어떻게 선택되었는가, 다시 말해 어떤 요인들이 정책도구의 선택에 영향을 미쳤는가에 대한 실증적 연구의 필요성이 제기되는 것이다. 따라서 도구의 분석에는 도구의 효과성 분석과 함께 정책도구의 선택 및 변화과정에 있어 중요한 영향을 미치는 정책참여자의 행위에 대한 연구가 강조되는 것이다. 특히, 규제정책에 있어 도구의 성과는 정책대상 집단으로서 피규제자의 순응 확보와 나아가 규제자와 피규제자 간의 마찰을 극소화하여 바람직한 규제문화를 창출하고, 피규제자의 순응비용 및 행정기관의 집행비용을 절감시키는 것이 바람직하다(전영평, 1996: 170).

이러한 도구 접근법의 특징들을 고려하면, 장애인고용정책의 연구에 있어서는 장애인고용을 위한 정책도구에 대한 관심과 함께 장애인고용정책의 목표와 정책 상황을 고려한 효과적인 정책집행전략에 관한 논의를 필요로 하게 된다.

2. 정책도구의 분류와 특성

도구적 접근법이란 정책을 도구의 결합으로 보는 입장이다. 이러한 시각은 정부의 각 정책에는 식별할 수 있는 일정한 정책도구가 있고, 각 도구는 개별적 특징과 역동성을 가지며 그 특징은 도구의 기능 방식에 대한 예측 가능한 암시를 제공한다고 전제한다. 즉 특정 유형의 문제들에 대한 정책결정자들의 반응은 정책으로 나타나며, 정책도구는 정책의 특정한 운영상의 특징, 수단이다. 그리고 정책도구에 따라 독특한 정책 설계 및 집행 문제가 발생하며, 특정 문제와 목표에 대한 특정 수단의 적합성(다른 수단에 대해 상대적으로)이 확인될 수 있다는 것이다(Elmore, 1987). 이렇게 정책을 문제해결을 위해 동원될 수 있는 최선의 수단인 도구를 확인하고 이의 효율적 결합을 통해 정책목표를 효과적으로 달성하는 데 기여한다.

대체로 정부가 사용하는 기본적인 정책도구는 세 가지로 정리될 수가 있다. 이러한 정책도구의 분류는 정부의 통치행위와 관련된 권위적 힘 혹은 규제의 정도에 따라 분류한 것이다.[19] 많은 정책도구에 관한 연구들에 제시되는 다양한 정책도구들은 이러한 명령통제적 도구, 경제적 도구, 정보의 3유형 중 하나로 포함될 수 있다.[20]

---

[19] 이러한 분류는 피지배자의 복종을 가져오는 강제적 수단, 보상적 수단, 규범적 수단이라는 Etzioni(1975)의 유형화에 기초하여, Van der Dolen(1989) 과 Vedung(1993)의 유형론에 따른 것이다.

[20] 도구적 접근법으로 정책연구를 하는 많은 학자들이 도구의 유형론을 제시하고 있는데, 도구의 종류에 관하여 학자마다 다양한 목록이 제시되고 있다. 예를 들어 Elmore(1987)는 4가지 정책도구-즉, 명령강제(mandate), 유인(inducement), 역량형성(capacity-building), 체계변경(system-changing)-를 제시하면서, 정책도구들의 상호결합을 전략으로 부르고 있다. 그리고 성공적인 정책전략은 주 역할 도구와 부 역할 도구를 어떻게 배합하느냐에 달려 있다고 강조하였다. Salamon (1989) 및 Salamon과 Lund(1989)은 도구를 정부가 정책목표를 추구하는 방법(method)이라고 정의하면서, 직접 서비스, 교부금, 융자보증, 세금지출보조, 규제, 공기업 등 6가지의 정책도구를 제시하고 있으며, Van der Dolen(1989)은 관련 행위자의 행동에 영향을 미칠 수 있는 가능성을 확대하거나 제한하는 다양한 정책도구들을 법적 도구, 경제적 도구, 의사소통적 도구 등 3개의 도구 집단(groups of instruments)으로 구분하고 있다. 한편, Hansenfeld와 Brock (1991)은 사회정책의 주요 집행수단으로 권한, 프로그램 설계, 자원을 제시하고 있다.

1) 명령통제적 도구

명령통제적 도구는 가장 기본적인 정책도구로서 실제로 형성된 규칙과 지침을 통하여 정책대상 집단에 영향을 미치기 위해서 정부가 취하는 조치를 말하는 것이다. 이러한 조치는 그 대상자들로 하여금 법령이나 지침에 따라 명령, 지시된 것에 따라 행동하도록 규정하고 있다.[21] 본질적으로 법적 성격을 가지는 명령통제적 도구는 주로 정책대상 행위자들의 행태를 정상화하려는 것이다. 그래서 규제자와 피규제자 사이의 관계가 권위적 특성 - 즉 규제를 받는 개인이나 집단은 규제를 행하는 사람들이 정하는 방식으로 행동해야 한다는 의미 - 를 갖게 된다. 그리고 이러한 강제적 특징을 강화하기 위하여 흔히 벌금, 투옥 및 기타 처벌의 형태를 갖는 부정적 강제력을 통한 위협 수단(강화기제)을 사용하고 있다. 이러한 명령통제적 도구의 강압적 특징이 기존의 규제자와 피규제자 간에 형성되어 있는 관계에 적합하지 않을 수도 있으며, 피규제자들로부터의 저항을 야기함으로써 적대적 관계가 형성되기도 한다. 또한 이러한 명령통제적 도구는 규제대상자들에 대한 모니터링과 법적 실행(enforcement)을 필요로 하게 되고 그에 따른 많은 집행비용이 소요될 수밖에 없다. 또 다른 명령통제적 도구의 특징은 반응적이라는 점이다. 명령통제적 도구는 어떤 사회적 사실 - 주로 사회적으로 바람직하지 않은 행태 - 이 발견된 이후에야 형성되고 집행되는 완만한 과정적 특성을 갖고 있다. 명령통제적 도구는 다시 그 성격에 따라 긍정적인 것과 부정적인 것으로 나눌 수 있는데, 긍정적인 것은 바람직한 행동을 하도록 강제하는 것이며 부정적인 것은 바람직하지 않은 행위를 금지하는 것을 말한다. 그런데 흔히 이러한 강제나 금지에는 예외 규정이 따르기도

---

21) 이를 흔히 좁은 의미의 '규제(regulation)'라고 한다.

한다. 다시 말해, 강제나 금지가 정상적이지만, 그로 인해 곤란한 상황에 직면하지 않도록 하나의 안전판으로서 예외규정을 설정하고 있는 것이다.

2) 경제적 도구

경제적 도구란 물질적인 자원을 제공하거나 박탈하는 방법을 말한다. 이 방법은 어떤 행동을 하는 데 따르는 비용을 더욱 증가시키거나 감소시킴으로서 정책대상자들의 행동에 영향을 미치려는 것으로 명령통제적 도구에 대안적인 것이다. 경제적 도구는 장려금, 보조금, 수수료, 요금, 신용보증, 이자보조금 등 금전적 경제적 도구와 무료의료서비스, 무료투약, 무료탁아사업 등 비금전적 경제적 도구로 구분될 수 있다. 또한 경제적 도구는 다시 긍정적인 경제적 도구와 부정적인 경제적 도구로 구별되는데, 긍정적 형태로는 수당(물적 자원을 제공)의 제공을 들 수 있으며, 부정적 형태로는 부담금(물적 자원을 박탈하는 것)이 있다. 명령통제적 도구와 경제적 도구 간의 차이는 경제적 도구는 관련 규정을 반드시 받아들여야 하는 것은 아니라는 점 – 즉, 비강제적 – 이다. 다시 말해 명령통제적 도구는 해당 행동 자체를 금지하거나 강제하는 것인 반면, 경제적 도구는 정책대상자들에게 스스로 그 행동을 취할 것인지 아닌지를 선택할 수 있는 어느 정도의 여지를 허용하고 있다는 점에서 구별되는 것이다. 보조금(subsidy)과 같은 경제적 도구는 그러한 비강제성으로 인하여 규제자와 피규제자 간의 적대적 혹은 불편한 관계를 원하지 않는 행정 관료들에 의해 선호되는 경향이 있다. 그런데 이러한 경제적 도구의 이용은 정책대상 행위자들로 하여금 때때로 바람직하지 않은 행동을 선택하는 선택권이 부여되는 결과가 되고, 그로 인해 정책문제는 완화되지 않고 국가 재정만 낭비한다는 비판을 받기도 한다. 그래서 강제성이 제한되는 경제적 도구의 효과성을 확보하기 위해서는 대상 행위자에 대한 충분한 정보와 지식에 기초하여 정확하게 적용하는 것이 필요하다.

3) 정보적 도구

최근에는 정책도구로서 정보적 수단의 중요성이 증가하고 있다(de Bruiijn and Hufen, 1998). 정보는 지식의 전달, 이성적인 논쟁의 교환, 그리고 설득을 통해 사람들의 행동에 영향을 주려는 시도를 말한다. 이 경우 제공되는 정보는 그 종류가 매우 다양하다. 현재 문제가 되고 있는 사안의 본질과 관련이 있는 경우도 있고 또 사람들이 실제로 어떻게 그 문제를 다루고 있는가, 그리고 현재의 상태를 변화시키기 위해서는 어떤 수단을 강구할 수 있는가, 그리고 이러한 수단이 왜 그 해당자들에 의해 고려되고 적용되어야 하는가 등의 문제와 관련된 것일 수도 있다. 정보[22])에 있어서 중요한 것은 정부가 원하는 것을 정책대상자들로 하여금 행하도록 유도하기 위한 방법으로 단순한 지식의 전달이나 설득적 수단을 사용한다는 것이다. 일반적으로 정보제공이란 어떤 일의 현재상태에 관한 객관적이고 정확한 사실을 제공해 준다는 의미이다. 그러나 정책에서는 정보가 단순한 지식의 전달 이상의 의미를 갖는다. 즉 정부가 국민들에게 무엇이 나쁘고 좋은지, 옳고 그른지에 대한 주관적인 정보제공도 할 수 있다. 다시 말해 공공정책에서의 정보는 객관적이고 정확한 사실에 대한 지식뿐 아니라 어떤 것이 좋은지 나쁜지에 대한 판단과 행동에

---

22) 여기서 정보는 의사소통 캠페인, 안내서, 소책자, 서적, 서류철, 공고문, 광고지 등과 같은 인쇄물의 배포, 포스터, 광고, 분류, 감사, 조사, 시범 프로그램, 상당, 개인적 충고, 훈련 프로그램, 교육적 노력, 기타 지식과 권고의 수집, 분류, 전파 등과 같은 모든 형태의 작용을 이르는 광범한 용어로 사용된다.

대한 권고 등도 포함될 수 있다. 정보는 강제성이 없다는 점에서 명령지시적 도구와 구별되며, 물질적 자원의 제공 혹은 박탈이 내포되지 않는다는 점에서 경제적 도구와도 구별된다.[23] 이런 유형의 정책도구는 특히 정책의 집행이 더이상 국가의 권위에만 의존해서는 안 되며, 믿음 혹은 확신에 의해 정책 방향을 제공하는 것이어야 한다는 현대사회의 사상적 흐름에 근거하여 그 중요성이 강조된다(Dahme and Gounow, 1983). 하지만 정보의 제공만으로 대상 집단의 행동 변화를 일으킬 수 있는가에 대해서는 회의적인 견해가 많다. 이런 점에서 Geelheed(1983)는 소프트 도구(the soft tool)로서 정보의 제공은 흔히 보다 강성의 도구(the 'harder' tool)와 결합될 때에만 성공할 수 있다고 주장한다.

한편, 정보는 이러한 독립된 정책도구로서의 정보와 별도로 메타정책도구로서의 정보로 존재할 수 있다. 후자의 의미는 정부의 다른 정책수단이 합리적으로 적용되기 위해서는 정보제공이 필수조건이 된다는 것이다. 정책이 아무리 신중하게 구성되었다 하더라도 제대로 작동하려면 그 대상자들이 그 프로그램의 존재와 의미에 대해 알아야만 효과적이 될 수 있다. 이 경우 정보는 정책도구로서의 정보와는 대조적으로 정책도구에 관한 정보이다. 만일 어떤 규제가 효과적으로 실시되려면 대상 집단 개개인이 그러한 규제가 존재한다는 사실과 그 내용을 알고 있어야 할 것이다. 그렇지 않을 경우에는 그 규정은 제대로 지켜질 수 없으며, 따라서 새로운 정책도구의 의미와 전제조건 등을 국민이나 정책대상자들에게 정확하게 알려주어야 한다.

---

23) 물론 정보제공에 의해 대상자들이 물질적 이익을 얻을 수도 있지만, 정보 그 자체가 물질적으로 보상하는 것은 아니다.

3. 장애인고용정책의 집행전략

1) 집행 분석에 있어 전략의 의의

전략의 어원은 희랍어 'strategos'에서 유래하는데, 이는 'stratos'(군대)와 '-ag'(이끌다)의 합성어로서 군대의 통솔을 의미한다. 일반적으로 전략은 조직의 적극적인 임무, 달성되어야 할 목표, 이용 가능한 자원을 사용하는 기본적인 방법 등에 대한 진술로 기술되고 있다. 오늘날 전략이라는 용어는 다양하게 사용되고 있다. 특히 군사, 경영, 미래 연구에서 많이 이용되고 있는데, 군사 분야에서 전략을 적과 대치하여 오래 끄는 싸움에서 승리하는 기술로 간주하고 있으며, 이를 위해서는 상대방의 행동에 대한 통제와 힘을 중시한다.[24] 회사 경영에 있어서 전략은 시장에서 만족할 만한 성과를 가져올 활기찬 방향을 파생시키는 과정으로 간주되는데, 여기서 독특한 것은 목표 -규정, 아이덴티티의 형성, 시장교환매개, 성과의 연속적 측정, 비제로섬게임, 여러 부서의 게임 등이다. 미래 연구에 있어 전략은 크게 변화하는 상황에 있어 환경적인 변화의 복합체를 이해하고 핵심적인 선택을 하는 연결된 과업으로 간주된다. 이러한 세 분야에서 사용되는 공통적인 요소로서 전략은 과정, 행동지향성, 가치판단, 상황평가

---

24) 국방 및 국제관계 이론에 있어, 전략이라는 용어는 전형적으로 일반적 테마나 목표를 가진 구체적인 정책들, 제도, 전술적 결정들의 집합체로 설명된다. 이 문헌들에서 정부는 전형적으로 경쟁적인 정부와 적대 관계 속에서 다소 잘 규정된 이해관계를 갖는 단일의 행위자로 설명된다. 가장 간단한 용어로, 전략의 형성은 한 정부의 이해관계 인식, 경쟁하는 정부의 이해관계 평가, 희구되는 결과와 공헌의 신호, 그리고 경쟁정부가 신호한 이해에 대한 반응의 형성으로 구성된다. 여기서 전략 형성과 집행의 가장 중요한 문제는 경쟁정부의 이해와 의도에 대한 이해 그리고 그것에 대한 정확한 정보의 획득이 되며, 흔히 이는 한 정부 자신의 의도가 신호화되고 경쟁정부의 반응이 일련의 전술적 움직임으로 달성된다(George & Smoke, 1974: 501-502).

와 변화유도, 미래지향, 자원동원, 점검 등이 강조된다(Edward, 1983: 70-71). 그리고 전략이라는 용어에는 그 이해가 다른 사람들과 제휴하는 계획적·계산된 행동이라는 일반적 의미를 포함하고 있다. 특히 기업에 있어서, 기업 전략은 전형적으로 회사와 회사의 비즈니스를 규정하는 "목적과 정책의 양식"으로 설명되거나, "목표 선택 및 목표 달성을 위한 본질적인 정책 수준의 수단"으로 설명된다. 전략은 생산물과 서비스의 특성 및 혼합, 실제 및 잠재 시장, 그 시장에 이르는 분배 통로, 재정 수단, 생산 및 전달에 필요한 조직의 크기 및 형태와 같은 특징들을 고려하고, 이런 특징들은 기준 - 시장 기회, 기업 능력, 개인의 가치관, 사회적 의무 - 에 비추어 평가된다. 그래서 전략은 "기업과 직원들은 해도 되는 것이 무엇이며, 할 수 있는 것은 무엇이며, 하고자 하는 것은 무엇이고, 해야 할 것은 무엇인가?"를 말한다. 기업전략의 핵심적 문제는 시장경쟁자, 공급자, 고객의 이해관계, 목적, 능력을 파악하는 것이며, 시장 구조 - 진입 장애 및 공급자와 고객의 상대적 집중 - 에 따라 전략은 달라지는 것이다. 또한 전략은 의식적 또는 직관적, 명시적 또는 묵시적, 제도화된 또는 비공식적일 수 있다. 몇몇 이론가들은 실제에 있어 전략의 형성은, 신중한 기획 과정에 의해서라기보다는 오히려 공공조직과 기업들은 연합 형성, 타협, 드러난 선호에 의한 것으로 본다(Cyert & March, 1963). 이러한 차원에서 전략이라는 용어는 "신중하게 구체화된 목표, 정책 및 명시적 결정과 연계된 구조의 세트"를 의미하는 것이 된다.

여기서는 정책전략을 Quinn(1991: 5)과 Elmore(1987: 175) 등의 정의를 따라 "정책목표를 달성하기 위한 상이한 정책도구들의 결합(combinations of policy instruments)"이며, "정책의 주요 목표와, 정책도구, 정책결과 등을 응집성 있는 하나의 전체로 통합시키는 양식(pattern)"으로 규정한다. 이렇게 볼 때, 서로 다른 전략의 선택은 상이한 결과를 가져오게 된다. 따라서 장애인고용정책의 전략 파악에 있어서는 장애인고용정책의 목표에 기여할 수 있는 다양한 정책도구들이 어떻게 '전략'으로 결합되고 있는가를 살펴보는 것이 중요하다. 그리고 이 전략의 분석에 있어서는 무엇이 주 도구가 되며, 무엇이 부도구가 되는가 하는 것이 중요한 초점이 될 수 있다(Elmore, 1987).

그러면, 장애인고용촉진을 위한 성공적 전략 즉 정책도구의 조합은 무엇인가? 일반적으로 적절한 도구의 선택이 규제의 합리성을 제고한다. 다양한 규제도구 중에서 적절한 도구들을 선택함으로써 규제자와 피규제자 간의 마찰을 최소하고, 피규제자의 순응비용 및 규제의 집행비용을 절감할 수 있고, 규제의 포획현상 억제할 수 있다. 결국 효과적인 전략의 구성은 반드시 어떤 도구들은 주된 역할을 하며, 다른 도구들은 종의 역할을 하도록 결합하는 것이다(Elmore, 1987). 도구에 관한 논의에서 언급한 바와 같이 하나의 도구만으로 의도한 목적을 달성하기는 어렵다. 특정한 정책도구의 성과는 공동의 목적을 위한 보완적 도구의 존재에 달려 있다. 예를 들어, 경제적 도구의 사용에 있어서도 그에 따른 정보의 기능이 필요하다. 즉 예견되는 수혜자 집단들이 어떠한 보조금을 신청하기 위해서는 그 보조금 프로그램의 존재와 어떤 조건하에서 그런 경제적 지원이 주어지는지를 알고 있어야 한다. 그리고 정보에 대한 정보를 제공해 줄 필요도 있다. 새로운 정보자료가 개발되는 그 정보를 대상 집단에 즉시 배포해야 할 것인지, 자료의 가치를 지적해 주고, 그에 따라 정보의 잠재적 사용자들이 자료의 입수 가능하다는 사실과 자료의 중요성을 알고 입수해야 한다는 사실 등에 관한 정보의 제공이 필요하다. 이러한 사실들은 정책목적의 효과적인 달성을 위해서는 정책도구들을 어떻게 결합할 것인가에 관한 결정 즉, 집행전략의 형성이 중요하다는 것을 말해 주는 것이다.

2) 장애인고용정책의 집행전략

장애인고용정책의 집행전략은 "장애인의 고용증진"이라는 목표를 달성하기 위하여 어떤 정책도구들을 결합하여 사용하는가에 관한 것이다. 장애인의 고용촉진을 위한 다양한 정책도구들을 어떻게 조합하여 사용하는가에 따라 장애인고용정책의 전략을 구별해 볼 수 있다. 장애인고용촉진을 위한 실천적 정책논리로는 다양한 방안들이 제시될 수 있지만(전영평, 1999), 장애인고용촉진을 위한 정부개입 논리는 크게 두 가지의 모형으로 설명될 수 있다. 하나는 개인적 차원의 장애문제에서 출발하는 것으로서, 장애인고용의 촉진을 위해 장애인의 기능적 한계를 감소·완화하고자 하는 노동시장의 공급 측면에 초점을 둔 완화적 모형(ameliorative model)이며, 다른 하나는 노동시장의 수요조건에 초점을 두어 장애인의 고용조건의 변경을 통해 장애인고용을 촉진시키고자 하는 교정적 모형(corrective model)이다. 완화적 모형에서는 장애인고용의 어려움을 개인의 기능적 장애에 기인하는 인적 자본(human capital)상의 결점으로 보고, 개별적 장애의 제거 및 감소 내지 대안적 기능의 향상을 통해 그 결점을 극복하는 전략적 대안을 지향하게 된다. 흔히 이러한 전략 속에서는 장애인에 대한 직업훈련과 재활서비스 등과 같은 정책도구의 이용이 강조된다.[25] 이에 반해 교정적 모형은 보다 직접적인 노동시장에 대한 정부개입을 정당화하는 논리로서, 여기에는 장애인을 위한 고용기회의 창출 내지 확대 등 노동시장에 있어 장애인 노동력의 수요를 증대시키려는 전략적 대안이 강조되어진다. 이러한 교정적 모형의

---

[25] 이러한 완화적 접근모형에 따른 전략은 장애인의 능력에 따른 고용 확보를 달성하기 위하여 직업재활 및 훈련 서비스 등을 통하여 노동의 수요조건을 개선하고자 하기 때문에 그러한 서비스제공에 따른 정부의 재정적 뒷받침이 전제되어야 할 것이다.

정부개입 논리에 의거하면, 장애인고용을 위한 정부의 직접적인 고용창출 및 확대를 위한 다양한 정책도구들이 사용될 수 있다. 예를 들어 민간 고용주에 대한 고용보조금의 지급, 장애인을 고용할 목적으로 한 기업(이를테면 보호작업장)의 설립·운영이나 보조금의 지원, 장애인을 위한 작업장 변경 비용의 보조 및 융자, 개별 기업에 대한 장애인의 고용할당제, 직접적인 공공부문에서의 고용 제공 등이 있다. 그런데 이러한 교정적 모형이 성과를 거두기 위해서는 무엇보다 실질적으로 고용의 결정권을 갖는 사업주에게 달려 있다. 즉 장애인고용정책의 성과는 정책이 요구하는 형태로 대상 집단(피규제자)인 사업주의 행태를 어떻게 변화시키느냐에 달려 있다. 따라서 집행의 성과를 위해서는 결국 정책대상 집단의 정책순응을 확보하는 것이 필요하다. 그러므로 구체적인 장애인고용정책의 집행전략은 정책집행자인 노동부가 정책대상 집단(주로 비용부담자)인 사업주들을 대상으로 규제의 기준과 법규를 성실히 지키도록 하기 위해 어떻게 정책도구들을 결합하여 사용하는가의 문제로 귀결될 수 있다.

1990년 제정된 '장애인고용촉진등에관한법률'과, 이에 따른 집행자인 노동부 및 장애인고용촉진공단의 활동을 보면 장애인고용정책의 정책 의도를 달성하기 위해 사용 가능한 모든 전략적 대안들이 총망라되어 있는 것으로 평가되고 있다(전영평, 1995: 286). 다음에서는 장애인고용정책의 피규제자인 사업주를 대상으로 하여 사업주의 행태 변화에 따른 비용증감을 기준으로 4가지의 전략 - 처벌의 전략, 보상의 전략, 정보제공의 전략, 촉진의 전략 - 으로 분류하고자 한다.26)

---

26) 정책대상 집단의 순응 확보를 위해 사용할 수 있는 구체적인 전략의 유형은 학자에 따라 여러 가지로 제시되고 있다. 대표적으로 Jones와 Bond(1980: 188-191)는 강제성을 기준으로 강제적 전략과 비강제적 전략으로 2대별하고 있는 반면, Balch(1980: 188-191)는 정보전략·촉진전략·규제전략·유인전략의 4가지로 제시하고 있고, 이와 유사하게 박재공(1987: 45-87)은 규제전략·

① 처벌의 전략

처벌의 전략은 일정 대상의 사업주들에 대하여 장애인고용을 의무화(명령통제적 도구)하고 이를 위반하는 사업주들에 대해 일정한 부담금(부적 경제적 도구)을 부과함으로써 사업주로 하여금 장애인의 고용을 강제하도록 하는 전략이다. 장애인고용촉진법과 시행령에 따르면, 상시 근로자 300이상을 고용하는 기업체와 정부기관, 정부 투자 및 출연 기관에 대해 근로자의 2%를 의무적으로 장애인을 고용하도록 하는 의무고용제를 채택하고 있다. 그리고 의무고용사업체가 의무를 이행하지 않을 경우에는 고용 미달된 장애인 1인당 일정 금액(최저임금의 60%)의 부담금을 납부하도록 되어 있다. 이러한 처벌의 전략은 특정한 행위가 대상자들의 능력 차이와 관계없이 모든 정책대상자 개인이나 기관들이 해야 할 필요성이 있는 것이며, 만일 그 행위에 대한 명백한 강제적 처방이 없다면 일어나지 않거나 바람직한 수준보다 적게 발생한다는 가정에 입각하고 있다. 따라서 처벌의 전략은 강제성을 특징으로 하며, 그에 따라 전형적으로 집행자와 정책대상자 사이에 적대적 관계를 창출하게 된다(Vogel, 1983). 한편, 이러한 처벌의 전략의 사용하는 데는 상당한 집행비용이 요구되며, 만일 정책순응을 회피할 수 있는 정책대상자에게 편익이 주어지게 된다면 집행은 거의 늘 불완전한 순응 및 성과를 가져오게 된다는 전략상의 문제를 갖는다. 따라서 처벌의 전략을 사용할 때에는 정책대상자의 수용 가능한 합리적인 순응 수준을 규정하고, 불응에 대한

유인전략 · 설득전략 · 촉진전략 등을 들고 있다. 한편, 전영평(1995: 286-290)은 장애인고용촉진정책의 행정전략을 처벌의 전략, 보상의 전략, 교육 및 상담의 전략, 정보제공의 전략으로 분류한 바 있다. 이러한 전략 유형론들은 주로 정책대상 집단(또는 피규제자) 측의 편익 / 비용 분석에 입각한 합리적 행위의 선택이라는 전제에서 논의되고 있다. 여기에서는 전영평(1995)의 전략유형에 기초하여 기존 전략에 관한 논의들을 종합하여 처벌의 전략, 보상의 전략, 정보제공의 전략, 촉진의 전략으로 재구성하였다.

분명한 처벌이 따를 때에만 효과를 가지게 된다. 그러므로 순응기준을 너무 높게 설정하면 높은 기대수준을 전달하기는 하지만, 동시에 잠재적으로 그만큼 많은 불응의 초래를 의미하는 것이 되며 정책대상자의 정책 불만을 증가시키게 됨으로써 결국에는 집행의 효율성이 저하시킬 수 있다(Elmore, 1987). 또한, 순응기준이 적정하게 주어졌다 하더라도 정책에 대한 순응비용이 회피비용보다 상대적으로 높다면, 정책대상자의 불응은 더욱 증가될 것이므로, 정책대상자에게 처벌에 따른 비용이 불응의 비용보다 높게 감지될 수 있도록 해야 할 것이다.

② 보상의 전략

이 전략은 인간 행동의 이익성에 기초한 것으로, 특정 행위의 단기적 성과에 대한 대가로 개인과 기관에 대한 조건부의 금전 이전을 제공하는 전략이다. 이러한 전략은 기본적으로 부가적인 자원이 없다면, 특정의 사회적 가치 있는 산출물이 생산되지 않거나 바람직한 수준만큼 생산되지 않거나 또는 정책이 요구하는 것에 일치되지 않는다는 가정에 입각하고, 재정적 지원이 성과를 가져오는 가장 효과적인 도구라고 전제하고 있다.

노동부는 장애인고용을 증진시키기 위해, 기준고용률 이상의 장애인을 고용하는 의무고용대상 사업주에 대해서 지원금을, 비의무고용 사업주에 대해서는 장려금을 지급하고 있으며, 1996년부터는 신규로 고용하는 장애인근로자에 대한 보조금을 지급하고 있다. 이러한 보상의 전략은 처벌의 전략과 달리 집행자(노동부)와 사업주 사이에 불편한 마찰을 유발시키지 않고 사업주의 행태 변화를 유인할 수 있는 전략이라는 점에서 정책 의도를 실현하는 데 기여도가 높을 것으로 기대될 수 있다. 또한 보상의 전략은 다른 정책대상자들로 하여금 모방의 학습효과를 거두는 데 상당한 기여를 할 것으로 평가된다

(전영평, 1995: 287). 이러한 보상의 전략의 핵심은 보상의 대상인 사업주의 바람직한 행태를 극대화하고 가변성은 극소화하면서 정책대상의 행태 변화를 유인하기에 충분한 보상(금전제공 혹은 조건의 묶음)이 제공되어야 한다는 것이다(Elmore, 1987). 그러므로 보상의 전략이 성공을 거두기 위해서는 먼저 적절한 보상의 대상(혹은 조건)을 선택해야 하며, 선택된 대상에 대해 충분한 보상이 제공되어야 한다는 것이다. 다시 말해 보상의 전략이 실효를 거두기 위해서는 먼저 정책대상자의 순응 행태를 먼저 구분할 필요가 있다. 왜냐하면 사업주들의 성실성에 대한 구분 없이 보상이나 지원을 한다면 결코 보상에 따른 모방효과를 얻어내기 어렵기 때문이다. 따라서 정책대상인 사업주들의 행태를 기준으로 적극적으로 장애인고용을 하는 모범적 사업주(good apples), 형식적으로 순응하는 사업주, 그리고 장애인고용정책에 대한 부정적 반응을 보이는 악성 사업주(bad apples)를 구별하고, 모범적인 사업주에 대한 실질적인 보상이 제공되어야만 보상의 전략이 실효를 거둘 수 있는 것이다(Bardach and Kagan, 1982). 그리고 성실한 사업주에 대한 보상의 수준이 사업주의 장애인고용 비용을 상쇄할 수 있는 충분한 것이어야 한다. 만일 다른 조건이 같을 때, 행태 변화에 수반되는 보상의 결과에 따른 편익의 증가(또는 비용의 감소)의 정도가 그렇지 않은 경우의 편익 감소(또는 비용의 증가)보다 더 작다면, 사업주들은 장애인고용에 따른 보상을 포기하고 장애인고용을 회피하는 경향을 보이게 될 것이기 때문이다. 보상의 전략에 있어 주의해야 할 점은 보상의 제공이 재화와 서비스 생산에 대한 조건부 재정 지원이라는 점이다. 따라서 사업주에 제공되는 보상이 정책 의도와 무관한 다른 목적에 이용되지 않도록 해야 한다. 예를 들어, 사업주가 장애인고용을 위해 제공되는 금전을 다른 용도로 유용하지 않도록 관리하는 것이 필요하다.

③ 정보제공의 전략

정보제공의 전략은 정부가 사업주에 대하여 장애인근로자에 대한 구체적이고 정확한 정보를 제공함으로써 장애인고용을 증진시키고자 하는 전략이다. 이 전략의 목적은 장애인고용에 대한 정보비용을 감소시키고 사업주의 태도를 변화시켜 장애인고용에 대한 사업주의 자발적인 참여를 제고하는 것이다(전영평, 1995: 289). 구체적인 정보의 내용에는 장애인에 대한 불공정한 경제적·사회적 지위의 소개, 장애인근로자의 작업능력과 작업태도에 대한 정확한 지식, 장애인 교육과 훈련에 대한 정부의 관심과 실효성, 장애인고용업체의 성공사례 등이 포함될 수 있을 것이다. 실제로 장애인고용에 대한 선행연구들에 따르면 장애인고용의 가장 큰 장애 요인이 사업주의 편견 또는 차별적 태도라는 점을 고려하면, 장애인고용문제의 근본적인 해결책은 사업주로 하여금 장애인고용에 대한 이해와 관심을 갖도록 하고 장애인고용의 정당성을 설득함으로써 사업주들이 자발적으로 장애인고용을 확대하도록 하는 것일 수 있다.[27] 서구 사회의 사례에서 보여주듯이 장애인고용의 증진은 강력한 처벌이나 보상의 전략에 의존하기보다는 장애인에 대한 공감과 장애인근로자의 능력에 대한 신뢰에 기초하고 있다는 점은 장애인에 대한 부정적 이미지를 제거할 수 있는 정확한 정보제공의 필요성과 중요성을 시사하는 것이다. 또한 현실적으로 많은 사업주들이 피력하는 장애인고용의 장애 요인

---

27) 그런데 이러한 정보제공의 전략을 통해 장애인고용에 대한 사업주의 태도를 변화시켜 자발적으로 장애인고용을 하도록 설득하려면, 먼저 정부가 장애인근로자의 고용주로서 기준고용률을 준수하는 선도적 역할을 해야 할 것이다. 이는 특히 장애인고용정책에 대한 불만과 부정적 반응을 나타내어온 경제단체들이 정부는 장애인고용률을 지키지 않으면서도 기업에만 장애인고용을 강제하고 부담금을 징수하는 것을 비판하면서 장애인고용정책 자체의 정당성에 대해 의문을 제기해 왔다는 점에서, 정보제공의 전략이 실효를 거두기 위해서는 장애인의무고용 준수에 대한 정부의 선도적 역할이 선행되어야 함을 추론할 수 있다.

들이 장애인근로자에게 적합한 직무 부재나 장애인의 생산성 부족 등이라는 점을 고려하면, 정부에 의한 정보의 개발과 정확한 정보의 전달이 장애인고용을 촉진시키는 데 상당한 기여를 할 수 있을 것으로 판단된다. 또한 장애인의 고용에 대한 긍정적인 태도를 가지고 있는 사업주들이 장애인고용에 부가되는 정보획득의 비용 때문에 장애인을 고용하지 않을 수도 있다. 부가적으로 정책에 대한 정책대상자의 이해 정도가 정책반응에 영향을 미친다는 점에서 정보의 전략은 중요성을 확인할 수 있다. 예를 들어, 장애인고용주에 대한 보조금 지급 프로그램이 아무리 명확하고 분명하게 구성되어 있다고 하더라도 고용주들에게 알려지지 않는다면, 그 프로그램은 원래 의도했던 결과를 얻을 수 없을 것이다. 그러므로 장애인고용 정보의 수집·분석과 제공, 구인과 구직 정보의 제공 및 관리, 취업알선, 장애인근로자의 관리기법의 제공 등도 장애인고용을 촉진할 수 있는 효과적인 정보제공의 전략이 될 수 있다. 그렇지만 이러한 정보제공의 전략이 성공하기 위해서는 무엇보다 정확한 정보의 개발 및 제공을 가능하게 하는 충분한 예산과 전문 인력의 확보가 전제되어야 할 것이다.

④ 촉진의 전략

촉진적 전략의 기본적 내용은 정부가 미래의 물적 자원 혹은 인적 자원에 대한 투자의 목적으로 개인과 기관에 대해 재정적 지원을 제공하는 것이다. 장애인고용정책의 촉진적 전략은 장애인고용증진을 위해 사업주의 장애인고용에 대한 행태 변화에 의존하는 것이 아니라 장애인의 노동력의 향상 및 이를 위한 시설 투자를 제공하는 전략이다. 촉진적 전략은 직업재활서비스나 교육·훈련 프로그램을 통해 장애인의 육체적 손상과, 그로 인해 노동 기회가 박탈되는 장애인의 복지 상실이라는 이중적 문제에 초점을 두어 장애인이 유급 고용될 수 있도록 하는 전략이다. 그래서 앞에서 언급한 세 가지 전략이 사업주를 겨냥한 직·간접적인 규제전략이라면, 촉진적 전략은 장애인고용의 완화적 모형에 입각하여 장애인을 대상으로 한 집행전략이다. 이런 점에서 촉진적 전략은 정부의 노동시장에 대한 직접적인 개입에 따른 정부-기업의 적대적인 규제문화를 수반하지 않고, 사업주들이 장애인의 고용을 불편한 짐으로 여기지 않을 수 있다는 점에서 장애인고용의 효과성을 증진시킬 수 있는 대안적 전략이라고 할 수 있다(전영평, 1995: 289).

많은 장애인 문제 전문가들은 장애인고용정책의 정착을 위해서는 처벌의 전략, 보상의 전략이나 정보제공의 전략보다는 장애인이 고용되어 일할 수 있는 능력과 기술을 먼저 갖추는 것이 훨씬 더 효과적이며(김영배, 1991; 임종철, 1991; 강위영, 1991; 안병즙, 1991), 장애인이 느끼는 무력감, 소외감, 사회적 적대감 등 심리적 장애를 상담을 통해 해소함으로써 작업현장에서 정상적으로 일할 수 있는 태도를 갖추는 것이 중요하다는 것을 지적하고 있다는 것은(안병즙, 1991; 전봉윤, 1991; 강위영, 1991) 촉진적 전략의 중요성을 시사하는 것이라 하겠다. 이러한 촉진적 전략에 속하는 것으로는 장애인고용촉진공단의 직업생활상담원의 양성·연수, 직업훈련원의 양성·연수, 직업훈련원의 운영 및 적응 훈련, 장애인의 직업능력평가 및 적성검사, 직업재활상담, 직업재활센터의 설치·운영, 직업전문학교의 설치·훈련 등이 있다.

그런데 촉진적 전략의 사용은 장애인고용이라는 장래의 편익에 대한 투자 목적으로 장애인 개인이나 재활훈련기관 및 시설에 투자한다는 성격을 갖는 것이다.[28] 따라서 장래의 보상에 대한 투자의 결

---

28) 예를 들어, 촉진적 전략의 직업훈련 서비스의 제공을 생각해 보자. 이러한 활동들은 분명히 투자의 성격을 가지고 있다. 즉 자원(직업훈련서비스에 필요한 물적·인적 자원 및 시간)은 현재 소비되지만, 그 투입된 비용에 대한

정이라는 촉진적 전략의 선택에는 집행자에게 일정한 한계를 부여하게 된다. 즉 장애인고용의 증진이라는 장래 보상은 흔히 불확실하고, 무형적이며, 측정 불가능한 것이다. 그래서 능률성을 지향하는 정책집행자는 단기적인 고용 성과를 중요시하고, 따라서 기업주의 순응이나 단기적인 고용효과에 가치를 두는 전략을 선택하는 경향을 갖게 될 것이다. 특히 장래 이익에 대해 높은 할인율을 설정하거나 상대적으로 낮은 현재 가치에 대한 투자라는 촉진적 전략의 선택은 이런 차원에서 보다 단기적인 결과들로 타협될 수도 있음을 의미한다. 그러므로 만일 정책집행자들이 단기적 선호를 가지고 있거나, 장기적·불확실한 것보다는 즉각적인 결과들을 더 강력하게 선호한다면 촉진적 전략의 사용에 대해 상대적으로 적은 관심을 보일 것이다. 그러나 장애인고용정책의 장기적인 처벌의 전략 및 보상전략의 효과는 장애인고용의 모형에서 논의된 바와 같이 장애인의 직업적 능력 내지 생산성에 달려 있다고 할 수 있다. 그러므로 장애인의 직업재활과 훈련을 강조하는 촉진적 전략은 장애인고용정책의 장기적 성공을 위한 조건이 될 수 있다. 따라서 현실적으로 촉진적 전략의 성공을 위해서는 장애인의 훈련과 교육에 대한 투자의 단기적 결과보다는 장기적인 기대와 조화시키는 것이 필요하게 되고, 이를 뒷받침할 수 있는 사회적 인식과 정부의 적극적인 지원과 관심이 있어야 할 것이다.

이익(장애인의 기술 습득과 유급 고용의 취득)은 장기간에 걸쳐 나타나게 된다.

제6장
장애인고용정책집행의 분석모형

1. 집행과정의 분석모형 구성

이 책의 전체에 걸쳐 핵심적 주제는 장애인고용정책의 집행과정에 대한 분석을 통해 "왜 장애인고용정책의 실제적인 결과가 애초의 정책 의도나 기대와 다르게 나타나고 있는가?"에 대한 해답을 구하고자 하는 것이다. 정책집행과정의 분석은 정책집행활동을 통해 나타나는 정책결과를 추적하는 과정이다. 다시 말해 왜 기대한 정책결과가 나타나지 않는 것일까? 라는 의문에서 출발하여 정책집행과정에 대한 분석을 통해 정책집행의 결과에 대한 설명을 모색하는 것이다. 그런데 정책집행과정은 상호작용하는 다양한 요인들이 복잡하게 얽혀 있는 그물망(network)과 같다. 그래서 집행과정에 대한 분석은 이러한 인과적 상호관계를 하나의 전체적 체계로 구성해 보는 것이기도 하다.

학술적으로 볼 때 Pressman과 Wildavsky(1973) 이래 정책목표 달성에 있어 집행의 중요성이 부각함에 따라 정책연구 초점이 결정에서 집행단계로 이동하였다. 집행연구들은 정책과정의 복잡성과 역동성을 밝히고, 정책하위체계의 중요성을 강조하고, 집행결과를 설명하는 필요조건과 충분조건으로서 집행변수들을 제시함으로써 집행과정이라는 블랙박스를 조금씩 열어왔다(Percy, 1989). 그렇지만 사회정책의 집행과정은 상이한 가치와 이해관계를 가진 수많은 참여자들 간의 정치적 상호작용으로 더욱 복잡해질 뿐 아니라 이에 영향을 미치는 변수들도 다양하기 때문에, 정책의 성과를 보다 정확하게 이해하기 위해서는 집행과정에 대한 체계적이고 면밀한 분석이 요청되고 있다.

집행연구는 방법론적 접근에 따라 세 가지 유형으로 구별될 수 있다. 하향적 연구, 상향적 연구, 반복적 연구가 그것이다. 하향식 연구들은 주로 집행과정이 정책목표를 달성하기 위해 어떻게 구조화되어 있는가에 관심을 기울인다(예를 들어, Mazmanian & Sabatier, 1980; Sabatier, 1986). 이와 대조적으로 상향식 연구들은 정책을 실행할 책임이 있는 조직과 행위자의 시각에서 집행을 검토한다(Hjern & Hull, 1985; Berman, 1978; Weatherley & Lipsky, 1977; Lipsky, 1987). 이에 반해 반복적 접근법은 그것이 정책형성과 집행활동의 반복되는 흐름을 가정한다는 점에서 "반복적"으로 지칭되며, Majone과 Wildavsky(1978)에 의해 집행은 정책의 실행뿐만 아니라 불가피하게 재형성한다는 점에서 "진화적"이라고 기술되면서 유형화되었다. 정책과정의 비선형적이고 순환적 역동성을 강조하는 반복적 연구들은 집행과정에 대해 장기적 관점을 취하며, 입법적 차원과 관료적 차원이 집행과정을 어떻게 구조화하는지를 보여주고 있다. 나아가 이 연구들은 어떻게 커뮤니케이션과 평가 활동이 정책결정과 조직환경 사이의 환류 고리를 만드는지, 그리고 잠재적으로 정책결정자와 조직행위자들이 서로 상호작용하는지를 알려주고 있다(Elmore, 1985; Sabatier, 1986). 특히 이들 연구는 기존 집행의 상향식 접근법과 하향식 접근법을 통합하고자 시도하였다는 점에서 흔히 "통합적" 접근법으로 분류되기도 한다. 그러나 이들은 서로 상이한 관점, 분석대상 및 범위를 갖는 상향식 접근방법과

하향식 접근방법을 이론적 논리상으로 무리하게 결합한 것으로 비판받고 있다. 또한 정책문제의 해결에 필요한 전문성과 지식을 가진 일선집행 관료와 대상 집단의 행태를 중심으로 집행과정을 고찰하고 정책목표 대신 집행문제의 해결에 논의의 초점을 두기 때문에, 정책결정과 집행의 상호성 또는 순환성을 강조하면서도 결정된 정책이 집행에 미치는 영향에 대한 설명에는 제한적이라는 한계를 보이고 있다.

이러한 맥락에서 새로운 이론적 통합[29] 시도에서 집행연구의 진화를 볼 수 있다. 대표적으로 Winter(1990)는 기존의 정책결정모형을 합리모형, 갈등협상모형, 쓰레기통모형으로 정리하고 합리성, 갈등수준, 상징성, 관심과 지지의 4가지 정책결정의 특징을 도출하면서 이것이 집행과정에 미치는 영향에 관한 가설을 제시하고 있다. 또한 Hansenfeld와 Brock(1991)은 정책결정을 쓰레기통모형으로 간주하고 정책문제, 정치, 해결책의 세 가지 흐름이 집행단계 – 집행수단의 안정성 – 에 미치는 영향을 설명하고 있다. 새로운 통합모형에서는 정책결정과정이 어떠한 정책결정모형으로 설명될 수 있는지를 파악한 후 집행과정에 미치게 될 영향을 예측하고 집행과정의 관찰을 통해 이를 검증하는 방식으로 정책결정과 집행과정의 연계성을 분석한다. 이러한 설명방식은 정책결정과정의 특징에 대한 가설의 도출 및 집행과정의 고찰과 검증을 통해 정책결정과 집행의 연계성을 체계적으로 분석하게 된다는 이론적 강점이 있다.[30]

---

29) 여기에서 새로운 이론적 통합의 시도라고 명명하는 것은 대표적인 집행연구의 통합적 접근법으로 일컬어지는 앞의 Elmore(1985)와 Sabatier(1986)의 연구와 구별하기 위해서이다.

30) 하지만 정책결정모형 중심의 설명 – 특히 Winter(1990) – 은 집행결정과정의 특징이 집행과정상의 요인들에 의해 상쇄되어 집행결과에 영향을 미치지 못할 수 있다는 점 – 예를 들어 상징적으로 결정된 정책이 헌신적인 집행자의 노력에 의해 높은 정책성과를 거둘 수 있다는 것 – 을 설명하기 어려우며, 집행과정상의 제약요인들을 한정함으로써 집행과정에 대한 설명력이 감소될 수 있는 점이 지적되기도 한다(최종원, 1998).

이러한 통합 이론적 근거와 논의를 바탕으로 집행의 통합적 분석 모형을 구성하고자 하였다. 모형의 구성을 위해서는 방법론적인 경제성이나 이론적 일반성 차원에서 모든 변수들을 포괄하는 것보다는 핵심적인 변수가 도출될 수 있어야 할 것이다(Goggin, 1986; 김행범, 1995). 이 연구에서 장애인고용정책의 집행과정을 기술·분석하기 위한 분석 틀을 간략하게 도시하면 <그림 Ⅳ.1>과 같다. 분석 틀의 구성은 앞의 이론적 고찰을 통해 도출된 장애인고용정책의 집행과정을 설명하는 변수들로서 역사적 배경, 집행체계, 정치과정, 집행전략 및 도구의 4가지로 요인으로 만들어진 비교적 단순한 형태를 가지고 있다.

첫째, 역사적 배경이 집행에 미치는 영향요인으로 보는 것은 정책 결정단계에서 작용한 요인이나 정책결정과정의 특징이 특정한 정책 집행의 결과가 도출된 이유를 설명해 줄 수 있기 때문이다(Winter, 1990; Gustavson and Hargrove, 1986; Lundquist, 1980; Elmore, 1980). 특히 역사적 배경은 집행체계, 정치과정, 집행전략에 영향을 미침으로써 집행과정 특성을 한정시키기도 한다. 여러 학자들이 주장하고 있는 것처럼 정책형성과 정책집행이 반복적 과정으로 보더라도(Hansenfeld & Brock, 1991: 453; Majone & Wildavsky, 1978), 정책이 도입되는 단계에서 나타나는 특징이 집행체계와 집행전략을 제한함으로써 집행과정의 변화를 제한하게 되는 정박효과(anchoring effect)를 가져올 수 있기 때문이다.[31]

---

[31] 정박(anchoring)의 개념은 원래 의사결정과정에 있어 정보처리과정 속에서, 의사결정자가 특정한 지식을 무시함으로써 발생하는 편향된 판단을 기술하는 것으로써, 정박효과는 조직 내 특정 인물(anchor)이 제시하는 최초의 정보에 의해 그와 다른 정보들이 무시됨으로써 최초에 제시된 정보 쪽으로 결정이 편향되는 것을 말한다(Kowalczyk & Wolfe, 1998). 하지만, 여기에서 사용되는 정박효과의 개념은 배가 특정지점에서 닻을 내리게 되면 배의 움직임이 제한될 수밖에 없는 것처럼, 정책도입단계에서 정책내용이 어떻게 결정되느냐에 따라 정책집행의 특징이나 내용이 제한받게 된다는 것을 나

둘째, 집행체계는 중앙정부, 지방정부, 중간매개집단 등의 여러 조직이나 기관으로 구성될 수 있기 때문에(Pressman & Wildavsky, 1979), 집행과정에 참여하는 여러 집행기관들 간의 상호관계의 망(network)이 집행에 영향을 미치게 된다(Goggin, 1987; Hjern & Hull, 1979). 그리고 집행기관의 내부 조직구조와 과정 또한 집행과정에 영향을 미치게 된다(Chase, 1979; Montjoy & O'Tool, 1979).

셋째, 정책목표의 달성을 위해 채택되는 집행전략과 정책도구는 집행의 구체적인 내용을 나타낼 뿐 아니라, 정책대상자의 반응에 영향을 미침으로써 집행결과에 영향을 주게 된다(Elmore, 1987; Van Meter & Van Horn, 1977). 집행과정에 참여하는 행위자들-특히, 집행의 삼각형을 구성하는 집행자, 비용부담자, 정책수혜자-의 이해관계, 신념, 동기 등에 의해 촉진되는 정치과정은 집행연구에 사용되는 주요한 분석 단위이다(Bardach, 1980; Wealtheley & Lipsky, 1977). 그리고 이들 각 영향요인들은 독립적으로 정책에 영향을 미치기도 하지만, 다른 요인들과의 상호작용을 통해 영향을 미칠 수도 있다.

요약하면 여기에서 제시된 장애인고용정책의 집행과정에 대한 이론적 모형은 4가지의 구성변수(영향요인)들이 집행과정상에서 어떻게 나타나며, 동시에 각 요인들의 상호작용의 결과가 어떠하냐에 따라서 정책집행과정과 그에 따른 집행결과(종속변수)가 달라진다고 보는 것이다.

타내기 위해 사용된 개념이다.

<그림 6.1> 장애인고용정책 집행과정의 분석 틀

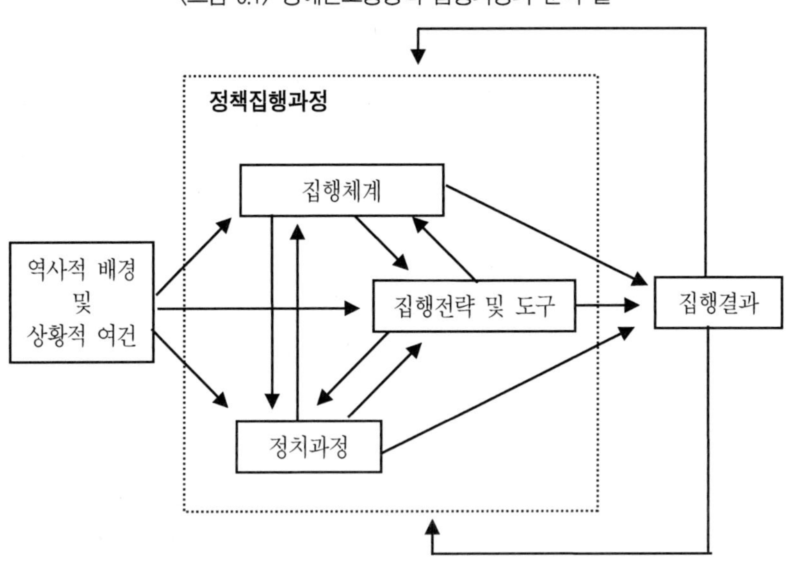

2. 장애인고용정책 집행과정의 분석 단위

앞에서 제시된 분석 틀에 따른 장애인고용정책의 집행과정에 분석을 진행함에 있어서, 구체적으로 정책집행에 영향을 미치는 요인 목록 <표 6.1>에서 제시된 내용에 초점을 두어 분석을 진행하고자 한다.

<표 6.1> 장애인고용정책의 집행과정에 영향을 미치는 요인

독립변수(영향요인)	하위요인
1. 역사적 배경 및 상황적 여건	-정책도입과정의 특징 -도입된 정책의 특징(정책내용의 규정) -상황적 여건 및 변화 　정치적·경제적·사회적 상황, 지배적 이데올로기, 　중요한 사건

독립변수(영향요인)	하위요인
2. 집행체계	−정책집행체계의 구성 −집행자, 공식적 중간매개집단의 특징과 위상 −정책집행의 자원 및 재원의 형태
3. 정치과정	−정책참여자들 간의 반응 및 상호작용 　정책집행자(노동부와 장애인고용촉진공단) 　비용부담자(고용의무대상 사업주, 경제단체) 　정책수혜자(장애인, 장애인단체)
4. 집행전략	−집행전략에 내재된 정책논리 　완화적 개입논리의 적용 　교정적 개입논리의 적용 −집행전략의 내용(정책도구)과 구성 　처벌의 전략의 구성과 실행 　보상의 전략의 구성과 실행 　정보제공 전략의 구성과 실행 　촉진의 전략의 구성과 실행 −전략에 대한 정책대상자의 반응 및 결과 　처벌의 전략에 대한 반응 및 결과 　보상의 전략에 대한 반응 및 결과 　정보제공 전략에 대한 반응 및 결과 　촉진의 전략에 대한 반응 및 결과

1) 역사적 배경 및 상황적 여건

집행과정 평가에 있어서는 정책집행의 시작과 결과 사이의 과정이 정책결과에 미치는 영향을 탐색하고 규명하는 것이 핵심이다. 그런데 정책집행과정은 결정된 정책을 그대로 집행하는 기계적인 과정이 아니다. 정책결정단계에서 정책이 어떻게 형성되었는가는 정책집행과 밀접한 관련을 가지고 있으며, 정책결정단계에서 작용한 요인이나 정책결정과정의 특징이 특정한 정책집행의 결과가 도출된 이유를 설명해 줄 수 있기 때문에(Nakamura & Smallwood, 1980; Edwards, 1980; Barret & Hill, 1981), 정책집행과정에 대한 분석은 정책결정과 연계하여 분석되어야 할 필요가 있다.

정책집행에 영향을 미치는 역사적 배경으로는 첫째, 입법화된 정책내용이 어떠하냐에 따라 정책집행의 결과가 영향을 받게 된다. 특히 새로 도입되는 정책이 해당 정책부문에서 기존의 다른 정책노선과 유사한가 아니면 전혀 다른 것인가에 따라, 정책의 집행, 서비스의 전달, 정책대상자의 반응이 달라지며, 그리고 결과적으로 성과에 영향을 미치게 된다. 만약 어떤 정책에서 제시된 변화가 집행자와 정책대상자들이 익숙해져 있는 기존 정책노선과 크게 다를 경우 일반적으로 그 집행은 어려워지게 된다. 그리고 도입된 정책이 요구하는 변화의 규모도 중요한데, 만일 다른 조건이 모두 같다면 제시된 변화의 규모가 클수록 집행이 어려워진다. 대체로 효과적인 정책집행의 가능성은 정책이 요구하는 변화가 현재상태로부터 변화되는 정도와 반비례하는 경향이 있다(Van Meter and Van Horn, 1975). 그리고 정책결정과정에서 지지자들이 해당 정책에 쏟은 관심의 수준도 정책결과에 영향을 미칠 수 있다. Winter(1980: 8)에 따르면, 정책결정과정의 참여자들의 관심이 적을수록 그 정책의 집행 및 결과는 취약해진다는 것이다. 또한 정책집행 관련자들-예를 들면 행정기관, 중간매개조직, 정책대상자 등-이 정책의 형성과정에 얼마나 참여하였는가도 집행에 영향을 미칠 수 있다. 만일 정책의 영향을 받는 관련자들이 형성과정에서 자신들의 생각과 주장을 내세울 수 있었다면 그 정책은 정당성을 부여받게 되고 따라서 집행기관 및 정책대상 집단의 순응을 얻기가 쉬울 것이다. 또한 도입된 정책이 강력한 정치적 지지를 받으면서 채택되었는가, 아니면 정치적 갈등상태나 반대의견의 합의라는 형식으로 채택되었는가는 정책의 형성뿐만 아니라 집행과정에서 많은 영향을 미치게 된다. 협조적인 합의하에서 시작되는 정책은 갈등으로 둘러싸인 정책에 비해 구체적이고 실질적 결과를 가져오기 쉽다. 만일 특정 정책이 정치적인 합의하에 채택된 경우라면 정치적 갈등이 타협을 통해 해결되지 못한 상태에서 실시되는 경우에 비해 정책이 좀 더 충실하게 집행될 수 있을 것이며, 주요 정책참여자가 처음부터 계속 반대해 오고 있는 것이라면 그 정책의 정치적 지지는 약화될 것이다.

이러한 측면에서 정책집행의 역사적 배경의 고찰에서는 해당 정책이 형성되는 단계에서 작용하는 주요 요인들이 미친 영향을 분석하기 위하여, 먼저 '장애인고용촉진에관한법률'의 입법과정을 개관하고, 이를 토대로 장애인고용정책의 도입과정상의 특징 및 도입된 정책의 특징이 정책집행에 어떠한 영향을 미치게 되었는가를 분석하는 것이 필요하다.

한편, 입법과정의 고찰과 함께 역사적 배경의 분석에서는 상황적 여건에 초점을 두어야 할 필요가 있다. 왜냐하면, 정책과정상에 있어 주요 이해관련자들의 이익투입 등의 구체적인 정책반응 혹은 대응행동은 특정한 상황적 여건 속에서 전개되며, 그에 따라 실질적으로 집행전략 및 구체적인 수단의 결정 및 그에 대한 정책대상 집단의 반응이 영향을 받게 된다. 그러므로 상황적 여건이 어떠하냐에 따라 정책과정의 참여자들이 정책반응을 나타내는 데 제약조건으로 작용하기도 하고, 자신의 입장을 정당화하거나 강화시키는 상황적 조건이 될 수도 있다는 것이다. 특히 사회규제적 성격의 장애인고용정책에 있어 정책과정의 상황적 여건은 매우 중요할 수가 있다. 왜냐하면, 일반적으로 장애인고용정책은 정부와 기업 간의 적대적 관계가 형성될 수 있는 정치적·이데올로기적으로 논쟁적인 정책 분야이기 때문이다(Bardach, 1989: 210). 중요한 상황적 여건으로는 경제적 상황, 정치적 상황, 사회적 상황, 지배적 이데올로기, 중요 사건 등이 있다(소영진, 1993; 정준금, 1992).[32] 정치적 상황으로는 정치제도의 구조, 지배적 이념, 정치적 연합, 국내외의 주요 사건 등이 될 수 있다. 특히, 장애인고용정책의 집행에 있어서 경제적 조건은 중요한 상황적 요인이 된다(Davies & Mason, 1982). 자원의 이용 가능성과 자원의 수요 혹은 공급의 탄력성은 정책집행에 중요한 영향을 미치게 되므로, 정책집행의 결정에는 불가피하게 비용에 대한 고려가 필요하다. 특히 정책에 필요한 경제적 자원의 공급이 비탄력적일 때, 정책비용을 부담하는 정책대상자들은 상대적으로 큰 영향력을 행사할 수 있기 때문에, 경제적 여건은 중요한 상황적 요인이 된다. 사회적 요인으로는 장애인고용정책과 관련된 특정 사회적 사건이나 국민들의 의식수준 등을 들 수 있다. 이러한 사회적 여건의 변화는 국민들의 복지 욕구를 변화시키고, 특히 장애인과 장애인고용문제에 대한 국민의 관심과 의식수준은 정책집행자의 가치와 태도에 영향을 미치게 된다. 따라서 장애인고용정책이 도입단계에서 어떤 경제적 상황, 정치적 상황, 사회적 상황, 지배적 이데올로기, 중요 사건 등을 중심으로 상황적 여건을 분석하게 된다.

2) 정책집행체계

정책집행자는 전형적으로 정책 프로그램들을 책임지는 정부 관료제

---

32) 김행범(1995: 1450)에 따르면, '환경(environment)'과 '상황(situation)'은 상호교환적으로 사용되고 있지만, 구별될 수 있는 개념이라고 한다. 즉 환경은 광범위한 의미의 사회·경제적 조건, 정치적 조건이나 상태를 의미하는 것인 반면, 상황은 정책집행과 관련되는 '특정한 시점에서의 조건이나 상태'를 의미하는 것이다. 그렇지만 물론 상황을 일의적으로 규정하기란 어려우며 특정 정책을 중심으로 규정되는 것이라는 점에서 다양성을 갖게 된다고 하겠다. 한편, 집행연구에 있어 정책환경은 학자들마다 상이한 의미 사용하고 있는데 이는 정책에 따라 환경이 상이할 수 있고 엄밀한 의미의 부여 없이 분석적 개념으로 사용하고 있기 때문으로 보여진다(김행범, 1995: 1447). 그러나 일반적으로 사회규제정책에 있어 중요한 상황적 여건으로는 보통 사회·경제적 변화, 정치적 여건변화, 지배적 이데올로기, 중요한 사건의 발생, 대중매체 및 여론 등이 포함되고 있다.

이다(Hansinfeld and Brock, 1991: 468). 일반적으로 새로운 정책의 집행을 위해서는 기존 정부기관이나 새로운 집행기관을 설치하여 집행의 책임을 부여하게 된다. 정책집행의 책임을 부여받은 집행기관을 중심으로 정책집행이 이루어지는 새로운 장이 되며, 집행기관은 정책집행의 재량권을 행사함으로써 실질적인 정책내용을 구체적으로 실현하게 된다. 그런데 공식적인 정책집행기관이 누가 되느냐에 따라 이해관계자들의 반응이 달라질 수 있다는 점에서, 집행체계의 구성은 기술적 작업인 동시에 정치적 성격을 갖게 된다(Anderson, 1984: 143).

집행과정에 영향을 미치게 되는 집행기관의 특성에는 여러 가지가 있다. 여기에는 집행기관의 내부구조, 기술 및 전문적 지식의 이용 가능성 등이 있다(Chase, 1979). 하지만, 이러한 집행기관의 특성은 정책에 의해 부여되는 책임 혹은 재량권의 정도, 정책대상 집단에 따라 달라질 수도 있다. 또한 집행기관의 특성은 집행자의 집행능력과 집행의욕에 결정적인 영향을 미칠 뿐 아니라 정책대상 집단의 반응에도 영향을 미치게 된다(전준구, 1996: 71). 게다가, 집행체계는 중앙정부, 지방정부, 중간매개집단 등의 여러 조직이나 기관으로 구성될 수 있기 때문에 여러 집행기관들 간의 상호관계의 망(network)이 집행에 영향을 미치게 된다(Goggin, 1987; Hjern & Hull, 1979). 최근에는 정부가 공식적 중개조직을 통해 정책을 집행하는 경향이 커지고 있다. 장애인고용정책에 있어서 실질적인 집행체계를 보면, 장애인고용정책의 주무 부처인 노동부 외에, 전문적 장애인고용촉진 사업의 집행기구로서 한국장애인고용촉진공단을 두고 있다. 따라서 집행체계의 분석에서는 일차적으로 장애인고용정책의 집행기관의 특징, 집행기관들 간의 수직-수평적 관계와 내부구조와 특징들을 살펴보게 될 것이다.

또한, 공식적 집행자 및 중간매개자의 정책에 대한 이해, 집행능력, 의지가 집행에 영향을 미칠 수 있다. 집행자가 정책의 의도나 내용을 제대로 이해하지 못한다면 집행상의 문제가 발생하게 될 것이고, 집행자가 정책내용을 집행에 옮길 수 있는 능력이 없다면, 즉 집행에 필요한 자원-재정, 인력, 시간, 도구 등-을 동원하지 못한다면 성공적인 결과를 가져올 가능성이 희박해질 것이다(Lundquist, 1987; Edward, 1980). 특히, 사회복지정책의 실패를 유발하는 가장 흔한 상황은 재원의 부족이다. 재원이 부족하면 집행자는 정책의 하위 프로그램을 실시하는 데 필요한 경제적 자원, 정보의 수집과 전달, 인력의 확보 등이 어렵기 때문이다. 자원부족 상황에 적응하기 위해 흔히 집행자는 집행의 지연, 회피, 전가 등 여러 가지 대응전략(coping strategies)을 사용하거나 선별기법 전략(creaming strategies)을 선호하게 됨으로써, 집행과정이 왜곡되어 결국 최종 결과에도 영향을 미칠 수 있다(Lipsky, 1980). 그리고 집행자의 의지 또한 정책성과에 긍정적·부정적 영향을 미치게 된다(Salamon, 1981; Hood, 1986). 관료적 행태에 관한 가설들에서 지적하는 것처럼 정부기관은 자체적인 기관의 이익을 위해 정책규정을 자신의 목적에 부합되도록 왜곡시키기도 한다는 것이다(Niskanen, 1971; Lewin, 1988). 따라서 장애인고용정책 집행과정 분석에 있어서 정책자원의 동원, 배분 및 재원의 형태가 중요한 분석 단위가 된다.

3) 정치과정

많은 집행연구자들은 정책집행은 특정 정책에 이해관계가 있는 다양한 행위자들 간의 상호작용으로 이루어지고 있다고 주장한다(Hjern, 1982; Berman, 1978; Bardach, 1977, 1982; Elmore, 1979; Bullock & Lamb, 1984). 특정 정책의 집행에 의해 영향을 받는 개인이나 집단들은 정책집행과정에 참여하여 영향력을 행사함으로써 자신의 이익을 보호하거나 확대하려 하며(Ripley and Franklin, 1982:

9), 따라서 이러한 정책참여자들과 공식적 정책참여자들 간의 상호작용에 의하여 정책집행의 내용이 변경되기도 하고, 그에 따라 집행과정이 영향을 받게 된다는 것이다. 그러므로 정책대상자들의 이해관계(interests), 능력, 의지, 상황 등이 정책에 대한 순응에 영향을 미치게 된다. 따라서 정책집행의 분석에는 집행에 영향을 미치는 요소로서 정책대상자들의 정책반응 및 참여자들의 정치적 상호작용의 메커니즘 등과 같은 역동적인 정치과정 등에 대한 탐구가 요구되는 것이다(김행범, 1995: 1457). 더구나 사회규제정책은 대상 집단의 가치 및 이해관계 측면에서 상충성이 매우 높은 정책 영역으로, 집행과정에서 규제의 수혜자와 피규제자의 심각한 이익갈등관계를 형성하게 됨으로써 문제 상황을 초래할 가능성이 높으며, 그 결과 정책집행의 결과는 갈등의 조정과 타협에 의해 결정되는 경우가 많다. 장애인고용정책은 일정 규모 이상의 사업주에 대하여 정원의 일정 수 이상을 장애인으로 고용하도록 강제하고, 이를 어길 경우 고용부담금을 납부하도록 하는 강력한 규제도구를 사용한다. 따라서 여기에는 피규제집단(비용부담 집단)과 규제수혜집단이 분명하게 나타나고, 양자 간에 정책집행의 이해관계가 매우 상충된다는 점에서 규제집행의 정치가 형성될 수 있다(Wilson, 1979; 1980; 1989). 그러므로 장애인고용정책의 집행과정이 정치적 행위자들이 자신들의 이익을 추구하는 하나의 정치적 과정이며(Meier, 1985: 8), 장애인고용정책이 갖는 사회규제정책의 특징에 비추어볼 때, 장애인고용정책의 정치과정 분석에는 규제의 삼각형 모형이 유용한 분석 틀이 될 수 있다. 집행자, 피규제자, 규제수혜자로 형성되는 규제의 삼각형에 대응되는 장애인고용정책집행의 삼각형에 있어서 집행자는 의무고용을 강제하고 고용부담금을 부과하는 노동부[33)]가 되며, 비용부담자는 의무고용을 이행하거나 고용부

---

33) 여기서 규제자는 노동부만으로 한정되는 것이 아니며, 규제의 효과성을 확보하기 위해 고용 유인 및 촉진 기제의 역할을 담당하는 장애인고용촉진공

담금을 납부해야 하는 민간 및 공공부문의 사업주가 되며, 정책수혜자는 취업하고자 하는 장애인이 된다(전영평, 1995: 284). 본 연구의 정치과정 분석은 이러한 장애인고용정책집행의 삼각형을 통해 정책집행과정에 참여하는 주요 행위자 간의 반응과 상호작용을 검토하고, 집행과정이 누구에 의해 또는 어떤 힘에 의해 영향을 받는지를 탐색하게 된다.

4) 집행전략 및 정책도구

장애인고용정책의 집행과정에 영향을 미치는 마지막 영향요인으로 정책전략 및 도구가 있다. 앞에서 언급한 바와 같이 정책전략을 정책의 주요 목표와, 정책도구, 정책결과 등을 응집성 있는 하나의 전체로 통합시키는 양식(pattern)으로서 상이한 정책도구들의 결합(combinations of policy instruments)이라고 규정할 때(Quinn, 1991: 5; Elmore, 1987: 175), 장애인고용정책의 집행전략 분석의 초점은 "장애인의 고용증진"이라는 목표를 달성하기 위하여 어떤 정책도구들을 결합하여 사용하는가에 관한 것이다. 그리고 여기에서는 정책목표와 정책전략의 논리와 전략의 구성 및 그에 대한 정책대상 집단의 반응을 살펴보게 된다. 먼저, 정책목표는 정책을 통하여 이룩하고자 하는 바람직한 상태로서 행위자들의 행태 변화의 방향을 제시하며, 정책수단의 근거와 선택 기준이 되기도 하며, 정책 평가의 준거 기준이 된다. 따라서 정책목표의 확실성 또는 모호성에 따라 집행전략의 선택이 영향을 받게 된다. 또한 집행과정에 분석에 있어 이러한 집행전략의 중요성은 정책집행의 결과와 관련된 정책의 대상자 반응에 영향을 미친다는 점이다. 정책의 비용부담자나 예상되는 수혜자 등 정책대상자들이

단을 포함하는 노동부 산하의 집행체계이다.

정책의 지시사항에 충실하게 순응하거나 자발적으로 참여하는 경우도 있지만, 때로는 자신의 이익을 위해 집행기관을 포획하려 들거나, 순응을 위장하기도 하고, 정책을 거부하기도 한다. 장애인고용정책의 특성이 사업주의 긍정적인 행태 변화를 통해 장애인의 고용을 증진하려 한다는 점에서 구체적인 집행전략의 사용과 그에 대한 정책대상자의 반응은 분명 장애인고용정책의 집행과정에 있어서 결정적인 중요성을 갖는 것이라 할 것이다(Vedung, 1993).

장애인고용정책의 정책도구와 이에 따른 집행자인 노동부 및 장애인고용촉진공단의 활동을 보면 장애인고용정책의 정책 의도를 달성하기 위해 사용 가능한 모든 전략적 대안들이 총망라되어 있다. 이러한 장애인고용정책의 집행전략은 교정적 논리에 따른 처벌의 전략, 보상의 전략, 정보제공의 전략과, 완화적 논리에 따른 촉진의 전략으로 구별할 수 있다. 따라서 집행전략의 분석은 집행자인 노동부와 공단이 정책대상 집단(주로 비용부담자)인 사업주들을 대상으로 사용하는 4가지 전략이 어떤 정책도구들의 세트로 구성되어 있으며, 각 전략에 대한 결과는 어떻게 나타나고 있는가에 초점이 두어진다.

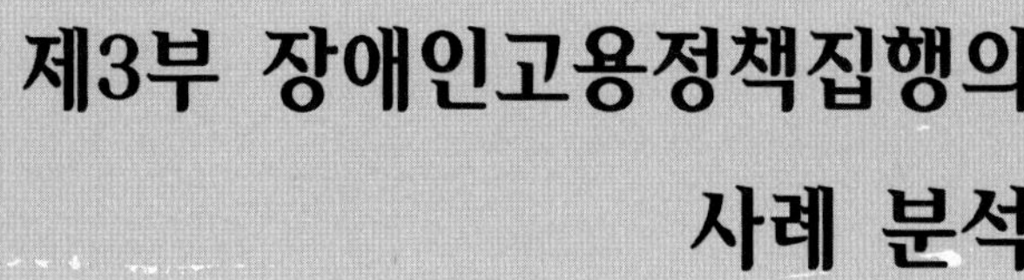

제3부 장애인고용정책집행의 사례 분석

제7장
장애인고용정책의 역사적 배경 및 결정과정

　많은 정책연구들이 정책형성과 정책집행의 연관성에 대해서는 무시해 왔다.[1] 즉, 정책결정에 초점을 두는 연구들은 정책결정 이후에 대한 관심이 없었고, 집행과 평가에만 초점을 맞추는 학자들은 정치적 단계에 관심을 두지 않고 정책 설계와 집행에만 관심을 한정해 온 것이다(Winter, 1990: 24). 그런데 정책형성과 집행에 대한 연계의 필요성은 정책형성단계에서 작용했던 요인들이 특정한 집행결과가 도출된 이유를 설명할 수 있는 점에서 중요하다(Winter, 1990; Elmore, Gustafson and Hargrove, 1986; Lundquist, 1980; Elmore, 1980).

　한편, 정책은 진공상태에서 형성되는 것이 아니라 복잡한 정책적 환경 속에서 만들어진다. 정책형성의 환경적 요인으로는 경제적 상황, 정치적 상황, 지배적 이데올로기, 중요 사건 등이 있다(소영진, 1993). 바로 이 사회적 배경에서 정책관련자들의 이익투입 등의 구체적인 정책반응 혹은 대응행동이 전개되며, 그에 따라 실질적으로

---

[1] 정책결정과 정책집행의 연계성을 강조하는 많은 집행이론가들에 따르면, 정책결정과 집행은 연속적·순환적 과정으로서, 정책과정에 있어서 결정단계와 집행단계를 명확히 구분하기 어렵지만(Nakamura and Smallwood, 1980; Barrett and Fudge, 1981; Majone and Wildavsky, 1979), 본 연구에서는 분석의 편의상 정책도입단계를 장애인고용정책이 도입되는 제도적 근거로서 '장애인고용촉진등에 관한법률'이 제정되는 시기까지로 구분하고자 한다.

집행전략 및 구체적인 수단의 결정이 영향을 받게 되는 것이다. 특히 장애인고용정책은 사회규제적 성격을 띠고 있다는 점에서 정책형성과정에서의 사회적 배경이 매우 중요하다. 왜냐하면, 사회규제는 정치적으로나 이데올로기적으로 모든 정책 중에서 가장 논쟁적인 정책 분야이기 때문이다(Bardach, 1989: 210). 사회규제는 경제규제와 달리 기업 활동의 사회적 책임을 부과하는 보호주의적 목적을 가지고 있으므로 자유주의 이념과 상충된다. 개별 기업이든 전체 산업이든 기업의 입장에서 볼 때 사회규제는 기업의 이익이나 시장의 효율성과는 무관한 비용의 지출을 요구하게 되며, 이러한 비용은 이제까지 기업이 무임승차해 오던 비용이 되므로 기업에게는 '부담의 순증가'로 느껴진다. 따라서 기업주들은 여러 가지 이유를 들어 정부규제를 회피하려하거나 저항하게 되며, 그로 인해 정부개입을 둘러싼 정부와 기업 간의 적대적 규제문화가 형성되기도 하며, 그 정책의 정당성에 대한 논쟁을 가열시키는 기본적 원인이 된다.

장애인고용정책에 있어서, 궁극적인 정책목적이 되는 장애인의 삶의 보장이라는 사회적 가치의 실현은 경제 발전이라는 지배적 가치 사이에 강한 상충성을 가진다. 이는 노동시장에 있어 기업 활동의 자유를 제약하고 기업의 비용부담을 증가시킨다. 기업의 경제적 활동의 자유와 기업의 생산성이라는 가치와 장애인의 취업과 복지라는 가치는 각각 상충적 관계에 놓여진다. 따라서 장애인고용촉진정책의 형성 및 집행과정 전반에 걸쳐 규제대상 집단인 기업의 규제완화 요구와 장애인의 규제강화 요구의 대립될 수 있다. 특히 장애인고용정책 영역에 있어서는 규제로 인한 비용부담자는 사업주, 규제로 인한 수혜자는 장애인(경제활동을 원하는 장애인)을 뚜렷하게 구별되어진다. 따라서 정책관련 집단들 간에 정부개입에 대한 이해의 상반성이 비교적 명확하게 나누어지며, 그에 따라 갈등의 소지가 상존하게 된다. 장애인고용정책은 기본적으로 정책비용이 집중되어 있고 혜택은 분산되는 기업가적 정치상황이지만(전준구, 1996; 최병선, 1994), 장애인들이 잘 조직화될 경우에는 비용과 혜택이 모두 집중되는 이익집단 정치의 상황으로 나타날 수 있다. 이 경우에는 장애인고용정책을 둘러싸고 기업 집단과 장애인 집단 간의 지속적인 조직적 대립현상으로 나타날 수 있다.

1. 정책결정 당시의 상황적 여건

경제정책이 최우선시되던 우리나라에 장애인고용정책이라는 사회정책이 닻을 내리게 된 배경은 무엇인가. 실제로 1980년 대 말까지 한국에서는 사회정책이나 복지정책은 거의 찾아보기 힘들었던 것이 사실이다. 이러한 풍토 속에서 느닷없이 장애인의 강제 고용을 핵심으로 하는 고용정책이 입법화된 것은 엄청난 충격이 아닐 수 없었다. 장애인고용정책이 탄생하게 된 정치·사회적 배경을 제시하면 다음과 같다.

먼저, 권위주의적 통치체제의 붕괴와 강력한 노동운동의 활성화로 인한 노동정책의 중요성이 부각된 것을 그 배경으로 들 수 있다. 제5공화국 정부의 강력한 통제정책, 부의 편중화 현상은 국민들의 정치적 불만을 누적시켰고 결국 1987년 6월 항쟁과 6.29선언을 계기로 하여 우리 사회는 권위주의의 해체기로 접어들었다. 이어 들어선 6공화국 정부는 시민들의 압력에 밀려 각종 민주화 조치를 취하지 않을 수 없었다. 이에 따라 이제까지 억눌려왔던 국민들의 각종 요구들이 한꺼번에 제기되기 시작했다. 특히 1987년 7-8월에는 소위 '노동자 대투쟁'이라는 명칭이 주어질 만큼 활발한 노동운동이 분출되어 노동법의 개정을 비롯한 각종 노동 분야의 정책에 일대 전환이 되었다. 이러한 변화는 지금까지 경제 부처에 비해 낮은 위상에 있던 노동, 복지, 환경 등 사회 부처의 위상을 강화시키게 되었다(소영진, 1993: 101).

둘째, 삶의 질에 대한 관심이 높아지면서 사회정책의 필요성 인식이 고조되었다. 제5공화국에서도 복지사회의 건설의 구호는 있었지만 실질적으로는 경제성장이 가장 중심적인 목표로서 확고한 위치를 누려왔다. 그러나 87년 이후 권위주의적 지배체제의 이완과 시민들의 투쟁을 통한 일시적 분배의 호전, 3저 호황에 따른 호경기 등으로 인한 소득 증가로 기본적인 생존 욕구를 떠나서 이제는 '삶의 질'에 대한 관심이 높아지게 되었다. 산업사회에서 발생하는 욕구에 대한 대응이 산업사회의 발전으로 가능해진 축적된 자원을 통해서 복지제도의 발전이 가능해진다는 복지국가의 발전의 산업화 가설처럼, 80년대 후반의 사회적 상황의 변화는 사회복지 욕구의 변화를 초래함으로써 사회복지정책의 발달에 영향을 미치게 되었다(이성규, 1997).

셋째, 국가 전반적 경제적 여건의 향상으로 사회정책의 수행 능력이 향상되었다. 사회정책의 집행에는 불가피하게 비용이 요구되며, 따라서 정책집행의 결정에는 정책자원의 이용 가능성 및 자원의 공급 탄력성이 영향을 미치게 된다. 특히 정책집행에 필요한 비용부담이 특정한 정책대상 집단으로 귀속될 때, 비용부담자의 비용부담능력 및 태도는 경제적 여건에 상당한 영향을 받게 된다(Hansenfeld & Brock, 1991: 454).

〈표 7.1〉 연도별 GNP 및 기업의 부담능력 변화 추이(1886-1991)

(단위: 달러, %)

연 도	1986	1987	1988	1989	1990	1991
GNP	2,505	3,110	4,127	4,968	5,669	6,498
(증가율)	(12.9)	(13.0)	(12.4)	(6.8)	(9.3)	(8.4)
GDP 증가율	11.0	11.0	10.5	6.1	9.0	9.2
매출액 경상이율	3.6	3.6	4.1	2.5	2.3	1.8
총자본 경상이율	4.5	4.4	4.9	2.7	2.4	1.8
제조업 증가율	-	15.4	5.7	4.6	0.6	1.7
실업률	3.8	3.1	2.5	2.6	2.4	2.3

자료: 전준구(1996: 88-89)의 수정
통계청(http://www.nso.go.kr/stat/majorecono/econoDB.htm)

1980년대 중반의 안정적인 경제성장은 기업의 부담능력을 향상시키고 GNP의 높은 증가율은 국가재정의 안정적 확보를 가능하게 함으로써 사회복지정책 형성의 유리한 환경을 제공하게 되었다. 특히 3저 호황에 의해 1987년과 1988년에는 GNP의 증가율이 각각 13%와 12.4%로 1977년 이후 최대의 성장률을 기록하였고, 이러한 GNP의 지속적 상승은 국가 전반적인 경제능력의 향상으로 기업의 사회정책의 부담능력을 크게 향상시킴으로써 사회복지정책의 수립에 호조건이 된 것으로 평가되고 있다(전준구, 1996).

넷째, 장애인복지를 위한 국제사회의 압력은 장애인고용문제를 더 이상 제도적으로 방치할 수 없게 만든 요인으로 작용하였다. 1975년 12월 9일 UN총회에서 "장애인의 권리 선언"[2]이 결의되고, 1976년

---

2) "장애인권리선언"의 제3조에서는 "장애인은 장애의 원인, 특징 및 정도에 관계없이 다른 시민과 똑같은 기본적 권리를 갖는다. 이는 무엇보다도 인간다운 생활을 영위할 권리가 있음을 뜻한다."라고 규정하고 있으며 제7조에서는 "장애인은 경제적·사회적 보장을 받으며 상당한 생활수준을 유지할 권리를 갖는다. 장애인은 그의 능력에 따라 보장받고 고용되며, 생산적 활동에 상응하는 보수를 받는 직업에 종사함과 아울러 노동조합에 참가할 권리를 갖는다."라고 함으로써, 장애인의 생존

11월 28일 제31차 UN총회에서는 1981년을 "세계 장애인의 해"로 결의하고 매년 12월 9일을 "장애인의 날"로 정하였다. 1982년 12월 3일 제37차 UN총회에서는 "UN 장애인의 해 10년(1983-1992년)"을 선언하고 장애의 예방, 재활, 기회의 균등화 등에 관하여 "장애인에 관한 세계 행동계획"을 결의함으로써 장애인의 기본적 인권과 장애인 문제를 국제적으로 부각시켰다. 이후 국제연합의 장애인 문제에 대한 열의에 영향을 받은 아시아·태평양지역에서도 1992년 ESCAP(국제연합 아시아태평양 경제사회위원회) 제48차 총회에서는 "아시아태평양 장애인의 해(1993-2002년)"를 결의하여 장애인 문제를 더이상 방치할 수 없는 사회적 과제로 지목하였다. 이와 같은 국제사회에서의 장애인을 위한 각종 선언과 권고 등 국제사회의 움직임은 한국의 장애인 관련 입법에도 영향을 미치게 되었다(전영평, 1995; 이성규, 1999: 39).[3]

다섯째, 1987년 제13대 국회의원 선거 결과 여소야대의 정국[4]이 형성되면서 진보주의적 노동정책의 수립이 가능하였다. 야당이 전략적으로 노동문제를 통해 대정부공세를 취하였고, 노동위원회가 보사위원회에서 분리되어 별도로 구성되면서 노동위원회의 의원들의 활약이 두드러지게 되었다(소영진, 1993: 106-107). 그리고 1987년 12월에는 당시 여당인 민정당의 노태우 대통령후보에 의해 장애인의 고용문제를 선거공약으로 채택되었다는 사실에서 장애인고용문제가

권과 노동권의 보장을 통한 경제적·사회적 보장의 권리를 강조하고 있다(이근창, 1992: 280).

3) 장애인고용촉진법안의 발의 배경에 대해서 장애인 문제에 대한 자발적인 논의라기보다는 국제사회에 대한 정부의 체면치레의 비자발적 반응으로 보는 견해들이 지배적이다(오혜경, 1997: 87; 이채필, 1990: 499; 전영평: 1995; 이성규, 1997). 특히 이성규(1998: 273)는 경제 상황의 영향보다 주로 국제사회의 장애인 인권운동의 영향에 의해 장애인고용문제에 대한 입법적 논의가 촉진된 것으로 평가하고 있다.

4) 1988년 4월의 13대 국회의원 선거에서 사상초유의 여소야대의 구조를 갖게 되었다. 총선 직후의 결과를 보면, 여당인 민정당이 총국회의원 의석수의 42%에 해당하는 125석을 확보하는 데 그침으로써 그동안 여당이 확보해 오던 과반수의 안정적인 의석수(11대 55%, 12대 54%)에 크게 미달하게 되었다.

중요한 정치적 이슈가 되었음을 알 수 있다. 실제로 여소야대의 정국과 6.29선언이 진보적 규제이념에 입각한 장애인고용의무제를 특징으로 한 장애인고용촉진등에관한법률의 제안 및 통과에 상당한 역할을 한 것으로 평가된다(전준구, 1996).

여섯째, 장애인고용을 위한 법 제정을 요구하는 장애인들의 집단적 행동이 나타나기 시작하였다. 장애인운동사에 있어 대표적인 것은 지체장애인 중심의 대학생모임인 대학정립단의 활동이다. 대학정립단은 1983년 「장애인권리선언」을 작성·발표하여 각 언론기관과 대국민홍보에 나서면서 장애인대학생들의 졸업 후 취업문제의 심각성과 함께 장애인 우선 취업권을 주된 이슈로 내세웠다. 장애인고용문제를 쟁점화하고 입법화를 촉진시키는 데 보다 직접적인 영향을 미친 것은 전국지체부자유 대학생 연합회, 울림터 등에 소속된 젊은 장애인들의 활동이다. 이들은 1988년 4월부터 1989년 중반까지 명동성당, 국회의사당 등에서 4-5차례의 대규모 집회를 개최하여 장애인고용문제의 심각성을 여론화하는 데 성공하였고, 결국 장애인고용촉진법안이 국회에 상정되기 전에 여소야대 정국에서 법 제정 요구 행위가 영향을 미친 것으로 평가되고 있다(이성규, 1999: 38-39).[5] 그리고 산발적으로 전개되는 장애인운동이 1980년대 중반부터는 조직화되기 시작하여 정치·사회적 민주화 과정 속에서 정책과정에 능동적으로 참여하게 되었다. 이러한 과정을 거쳐 성숙된 장애인운동은 그 후 1989년 장애인고용촉진법의 국회 상정은 장애인단체의 많은 관심을 불러일으키면서, 1989년 11월 11일 장애인고용촉진법의 제정과 장애인복지법의 개정을 위해 장애인총연맹, 장애인청년단체, 서장협, 지방장애인조직, 장애인재활협회, 장애인권익문제연구소 등 35개

---

5) 반면, 전영평(1998)은 한미 간 장애인고용정책의 비교연구에서 한국의 장애인고용촉진등에관한법률의 제정이 장애인운동의 영향에 의한 진화적 산물이기보다는 국제사회의 압력의 산물로 분석하고 있다.

이상의 장애인관련단체들이 참여하여 전례 없는 대규모의 공동대책
위원회가 구성되는 결실을 맺게 되었다(이성규, 1998: 274). 공동대
책위원회의 발족과 활동은 장애인 문제에 대한 과거의 소극적이고
산발적인 장애인들의 대응에서 벗어나, 각 정당과 정책 담당자들에
게 장애인계의 욕구를 투입시키고, 각종 공청회를 통해 법안에 대한
검토를 하는 등 보다 체계적이고 조직적으로 장애인들의 입장을 표
현하기 위한 대응을 하였다는 점에서 장애인운동사에 있어 중요한
의의를 가지고 있다.

　이러한 정치·사회적 배경의 영향을 받아 장애인 문제에 대한 무
관심이 탈각되고 사회적 관심이 증가함으로써 장애인고용정책의 수
립에 대한 관심이 제고되기 시작했다. 1988년 장애인올림픽의 개최
와 그에 따른 국민적 관심의 고조는 장애인 문제에 대한 정치적 관
심을 증대시켰고 장애인고용문제가 우선 국회에서 활발히 다루기 시
작했다(오혜경, 1997: 87; 이채필, 1990: 499; 이성규: 1998a: 273).

2. 장애인고용촉진정책의 도입: 입법과정

　한국은 경제성장제일주의에 의해 장애인을 위한 정책의 수립에는
소극적이었고, 특히 장애인고용에 대한 정책적 노력은 미흡하였다.
이러한 국제사회의 변화와 UN을 비롯한 국제사회의 압력에 대한 형
식상의 반응 결과로써 1981년에는 심신장애자복지법이 제정되어 장
애인복지제도의 기반이 마련되었으며, 1982년에는 직업안정법의 개
정을 통해 신체장애인의 고용촉진을 위한 고용기회의 확대 및 부당
한 취업제한을 금지하는 조항이 신설됨으로써 장애인고용문제에 대
한 정부의 정책적 반응이 나타나기 시작하였다. 그러나 이 조항이
극히 선언적이고 미온적이어서 실질적인 효력을 발휘하기 어렵다는

비판 속에서 특별법을 제정해야 한다는 의견이 제기되기 시작하였다 (이성규, 1999: 39). 그 후 비록 제11대 국회에서는 보건사회위원회 에서 심사하다 회기만료로 폐기되었지만, 1984년 10월 11일에는 심 신장애자고용촉진법안이 정정훈 의원(민한당) 외 80인에 의해 제안 되었다.

1987년 12월에는 당시 여당인 민정당의 노태우 대통령후보 선거공 약으로 장애인의 고용문제가 등장하였다. 그리고 1988년 서울올림픽 개최에 따라 동년 10월 15일에 제8회 장애인올림픽대회가 개최되는 것을 계기로 하여 장애인 문제에 대한 관심이 증폭되기 시작했다. 그 리하여 장애인고용문제 해결을 실효성 있게 하자는 주장에 따라 1988년 9월 15일 대통령직속 자문기관으로 장애인복지대책위원회가 발족되었고, 동위원회는 1989년 심신장애자복지법의 개정과 장애인 의무고용제도의 채택 등의 건의안을 내용으로 한 11개 부분의 장애 자복지대책안을 대통령에게 제출하였다(장애인재활연구소, 1992: 1).[6]

그 후 1988년 12월 6일에 평민당의 이철용 의원 외 83명, 민정당 의 양경자 의원 외 61명, 공화당의 이병희 의원 외 34명, 민주당의 이인제 의원 외 57명의 명의로 4당이 각각 '심신장애자고용촉진법 안'을 제144회 정기국회에서 발의하였다. 정당 간 상이한 견해의 차 이를 보이는 각 법안들은 1989년 2월 20일 145회 정기국회에서 제 안 설명과 전문위원의 검토 보고에 이어, 노동위원회의 법안심사소 위원회에서 8차례에 걸친 법안 심사(1989. 5. 20-12. 1)의 진통을 거 쳐, 1989년 12월 6일 4당의 법률안들은 모두 폐기되고, 4당의 법안 들을 수정·통합한 단일안을 의결하기로 결정하였다.[7] 그런데 단일

---

6) 장애인복지대책위원회의 건의를 바탕으로 하여 1989년 12월 30일에 '심신장애자 복지법'이 전면 개정되어 '장애인복지법'이 제정되었다.

7) 이 단일안은 4당의 안들을 정출·통합한 형태이긴 하지만, 실제로는 노동부 자 체에서 1989년 준비해 온 정부안이 기초가 되었다고 한다(전준구, 1996: 487).

안의 결정에는 노동위원회 법안심사소위원회에서 8차례의 심사과정
이 개최할 만큼, 구체적인 정책내용에 대해서는 상당한 견해차가 있
었다. 특히 쟁점이 되었던 내용으로는 정책대상자의 범위-구체적으
로 비용부담자인 의무대상 사업주의 범위-와 의무, 정책대상자의
행태 변화를 유인하기 위한 도구, 집행기관의 구성 형태와 재원의
조달 방식 등에 관한 것이었다.

의결된 단일안은 국회법제사법위원회의 심의·의결(1989. 12.
11-13.)을 거쳐, 1989년 12월 16일 제147회 국회본회의에서 의원입법
으로 의결되어, 1990년 1월 13일 '장애인고용촉진등에관한법률(제
4219호)'로 공포되어 1991년 1월 1일부터 시행되었다. 동법의 핵심
은 장애인의무고용제도이며 장애인의무고용제도의 주요 내용은 기준
고용률제도와 의무고용의 이행 강제 수단인 고용부담금제도와 고용
유인 수단인 고용장려금제도이다. 그러나 이러한 수단들에 관한 구
체적인 내용은 4당 간의 단일안의 합의 과정에서 명확하게 규정되지
않음으로써 세부적인 내용의 결정은 집행과정으로 넘어가게 되었다.

<표 7.2> 각 정당의 장애인고용촉진법의 제출안과 단일안의 비교

	민정당안	평민당안	민주당안	공화당안	단일안
명 칭	장애자고용촉진법	심신장애자고용촉진법	심신장애자고용촉진법	심신장애자고용촉진법	장애인고용촉진등에관한법률
목 적	장애인의 직업생활과 고용보장	장애인의 직업생활을 통한 사회통합	장애인의 직업안정과 사회복지 증진	장애인에 대한 취업기회의 보장	직업생활을 통한 인간다운 생활의 보장
국가와 지방자치 단체 책임	추상적, 임의적	노동부 장관이 보사부 장관의 협조를 통해 종합적 직업재활과정에 노력함	소극적 규정	소극적 규정	추상적, 임의적 노동부 장관의 사업주 고용지도, 장애인 직업적응지도와 직업훈련
사업주 책임	고용기회제공 고용관리	고용에 대한 책임, 고용관리	소극적 규정	고용기회제공 고용관리	고용기회제공 고용관리

	민정당안	평민당안	민주당안	공화당안	단일안
집행 기구	직업재활공단	심신장애자고용 촉진협의회	장애인고용 촉진공단	장애인위원회	장애인고용촉진 공단
고용의무 대상 사업주 범위	300이상 사업주	100이상 사업주	100이상 사업주	100인 이상 사업주	일정 규모 이상 (구체적 - 〉대통 령령에 위임)
기준 고용률	5 / 100범위 내	공공기관: 3 / 100이상 사업주: 2 / 100-3 / 100	2 / 100이상	2 / 100이상	1 / 100에서 5 / 100 범위 내 (구체적 → 대통 령령에 위임)
정책 수단	부담금제 경제적 지원	고용납부금 고용조정금 조성금 장려금	고용납부금 경제적 지원	고용납부금, 지원제 불명확	고용부담금 장려금, 지원금 (구체적 → 대통 령령에 위임)
재원 조달 방식	고용부담금 국가출연(임의)	고용납부금 국가출연금 (500억 원 이상)	고용부담금 국가출연(임의)	고용납부금	고용부담금 출연금, 지원금 (임의, 자의적)

자료: 전준구(1996: 93)의 수정·재작성

3. 도입된 장애인고용정책의 특징과 영향

앞에서 살펴본 바와 같이 한국의 장애인고용정책은 1980년대 후반의 급속한 사회적 변화의 환경 속에서 정당 간의 경쟁적인 제안과 정치적 합의 결과로 도입되었다. 이렇게 도입된 장애인고용촉진에관한법률의 내용 및 제정과정상의 특징은 한국의 장애인고용정책의 기본적인 성격 - 정책목표, 정책논리, 집행전략과 수단의 기본적 틀 - 을 규정함으로써 집행과정에 영향을 미치게 되었다. 특히 '장애인고용촉진등에관한법률'의 입법과정에 있어서 앞에서 살펴본 바와 같이 4당이 제출한 법안들을 수정·통합하여 단일안이 결정되기까지는 노동위원회 법안심사소위원회에서 8차례의 심사과정이 개최되었던 것에서 짐작할 수 있는 것처럼, 정책목표에 대해서는 상당한 합의가 있었지만, 정책의 핵심적인 수단에 대하여는 상이한 입장을 보이고 있어서 각 입장들을 어렵게 절충·통합한 형태로 합의를 보게 되어, 결과적으로 정책수단의 내용이 불명확하고 애매한 형태로 규정되었다. 이러한 과정에서 특히 쟁점이 되었던 이슈는 정부의 책임과 의무, 비용부담자인 장애인고용 의무대상의 범위와 의무고용률(기준고용률), 비용부담자의 행태 변화를 유인하기 위한 방법, 집행기관의 구성 형태, 재원의 조달 방식 등에 관한 것이었다. 다음에서는 이를 중심으로 정책의 특징과 집행과정에 미치는 영향을 살펴보면 다음과 같다.

1) 정책목표의 모호성에 따른 정책 일관성의 불분명

많은 정책학자들은 정책의 내용의 분명할수록 정책집행의 성공 가능성은 높아진다고 지적하고 있다. 정책목표가 명확하고, 정책목표와 하위수단 간의 관계가 구체적이며, 정책목표와 하위목표 간의 인과관계 및 하위목표들과 수단 간의 인과관계가 적절할수록 정책집행의 성공 가능성이 커진다는 것이다(Mazmanian and Sabatier, 1983; Rein, 1983). 정책을 목표-수단의 연쇄체계로 볼 때, 이는 정책목표를 어떻게 규정하느냐하는 것이 정책집행과정에 영향을 미치게 된다는 것을 의미하게 된다(Nakamura & Smallwood:, 1980: 35; Van Meter & Van Horn, 1975: 108). 그런데 많은 정책에 있어서, 정책목표는 추상적이며 애매모호한 목표, 혹은 상호대립적인 목표를 동시에 추구하는 식으로 결정되기도 한다(Baier et al., 1988). 이는 특히 입법내용이 정치적인 쟁점을 부각되거나, 정책관련 집단 간의 대립이 강하게 나타나거나, 정부 내 부처 간의 견해 차이 클 경우에 그러하다. 예를 들어, 의회에서는 정치적 전략 차원에서 정책효과를 과대 포장하거나 정책목표를 일부러 애매모호하게 만드는 골격입법을 한 후, 세부적인 내용의 결정은 집행단계로 위임하게 하여 그 책임을 모면하려들기도 하는 것이다(Winter, 1990; Baier. et al, 1988).

이와 유사하게 장애인고용정책도 당파적 대립으로 인해 목표 설정이 불명확해지고, 정책집행의 일관성이 결여된 측면이 노출되었다. 즉, 입법과정에서 살펴본 바와 같이 직업생활을 통한 장애인의 생활보장이라는 추상적인 목표에 대해서는 4당 간 합의에 도달하였으나, 세 가지 하위목표들-고용촉진, 직업재활, 직업안정-간의 우선순위나 상호관계에 대해서는 명확한 규정을 두지 않았던 것이다. 이로 인하여 장애인고용정책의 목표에 대한 해석은 집행과정에 맡겨지게 되었으며, 집행기관인 노동부는 고용관계를 전제로 한 장애인의 고용촉진에만 초점을 두게 되었다. 그리고 그에 따라 장애인고용정책은 경증장애인 위주의 취업 중심 장애인고용정책으로 한정되고 말았다(오길승, 1996; 권도용, 1996; 이성재, 1998).

2) 수요 중심의 교정적 정책논리에 입각한 사회규제의 도입

장애인고용정책의 특성에서 비롯되는 경제와 복지 간의 상충성은 정부개입의 기본적 방법 및 개입 수준의 결정과정에서 문제를 발생시킨다. 즉 어떠한 방법을 통해 "장애인의 고용촉진"이라는 목표를 달성할 것인가 하는 것이다. 장애인의 고용촉진을 위한 실천적 정책대안으로는 다양한 방안들이 제시되고 있지만(전영평, 1998), 이러한 정부개입 활동은 크게 두 가지의 접근법으로 논의될 수 있다. 하나는 장애인고용정책에 적용되는 정부개입이 개인적 장애 차원에서의 대응으로서, 장애인고용의 문제를 장애인의 기능적 한계의 완화를 지향하는 노동공급 측면에 초점을 둔 완화적 접근법(ameliorative approach)이며, 다른 하나는 노동의 수요조건에 초점을 두어 장애인이 수용되어야 할 고용환경의 변경을 지향하는 교정적 접근(corrective approach)이 있다 (Haveman et al., 1984).

완화적 모형은 개인의 장애를 노동력 참여를 제한하는 주로 인적 자본(human capital)상의 결점으로 보고, 개별적 장애의 제거 및 감소 내지 대안적 기능의 향상을 통해 그 결점을 극복하는 전략을 제시하고 있다. 흔히 장애인에 대한 직업훈련과 재활서비스 등과 같은 수단 이용을 강조한다. 이러한 완화적 접근법은 장애인의 능력에 따른 고용 확보를 달성하기 위하여 직업재활 및 훈련 서비스 등을 통하여 모든 유형의 장애인들에게 서비스를 제공하며, 그에 따라 특히 중증장애인의 보호 가능성이 증대될 수 있는 장점이 있으나, 동시에 프로그램의 실시에 수반되는 정부의 재정적 부담의 증가하게 된다.

이에 반해 교정적 모형은 노동시장에 대한 보다 직접적인 정부개입을 정당화하는 것으로 여기에는 다시 장애인을 위한 고용기회의 창출 내지 확대 등 노동시장의 수요 확대전략과, 동등한 접근 가능성을 확보하기 위해 차별금지적 정부개입으로 구별된다. 노동시장에 대한 정부개입은 완화적 접근과는 아주 다른 근거에 의존한다. 직접적인 직업창출을 위한 정부개입에는 장애인을 고용하는 민간 고용주에 대한 고용보조금의 지급, 장애인을 고용할 목적으로 한 기업(이를테면 보호작업장)의 설립, 운영이나 보조금의 지원, 장애인을 위한 작업장 변경 비용의 보조, 개별 기업에 대한 장애인의 고용할당제 (quotas),[8] 직접적인 공공부문의 고용 제공 등이 있다.

---

8) 이런 맥락에서 장애인고용정책을 고용할당제와 비고용할당제로 구분될 수 있다. 고용할당제는 장애인을 비장애인에 비해 기능적으로 불리한 입장에 있는 보호의 대상으로 보아 의무고용제, 장애인고용부담금 등 사업주에 대한 장애인고용을 위한 강제적 수단을 가지는 정책유형으로 독일, 일본, 프랑스 등이 취하고 있다. 이에 반해 비고용할당제는 장애인과 비장애인 간의 차별을 두지 않고 사업주가 자유로이 채용하되 장애를 이유로 한 차별을 금지하는 정책유형으로 영국과 미국 등이 채택하고 있는 제도이다.

교정적 모형은 장애인의 고용기회에 대한 제도적 보장을 공고히 할 수 있다는 점과 동시에 장애인의 고용을 위해 정부가 강력한 노력을 하고 있다는 것을 과시할 수 있는 상징적 효과가 있다. 그리고 고용할당제를 주 수단으로 할 경우 장애인고용정책의 실시에 따른 정부의 재정적 부담을 회피하면서 단기간에 성과를 기대할 수 있다는 이점이 있다. 그런데 고용할당제를 중심으로 한 고용창출 중심의 전략을 사용할 경우, 행정적 효율성을 추구하는 집행가에 의해 선별적(creaming) 기법이 사용됨으로써 고용 가능성이 상대적으로 높은 경증장애인 위주의 고용정책이 될 수 있다는 점과, 고용할당제의 실시에 따른 규제대상 집단의 적대적 반응이라는 문제가 수반될 수 있다. 사회규제는 개별 기업이든 전체 산업이든 기업의 입장에서 볼 때, 기업의 이익이나 시장의 효율성과는 무관한 비용의 지출을 요구하게 되며, 그 비용은 이제까지 기업이 무임승차해 오던 비용이 되므로 기업에게는 '부담의 순증가'가 되는 것이다. 따라서 규제대상 집단인 사업주들은 여러 가지 이유를 들어 정부규제를 회피하려하거나 저항하게 되며, 그로 인해 정부개입을 둘러싼 정부와 기업 간의 적대적 규제문화가 형성되기도 하며 정책자체의 정당성에 대한 논쟁을 불러일으키기도 한다(소영진, 1993). 한국의 경우, 장애인고용정책 도입할 때 장애인고용의무제(고용할당제)와 고용의무를 이행하지 않는 사업주에 대해서는 부담금의 부과라는 강력한 교정 수단을 채택함으로써 정책집행과정에서 줄곧 사업주의 반발과 저항을 받게 되었다.

3) 국가의 책임 회피적 장애인고용정책

장애인고용을 위한 국가의 전략과 노력의 평가는 장애인고용에 대한 국가의 관심과 의지가 얼마나 철저한가 하는 것과 장애인고용의 부담이 누구에게 돌아가는가를 기준으로 구분될 수 있다(전영평,

1998: 122-123). 다시 말해, 국가가 장애인고용을 위한 명료하고 현실적인 입법을 강력하게 추진하였는가, 입법에 나타난 정책목표를 실질적으로 추진하기 위한 구체적인 수단이 구비되어 있는가하는 것과 장애인고용의 부담이 누구에게 돌아가는가는 그 부담이 국가의 재원으로 조달되느냐 아니면 민간 사업주의 부담으로 조달되는가를 통해 장애인고용의 거시적인 국가의 전략 및 노력을 확인할 수 있다.9) 이 두 가지 기준, 즉 국가의 관심과 의지 그리고 민간부문의 비용 전가에 따라 국가의 전략을 구분하면 다음 <표 7.3>과 같다.

<표 7.3> 장애인고용정책의 거시적 전략 분류

		국가의 관심과 의지	
		강	약
민간부문으로 비용 전가	강	동반형	회피형
	약	국가주도형	방관형

자료: 전영평(1998: 122).

한국의 장애인고용정책은 1990년 장애인고용촉진등에관한법률이 제정되기까지를 기준으로 할 때, 그 이전에는 방관형 전략에 의존하다가 회피형 전략으로 이동한 것으로 평가될 수 있다. 앞서 살펴본 바와 같이 1980년대 말부터 1990년 법률이 제정되기 이전에는 장애

---

9) 사회복지정책의 분석에 있어서 재원의 형태가 중요한 까닭은 그 정책의 재원이 무엇이냐에 따라 정책의 내용이 달라질 수 있기 때문이다. 즉 정책이 공공부문의 재원으로 이루어지느냐, 민간부문의 재원으로 이루어지느냐에 따라 사회복지정책의 내용이 달라질 수 있으며, 또한 재원의 부담을 둘러싸고 대상 집단 간에 대립과 갈등이 야기될 수 있다는 점에서 정책재원의 형태는 정책대상 집단의 정책에 대한 태도와 반응에 큰 영향을 미칠 수 있기 때문이다. 그리고 무엇보다 정책재원의 형태는 정책목적을 달성하고자 하는 정부의 의지와 책임을 나타내는 중요한 요인이라는 점에서 재원의 확보와 다른 차원에서 정책집행에 영향을 미치게 된다고 할 것이다.

인고용을 위한 정부의 대책이 거의 전무하였으며, 정부의 관심과 의지 매우 미미하였으며, 장애인 문제가 뚜렷한 정치적 쟁점화가 된 적이 없었고, 장애인고용을 위한 체계적 입법도 없었다. 그러다가 1980년대 말 국제적 장애인 인권운동, 서울올림픽, 국내의 여론 확산 등의 영향으로 법률이 획기적으로 제정되었던 것이다. 결국 장애인고용정책은 국내의 꾸준한 장애인운동의 누적된 결과나 정부의 체계적인 준비에 의한 것이기보다는 정치가들과 관료들에 의해 국제적 체면치레와 국내적 여론 완화의 일환으로 마련된 급작스러운 산물이라 할 수 있다. 그러다 보니 장애인고용을 위한 국가의 전략은 장애인고용의무제, 부담금의 징수라는 규제적 수단을 통해 민간기업의 고용창출을 확대하고, 정책집행을 재정을 위한 기금의 마련이 국가의 출연금보다는 징수된 고용부담금에 의존함으로써, 장애인고용의 책임을 민간의 사업주에게 전가하는 회피형 전략으로 나타났다. 이러한 정부의 회피형 전략은 장애인고용정책의 재원인 장애인고용촉진기금의 조성에 있어 정부출연금과 사업주부담금을 비교해 보면 더욱 분명해진다. 장애인고용정책이 실시되는 1991년과 1992년에는 정부출연금이 많은 부분을 차지하였지만, 사업주에 대한 고용부담금의 징수가 본격화되는 1993년부터는 정부출연금이 사업주부담금 대비 1-2%에 그치는 미미한 투자를 하고 있다는 점에서 정부는 장애인고용정책의 재정적 부담을 민간의 사업주에게 전가하고 있다는 비판을 피할 수 없게 되었다.

이는 앞에서 살펴본 바와 같이 장애인고용촉진정책에 수행에 있어 정부의 책임에 대하여 각 당의 제안들은 추상적, 임의적이거나 소극적으로 규정하고 있고, 이러한 각 정당의 태도는 단일안의 결정에 있어서 정부의 역할을 추상적, 임의적으로 규정하여 구체적인 정부의 역할과 의무에 대해서 논란 및 정책의 정당성에 대한 의문의 여지를 남겨두었기 때문이다. 즉 정부의 책임과 역할에 대한 불확실한 규정이 정부의 장애인고용기준률 이행의 미비와 장애인고용촉진기금의 재원 조달에 있어서 정부출연의 부실화 등을 결과하는 임의적이고 자의적 해석을 가능하게 하였기 때문이다. 구체적으로 각 정당이 제시한 장애인고용촉진법안들을 살펴보면, 장애인고용정책의 실시에 따른 장애인고용촉진공단의 설립과 운영, 부담금 및 지원금의 관리 등 장애인고용촉진사업을 위한 재원을 마련하기 위하여 장애인고용촉진기금을 설치·운영한다는 기본적 입장에 있어서는 각 당이 일치하고 있으나, 기금조성의 방법에 있어서는 상이한 입장 차이를 나타내었다. 평민당안에서만 국가 출연금의 규모를 구체적으로 500억 원 이상으로 명시하고 있을 뿐, 다른 안에서는 국가의 출연금에 대해서 임의적인 규정(민정당, 민주당)을 하고 있거나, 국가 출연금 없이 사업주부담금만으로 조성하는 것(공화당)으로 규정하고 있다.

장애인고용정책의 재원인 고용촉진기금에 대한 정부출연금의 규정은 장애인고용정책에 대한 정부의 책임성을 보여주는 하나의 척도이며 의무고용제의 정당성을 설명하는 기준이 되기도 하는 중요한 것임에도 불구하고 각 제안들이 소극적인 양태를 취하고 있고, 그에 따라 단일안은 기금의 재원을 '정부 또는 정부 이외의 자로부터의 출연금과 기부금'과 '사업주의 부담금' 등으로만 규정하고 구체적인 정부의 출연금 규모 혹은 출연비율에 대해서는 명확하게 규정하지 않음으로써 정부의 책임을 임의적, 자의적으로 해석할 수 있는 여지를 남겨 두었고, 그 결과 장애인고용촉진기금에 있어 정부의 출연금이 극히 미미한 수준에 그침으로써 정책대상 집단인 장애인고용의무 대상 기업들에 의해 정책 자체의 정당성에 대한 비판과 정책에 대한 부정적 태도와 불만을 초래하게 되었다.[10]

---

10) 장애인고용촉진기금에 대한 정부출연금은 1992년 사업주부담금 징수가 시작되어 기금이 적립되기 시작하는 1993년 이후 사업주부담금 대비 정부출연금의 비율은 1-2%에 그치고 있는 실정이다.

4) 정책내용의 구체성 결여와 집행의 재량권 확대

앞에서 살펴본 바와 같이 정책결정과정에서 구체적인 정책수단에 대해서는 4당의 입법안에 있어 상이한 입장이 수정, 절충되어 단일안으로 의결되었다. 그러나 정책수단들에 관하여 단일안으로 절충·통합되는 과정에서 각 입장을 수렴하게 됨으로써 결국 애매하고 불명확한 내용으로 결정됨으로써 구체적인 수단의 결정이 집행단계로 넘어가게 됨으로써 집행과정에 있어 노동부의 재량권을 확대하는 결과를 초래했다. 더구나 단일안이 4당의 안을 절충·통합한 형태를 취하고 있지만, 국회의 전문성 부족과 인력 부족으로 구체적인 법안의 내용을 창출하지 못했으며 무엇보다 각 정당의 법안이 발의된 직후인 1989년 초부터 노동부 자체에서 준비해 온 정부안이 단일안의 마련의 기초가 되었고, 그에 따른 세부적인 작업이 주로 노동부에서 이루어지고 국회는 이를 통과하는 역할 정도에 그치게 되었다. 결국 장애인고용촉진등에관한법률의 제정이 노동부의 자료와 정보, 그리고 전담인력의 실질적인 작업에 대한 국회의 법적 추인의 성격을 띠게 됨으로써 법안의 실체적인 내용과 방향에 노동부의 입장이 매우 강하게 반영되었다고 할 수 있다(이성규, 1998; 전준구, 1996). 주요 정책수단들에 대한 정책결정의 내용을 중심으로 이를 살펴보면 다음과 같다.

도입된 장애인고용정책의 핵심 수단은 장애인고용의무제라고 할 것이며, 이 고용의무제의 실질적인 내용을 구성하는 것은 비용부담자인 장애인고용의무대상 사업주의 범위와 고용기준률로서 이는 장애인 고용기회의 확대범위와 직접적으로 관련되는 부분이다. 먼저 대상 사업주의 범위를 넓게 책정할수록 장애인의 고용기회는 확대되지만, 이는 동시에 비용부담자의 범위가 확대됨을 의미하는 민감한 이해관계가 걸린 것이다. 여기에 대해 <표 V.2>에서 나타나는 바와 같이 여당인 민정당의 안은 300인 이상의 사업주로 제안하고 있는데 비해 3야당은 100이상의 사업주로 보다 넓게 제안함으로써 상이한 입장을 보이고 있다. 양자의 입장차이가 좁혀지지 않자 결국 단일안에서는 의무사업체의 규모를 "일정 규모 이상의 사업주"라는 내용으로 규정하고 구체적인 결정은 대통령령에 위임함으로써 가장 민감한 사항이 집행단계로 넘어가게 된 것이다.

둘째, 기준고용률에 있어서도 최고상한선을 5%로 규정하는 안에서부터 최저하한선을 2%로 규정하는 등 상이한 입장을 나타내고 있다. 여기에 대해서는 정당뿐만 아니라 정부 부처들 사이에서도 상당한 견해차들이 나타나 최저하한선을 1%로 주장하는 부처도 있고, 2%에 대해서도 부처들 간에 찬·반의 입장으로 갈라짐으로써 각 정당안의 절충, 보완하여 단일안의 토대가 되는 정부안의 결정에도 상당한 어려움이 야기되었다(함께걸음, 1990: 20-25). 이러한 대립과정 속에서 결국 단일안은 모든 입장을 고려하여 기준고용률을 1-5%라고 규정함으로써 정책의 실질적 내용이 되는 의무고용률의 결정을 유보하고 구체적인 결정을 집행과정으로 넘겨버리고 말았다.

셋째, 의무고용제를 핵심으로 하는 장애인고용촉진등에관한법률이 목표를 달성하기 위해서는 무엇보다 정책대상자(비용부담자)들의 행태 변화에 의존할 수밖에 없다. 따라서 정책대상자들의 행태 변화를 강제하거나 유인할 수 있는 도구의 결정은 의무고용제의 성과를 결정하는 중요한 것이라고 할 수 있다. 특히 장애인의 의무고용을 이행하지 않는 사업주에 대해 부과하는 고용부담은 기준고용률의 달성에 가장 중요한 정책적 도구가 될 수 있다. 그런데 단일안에서는 이러한 고용부담금에 대하여 단지 고용부담금의 기초액을 해당 년도 최저임금액의 60% 이상이라는 하한선만을 규정한 채 실질적 결정은 집행단계로 위임하였다.

넷째, 장애인고용촉진정책에 대한 전문적·기술적 사항을 실질적으로 수행하기 위한 집행 기구의 구성에 대해 상이한 입장의 차이를 나타내고 있다. 여기에 대해 단일안에서는 장애인고용촉진공단을 설립하도록 규정하고 있다. 그런데 공단의 주요 기능은 장애인의 고용에 따르는 시설, 장비의 설치 및 수리에 관한 기술지도, 장애인의 적응훈련의 실시, 장애인의 고용촉진을 위한 홍보·교육, 고용정보의 제공, 직업 소개, 직업지도 및 장애인 고용촉진과 직업활동에 관한 조사연구 등으로 이는 장애인고용촉진공단이 정책집행체계의 핵심적 역할을 하는 새로운 집행기관의 설립으로 볼 수 있다. 따라서 집행기관으로서 공단의 위상과 활동에 가장 중요한 것은 장애인고용에 대한 적극적인 태도와 전문성, 정치적 중립성의 보장이다. 여기에서 쟁점이 되는 것은 노동부와 공단의 관계 및 임원진의 구성 문제인데, 이러한 쟁점사항에 대해서는 아무런 결정이 이루어지지 않음으로써 공단의 위상과 역할이 주무 부처의 결정에 의존하게 되는 결과를 초래하게 되었다.

일반적으로 정책이 협조적인 합의하에서 시작되는 경우, 갈등 속에서 실시되는 정책에 비해 보다 충실하게 집행될 수 있으며 그에 따라 구체적이고 실질적 결과를 가져오기 쉽다(Vedung, 1991). 이상에서 살펴본 바와 같이 장애인고용촉진등에관한법률의 형성과정이 여·야를 막론한 각 당에 의해 제안되었고 갈등적인 사안들이 타협을 통해 정치적 합의를 이룸으로써 형성되었다는 사실에서 장애인고용촉진정책이 강력한 정치적 지지를 배경으로 하고 있다고 평가될 수 있다. 그러나 앞에서 지적한 바와 같이 장애인고용정책의 내용에 핵심이 되는 중요한 쟁점적 사안들이 명확하게 결정되지 않고 절충 내지 모든 입장을 포괄하는 형태로 규정되어 갈등이 일시적으로 봉합되는 형태로 취함으로써 그 정책의 집행과정과 성과에 대한 불확실성을 남겨놓았고, 핵심적 내용에 대한 구체적인 내용이 집행과정으로 위임되어 집행단계에서 상이한 이해관계를 가진 정책관련자들로 형성되는 새로운 정치적 장이 형성되고 집행기관 및 관련 행위자들의 활동에 의해 정책내용과 정책성과가 영향을 미치게 되는 결과를 초래하였다.

제8장
장애인고용정책집행의 정치과정

1. 집행과정과 정책의 재규정

　정책결정과정에서 주요 쟁점이 되었던, 비용부담자인 의무고용대상 사업주의 범위와 의무, 대상 집단의 행태 변화를 유인하기 위한 정책도구(특히 고용부담금 기초액) 등 주요 정책수단들에 대한 상이한 입장 차이와 국회의 전문성의 부족 등에 따라 구체적인 결정에 대해서는 집행과정으로 위임되었다. 그리고 국회는 실질적인 집행과정에 대해서는 무관심했다. 정치적 이슈가 되었던 장애인고용문제를 입법화함으로써 정치적 중요성이 감소되었고, 참여자들 간의 이해관계가 분명해지고 갈등이 야기될 수 있는 수단의 결정 및 기술적·전문적인 내용에 대한 것은 집행기구에 넘겨버림으로써 국회의 역할은 일단락되었다. 노동부는 '장애인고용촉진등에관한법률'에서 위임된 내용을 구체화하기 위해 관련규정 등을 제정하고 집행체계를 구성하면서, 집행활동을 수행하게 되었다. 정책관련자들의 이해관계가 보다 극명해지는 정책수단의 결정에 있어 경제관련 정부 부처와 기업주 측의 의견이 많이 받아들여져서 구체적인 장애인고용정책의 내용은 기업주의 비용부담이 경감되는 방향으로 결정되었다.

다음에서는 노동부에 의한 장애인고용정책지침의 결정으로부터 시작되는 집행단계의 내용을 개괄하기로 한다.

1) 정책내용의 구체화 과정

1990년 1월 13일 '장애인고용촉진등에관한법률'의 공포에 따라, 주무 부서인 노동부는 법률에서 위임한 사항 및 법률 시행 분비를 위해 '장애인고용촉진기획단'을 행정사무관 1명, 전문직 2명, 기능직 2명으로 구성하여 장애인 문제 전문가 및 장애인 유명인사 파악, 한국장애인고용촉진공단 설립예산 확보, 고용촉진법 시행령 및 시행규칙 제정에 필요한 기초 자료의 수집 및 각계의 의견 수렴 등 정책시안을 마련하였다. 1990년 8월 23일 노동부는 각계의 의견 및 자료를 참고로 하여 동법 시행령안을 마련하여 입법예고하였다.

입법예고안에서는 의무고용제의 실질적인 내용을 규정하는 장애인고용의무대상의 범위를 상시 근로자 100인 이상의 사업주로 하고, 기준고용률을 2%로 하고 있었다. 노동부는 동시행령안 입법예고에 대해 정부 각 부처, 한국경총, 장애인단체 등 약 90개 기관에서 100여 개의 의견을 제출받았다. 이 과정에서 의무고용대상 사업주의 범위와 기준고용률에 대한 것이 주요 쟁점이 되었는데, 특히 정부내부에 있어서도 관련 부처 간의 견해가 대립되었다. 즉 복지정향 부처들은 장애인의무고용대상 사업주의 범위를 상시 근로자 100이상의 사업주로 기준고용률을 3%로 할 것을 주장하였는 데 반해, 경제논리를 우선시하는 경제 부처들은 장애인의무고용대상 사업주의 범위를 상시 근로자 300이상의 사업주로 기준고용률을 2%로 주장하였다. 이러한 대립 끝에 경제 부처들의 주장에 따라[11] 장애인의무고용

___

11) 한국에 있어 경제관련 부처들은 전통적으로 재분배정책에 관여해 왔으며, 보건복지부 등 복지정향적 부처보다 더 많은 영향력을 행사해 온 것으로

적용대상 범위는 상시 근로자 300이상의 사업주로 하고, 기준고용률은 2%[12]로 하는 시행령안이 확정되어 1990년 12월 26일 국회회의 의결을 거쳐, 1990년 12월 31일 대통령령 제13219호로 공포되었다.

'장애인고용촉진등에관한법률'과 동법률시행령에 따라 1991년 4월 15일 시행규칙(노동부령 제65호)이 제정·공포되었는데, 그 주된 내용은 각종 서식 등에 관한 것이었다. 이와 같은 규정의 정비를 거쳐, 노동부는 1992년부터 장애인고용부담금제도의 실시를 위해 동년 3월 3일자로 '장애인고용부담금 관련 업무처리 지침'을 시달하고, 동년 4월 9일자로 '장애인고용 정산지침'을 시달함으로써 1992년부터 부담금 기초액을 최저임금의 60% 이상으로 하는 부담금제도를 시행하였다.[13] 또한 1991년 10월 21일에 '장애인고용지원금 및 장려금의 지급기준'을 고시(노동부 고시 제91-68호)하고, 1992년 7월 10일에는 '장애인고용촉진기금의 융자에 관한 규정'을 제정하고, 1992년부터 기준고용률을 초과달성한 사업주에 대한 지원과 장애인고용에 필요한 편의시설 설치자금 및 장비구입자금에 대한 지원정책을 실시하였다. 그리고 장애인고용확대와 고용안정도모를 위한 일 방안으로, 1993년 10월부터는 출·퇴근에 필요한 자동차를 구입하고자 하는 장애인근로자에 대한 '통근차량구입융자제도'[14]와 1994년부터 '장애인고용설비 무상지원 및 융자제도'[15] 및 고용관리지원제도 등을 실

평가되고 있다. 3공화국 이후 경제성장제일주의에 따라 정부 내에 상대적으로 높은 위상을 점하고 있는 경제기획원, 상공부 등 경제관련 부처들은 재분배정책의 수립에 있어 적극적으로 개입하여 복지정향 부처와의 힘겨루기에 승리함으로써 경제계의 입장을 옹호해 왔다(송근원, 1996: 13-14).

12) 기준고용률은 원칙적으로 2%이지만, 경과조치로서, 의무고용제도 시행 첫해인 1991년에는 1%, 1992년에는 1.6%로 하고, 1993년부터 2%로 기준고용률을 점차적으로 확대 적용하도록 하였다(노동부, 1992: 132).

13) 부담 기초액은 최저임금의 60% 이상으로 정해진 규정에 따라 1991년도의 경우 1인당 월 12만 원으로 결정·고시되었다.

14) 통근차량구입융자제도는 장애인근로자 혹은 구직 장애인을 대상으로 1인당 500만 원 한도 내에서 연리 3%, 2년 거치 5년 상환의 조건으로 시행되었다.

시하였다.

2) 연계고용제의 도입을 위한 법 개정

한편, 1994년부터는 중증장애인고용문제에 대한 논의가 본격화되기 시작하였다. '장애인고용촉진등에관한법률'이 제정된 이래 정부는 장애인고용정책의 가시적 성과를 위하여 우선 고용이 용이한 경증장애인 위주로 장애인고용정책을 전개하고 어느 정도의 성과가 있은 후에 중증장애인의 고용문제를 다루는 것이 바람직하다는 논리를 견지함으로써, 중증장애인의 고용촉진을 위한 뚜렷한 제도를 마련하지 않았을 뿐만 아니라 중증장애인의 개념 정의조차도 확립하지 못하고 있었다. 그러나 1990년대 중반부터는 이러한 경증장애인 위주의 정책집행상황에서도 장애인고용정책의 미흡한 성과에 대한 비판과 중증장애인의 고용문제에 대한 대응책이 심각하게 제기되기 시작했다. 이에 노동부는 장애인의 고용촉진을 위한 제도적 방안으로 장애인고용촉진 중기사업계획을 수립하고 이의 효과적인 시행을 위하여 '장애인고용촉진등에관한법률'의 개정안 제출하였다. 노동부의 개정안 배경 설명에 따르면, 개정안은 특히 고용에 어려움을 겪고 있는 중증장애인의 고용확대와 사업주의 고용 유도를 위하여 '2배수고용인정제'(제38조 제2항 단서)16)와 '연계고용제'(제38조 제3항)17)및 '보조

---

15) 1994년부터 노동부는 장애인고용에 필요한 작업시설·장비 및 편의시설 확보·개선에 필요한 비용을 2억 원 한도에서 연리 3%, 5년 거치 5년 분할상환 조건으로 융자해 주기 시작했다.
16) 2배수고용인정제는 장애의 정도가 심하여 일반사업장에서의 취업이 특히 제한받는 중증장애인(장애인복지법상 1-2급 장애인)의 취업을 확대하기 위하여 중증장애인 1인을 고용했을 경우 부담금 산정 시 2인으로 인정하여 사업주의 고용부담금을 감면해 주는 제도이다.
17) 연계고용제란 고용의무기업이 보호작업장 등 장애인 직업재활 시설에 일정기간 일정 금액 이상의 도급을 주어 일반고용이 곤란한 중증장애인의 취업

금지원고용제'(제37조 4항)[18]를 신설하는 것을 특징으로 하고 있다.

그런데 이 개정안에 대해 장애인단체들은 강력한 반대 입장을 표명하였다. 여기서 가장 쟁점이 되었던 것은 무엇보다 2배수고용인정제와 연계고용제의 도입이었다. 장애인계에서는 2배수고용인정제는 중증장애인의 고용 활성화를 명분으로 기업의 이익만 고려하고 있을 뿐이며, 연계고용제 또한 장애인의 사회통합 목적을 저해하는 분리고용을 조장하는 것이라고 반대하였다. 하지만, 이 과정에서 장애인단체들 간에 분열양상을 보이게 되는데, 특히 연계고용제에 대해서는 장애인단체에 따라 반대, 조건부 수용 혹은 유보적 반응이라는 상이한 입장을 보였다. 이러한 상황 속에서 장애인고용촉진 법률개정안은 1994년 10월 7일 국회에 이송되었고, 환경노동위원회 법안심의소위원회의 심의과정에서 중증장애인인 개념의 불확실성과 장애인의 인권침해 가능성을 이유로 2배수고용인정제와 보조금지원고용제에 관한 규정은 삭제되고, 연계고용제만 인정되어 1995년 7월 15일 국회본회의를 통과하여 동년 8월 4일 공포되었다. 개정된 법률은 미약하지만 중증장애인의 고용촉진을 위한 수단으로서 연계고용제를 내포함으로써 노동부의 장애인고용정책이 기존 취업 위주의 경증장애인 중심의 고용정책으로부터 벗어나는 계기가 되었다는 점에서 의의가 있다.

기회를 확대하고 직업안정에 기여하는 경우 연간 도급금액 지급액의 일부를 부담금 총액에서 감면해 주는 제도이다.

18) 보조금지원고용제는 중증장애인을 고용하는 기업과 고용하지 않는 기업 간의 형평을 유지하여 중증장애인의 실질적인 고용확대를 도모하고 기업의 생산성 결손을 보전하여 주기 위하여 중증장애인을 새로 고용하는 기업에서 장애인에 지급된 임금의 일부를 일정 기간 지원하는 제도이다.

2. 정책참여자의 반응과 집행자의 대응 및 상호작용

정책집행과정에 참여하는 이해관계집단들은 다양한 방법을 통해 정책집행과정에 관여함으로써 집행의 결과가 자신에게 유리한 방향으로 유도하기 위해 노력하게 된다. 다시 말해, 정책대상 집단은 단순히 요구되는 정책이 요구하는 행태 변화에 수동적으로 반응하는 것이 아니라, 정책집행과정에서 자신들의 영향력을 통하여 정책내용을 변화시키려 한다는 것이다. 그리고 집행자 또한 대상 집단의 행태 변화를 일방적으로 엄격히 요구하는 것만은 아니며, 대상 집단으로부터의 요구에 반응해야 하며, 정책집행의 장에서 자신의 이익을 실현시키려 한다. 이러한 정치과정으로서 집행이라는 관점에 입각하여, 다음에서는 장애인고용정책의 집행과정에서 보여주는 참여자들의 행태 분석을 통해 정책대상 집단-즉 비용부담자와 수혜자-의 이익과 주장들이 어떻게 노동부로 투입되고, 노동부의 정책집행 활동에 대해 어떻게 반응하는지를 살펴보기로 한다.

1) 정책지침 결정과정에서 경제계 입장의 대폭 수용

정책지침(시행령)의 결정과정에서 가장 큰 쟁점이 되었던 것은 비용부담 집단의 범위가 구체화되는 의무고용사업체의 규모, 사업주의 비용부담 크기를 결정하게 되는 기준고용률과 부담금 기초액, 직업생활상담원의 배치 등에 관한 결정이었다. 이러한 내용의 결정에 있어 노동부는 장애인의무고용대상 사업주의 범위를 상시 근로자 100인 이상의 사업주로 하고 기준고용률을 2%로 하며, 상시 장애인근로자 10인 이상의 사업주는 장애인직업생활상담원을 선임하도록 규정한 시행령안을 입법예고(1990. 8. 23)하였다. 동시행령안을 입법예고하면서 노동부는 정부 각 부처, 한국경총, 장애인단체 등 90여 개

기관에서 100여 개의 의견을 제출받았다. 여기에서 가장 민감한 반응과 견해차가 나타난 것은 장애인고용의무제의 핵심 내용인 의무대상 사업주의 범위와 기준고용률, 부담금 등에 관한 것이었다.

시행령(안)이 발표되자, 사업주를 대표하는 한국경영자총협회에서는 노동부의 시행령안이 기업의 현실을 무시한 지나친 요구라는 의견을 제출하고, 고용의무인원의 축소조정, 고용업종의 제한 등을 주장하면서 대대적 대정부 활동을 벌이기 시작했다. 한국경영자총협회(회장 이동찬)는 1990년 9월 4일 장애인고용관련 전문가 회의를 개최하고, 노동부의 시행령안에 대해서 "본질적으로 고용에 대한 결정권은 사용자에게 맡겨져 있는 것이고 이에 대한 국가의 간섭·개입은 최소화해야만 자유기업주의 문화가 창출될 수 있다"는 기본전제하에서 "처벌 위주의 운영보다는 조장·장려하는 방향의 조장행정이 절실히 요구된다"고 주장하고, 고용주인 기업 측의 입장을 노동정책에 적극 반영해줄 것을 요구하는 의견서를 노동부를 비롯하여 경제기획원, 상공부 등 관계 정부기관에 제출하였다(한국경영자총협회, 1991: 446-447).

한국경영자총협회 의견서의 주요 내용을 보면, 첫째, 장애인고용의무대상 사업장의 규모를 상시 근로자 300인 이상으로 상향조정해야 한다는 것이다. 그 이유는 실질적으로 300인 미만의 영세사업장은 인사·노무 관리가 전근대적이고 과학적 관리가 이루어지지 못하고 있는 실정이므로 300인 미만의 사업장에 대해서는 장애인고용을 권장사항으로 하고 의무대상 사업장은 상시 근로자 300인 이상의 사업장으로 하는 것이 현실적이라고 주장하였다. 둘째, 기준고용률에 대해서는 입법예고안의 의무고용비율 2%를 1%로 하향조정해야 한다고 주장하였다. 이는 현재 5-8% 국가유공자의 고용이 강제되어 있는 점을 고려할 때, 장애인의 고용을 과다하게 강제하게 되면 기업을 더욱 곤경에 빠뜨리게 될 것이며, 또한 1989년 말 현재 33만 명에 이르는 실업자들에 대한 구제도 급선무이므로 의무고용비율을 1%로 하향조정하는 것이 바람직하며, 그리고 경과조치로써 1991년에는 0.5%, 1992년에는 0.8&%, 그리고 1993년부터 1%로 할 것을 주장하였다. 셋째, 장애인 직업생활 상담원의 선임과 관련하여, 선임대상 사업체 규모를 상향조정하고 상담원을 전임직원이 아님을 명시해야 한다고 하였다. 단지 10명의 장애인근로자를 위해 1인의 직업생활상담원을 별도로 두는 것은 기업에게는 과중한 부담이 되기 때문에 직업생활상담원의 선임은 기업 자율에 맡겨야 하고 최소한 50인 이상의 장애인근로자를 고용하는 기업에 한해 강제하도록 해야 한다는 것이다. 넷째, 공무원과 마찬가지로 의무고용대상 업체에서 제외되는 업종을 명시해 줄 것을 요구하였다. 건설업이나 광업 등 과중한 육체적 부담이 요구되는 업종이나, 은행이나 증권회사 등 객장에서 직접 고객을 상대하는 직종에서는 사실상 장애인을 고용하기 어려우므로, 이와 관련하여 장애인의무고용제의 적용제외업종을 명시해야 한다고 하였다. 그 밖에 한국경총은 산재장애인을 포함할 수 있도록 고용의무대상 장애인의 범위를 확대시켜줄 것 등을 주장하였다.

한편, 시행령안에 대한 정책수혜자인 장애인 측의 반응은 1989년 11월 장애인고용촉진법의 제정 및 장애인복지법의 개정을 위해 각 장애인관련단체들에 의해 발족된 '공동대책위원회'의 활동을 통해 알 수 있다. 공동대책위원회(회장 김성재)는 시행령안에 대한 장애인계의 의견을 결집한 의견서를 1990년 9월 10일 노동부, 보건사회부, 상공부 등에 제출하는 한편, 한국경영자총협회의 의견서에 대한 반박성명서를 발표하면서 기업주 측의 주장에 강력하게 반발하였다. 대표적인 장애인단체인 한국지체장애인협회(회장 장기철)도 1990년 9월 17일 한국경총의 의견을 반박하는 성명서를 발표하면서 정부의 일관성 있는 행정을 촉구하였고, 서장협(서울지역 장애인단체협의회)은 한국경총 등 경제 단체에 방문단을 보내 항의와 설득을 벌이는 등 장애인계의 입장을 강력하게 주장하였다(전준구, 1996: 151-152).

공동대책위원회의 의견서에 포함된 장애인계의 견해 중 주요 내용을 살펴보면, 첫째, 장애인들에게 가장 시급하고 효과적인 재활방법은 바로 고용과 취업이지만 현재 장애인의 실업률은 70%를 넘고 있는 현실을 감안할 때, 노동부가 제시한 2% 정도의 기준고용률은 열악한 취업구조를 개선할 수 없기 때문에 현 실정에 맞추어 5%로 상향조정해야 한다는 것이다. 둘째, 현재 취업 중인 장애인의 90% 이상이 상시 근로자 99명 이하인 사업장인 점을 고려하면, 의무고용제 대상 사업장을 상시 근로자 20인 이상의 사업체까지 확대할 필요성이 있다고 주장하였다. 만일 그렇지 않을 경우, 장애인고용정책은 현실과 전혀 맞지 않는 정책이 됨으로써 결국에는 형식적인 정책으로 전락하여 장애인을 기만하는 결과가 될 것이라고 하였다. 셋째, 직업재활상담원제도와 관련하여, 그동안 기업들이 장애인에 대해 행한 취업거부 사태 등을 종합해 볼 때, 장애인을 10인 이상 고용하지 못하는 사업체가 주류를 이룰 것이 분명하기 때문에 10인 이상의 장애인고용사업체에만 직업생활상담원을 두겠다는 것은 이 법의 본질을 왜곡하고 장애인의 입장을 무시한 채, 기업주의 입장만을 반영하는 것이 되며 법 적용상의 형평원칙에도 어긋난다고 주장하였다.

이러한 경제계와 장애인계의 대립의 와중에서, 노동부의 결정은 보다 강력한 이익집단인 비용부담 집단인 기업 측의 견해를 보다 많이 반영한 형태로 이루어 졌다. 가치의 분배가 실질적으로 결정되는 정책집행단계에서 정책참여자들은 가치분배방식의 결정을 통해 가능한 한 비용부담은 극소화하고 편익은 극대화하려 든다. 장애인고용정책에서 나타나는 기업가적 정치상황의 특성을 고려할 때, 집행 결정에 있어서는 비용부담자인 사용자 측의 영향력이나 관심의 집중도가 수혜자인 장애인 측보다 상대적으로 강하게 나타나고 있다는 점에서 수혜자 측인 장애인의 입장보다는 비용부담자인 사용주 측의 입장을 반영하는 방향으로 결정될 가능성이 높다고 할 것이다. 그에 따라 노동부의 시행령의 최종 결정은 다음 <표 8.1>와 같이 장애인 측의 입장보다는 사용주 측의 주장을 대폭적으로 수용하고 있음을 보여준다.

<표 8.1> 시행령의 결정에 대한 상이한 입장과 노동부의 결정 비교

참여자 쟁점 사항	비용부담자(사업주)	수혜자(장애인)	집행자(노동부)
의무고용대상 사업주의 범위	상시근로자 300인 이상	20인 이상	300인 이상
기준고용률	1%, 경과조치 인정	5%	2%, 경과조치 인정
부담금 기초액	최저임금의 60%	최저임금의 60% 이상	최저임금의 60%
직업생활상담원	임의 규정	장애인근로자 10인 미만 업체에도 적용	10인 이상 고용업체
적용제외업종	광범위, 명시	–	광범위, 명시

자료: 전준구(1996)의 수정·재작성

첫째, 의무고용대상 사업주의 범위의 결정에 있어 비용부담자인 사업주의 입장과 이를 반영한 경제 부처의 주장이 그대로 수용하고 있다. 애초의 노동부는 상시 근로자 100이상의 사업주로 하는 시행령안을 입법예고하였으나, 한국경총과 상공부 및 경제기획원 등 경제관련 부처의 주장에 따라 상시 근로자 300인 이상의 사업주를 의무대상 범위로 결정되었다.

둘째, 기준고용률의 결정[19]에 있어서 상이한 현실적 이유를 근거

---

19) 이러한 장애인고용의무 비율을 어떤 기준에 의해 설정되어야 하는 기준 설정의 원칙으로는 첫째, 장애인의 고용에 충분해야 하며 동시에 사업주에게 필요 이상의 부담이 되어서는 안 되며, 둘째 장애인고용에 충분해야 하며 동시에 비장애인의 고용을 부당하게 압박해서는 안 되고, 셋째 사업주의 사회적 연대 책임 이념에 적합하고, 사업주 간 가능한 불평등이 발생하지 않도록 해야 한다는 것 등이 제시되고 있다. 그러므로 장애인고용 보장을 위해 산업 전체의 현재 총고용량을 기초로 하여 이중에서 차지하는 장애인의 고용량의 비율을 기준으로 하고, 또 양자의 노동시장 비율을 고려하여 일정

로 사용자 측은 법률의 최소수준인 1%를 주장한 반면 장애인 측은 최고수준인 5%의 수준을 주장하였으나, 최종적으로 기준고용률은 2%로 정해짐으로써 장애인 측의 주장보다는 사용자 측의 주장이 보다 많이 반영되었다.

셋째, 부담금 기초액의 결정에 있어서 기업 측의 주장은 법률 규정의 최하한선인 최저임금의 60%를 주장한 반면에 장애인 측에서는 부담금이 실질적으로 장애인의무고용을 강제할 수 있는 수단이 될 수 있도록 최저임금의 60% 이상 수준에서 결정될 것을 요구하였으나, 기업 측의 주장대로 최저임금의 60%로 결정되었다.

넷째, 직업생활상담원의 선임에 있어서는 상시 장애인근로자 10인 이상의 사업장으로 한정함으로써 기업의 50인 이상의 주장보다는 엄격하게 규정되었다.

마지막으로 적용제외업종의 규정과 관련해서도 사용자 측의 주장이 그대로 수용되어 광범위한 업종이 명시적으로 규정될 수 있도록 하였다.

이상에서 살펴본 바와 같이, 정책결정과정에서 포괄적·추상적으로 규정함으로써 잠재된 갈등적 내용들이 정책지침의 결정을 통해 구체화되면서 정책비용부담자인 사업주의 비용을 경감되는 방향으로

기간마다 개선하는 것이 필요하게 된다. 여기서 동일한 고용기회의 보장은 장애인에 대해 일반근로자와 같은 수준에서 고용기회를 확보하는 것이 되어야 한다. 사업주 간의 평등 부담의 원칙에 따라 전 산업에 대한 일률고용률로 하고, 각 사업주가 고용하는 상시 근로자의 수에 따라 같은 비율로 장애인을 고용하는 것이 필요하다. 이런 점에서 기준고용률은 아래의 공식으로 산정될 수 있다. 그렇지만, 여기에서 나타나고 있는 것처럼 기준고용률의 설정은 민감한 이해관계로 인해 정치적으로 결정되기가 쉽다.

$$\text{기준고용률} = \frac{\text{상시 장애인근로자 수} + \text{실업 장애인 수}}{\text{상시 근로자 수} - \text{제외률상당근로자 수} + \text{실업자 수}}$$

결정이 이루어졌다. 이는 특히 장애인의무고용제도의 핵심적 내용이
되는 의무대상 사업주의 범위, 기준고용률, 부담금 기초액의 결정 등
에 대해서 법률이 명확하게 규정하지 않고 애매한 형태로 규정하여
정치적 가시성이 낮은 집행단계로 위임한 결과, 보다 강력한 영향력
을 행사하는 비용부담 집단인 기업 측의 영향력에 의해 본래의 입법
의지가 약화된 낮은 규제수준으로 의무고용제도가 구체화된 것으로
평가될 수 있을 것이다.

<표 8.2> 의무고용제의 핵심 규정에 대한 법률과 시행령의 비교

	법률의 규정	시행령의 규정
의무고용대상 사업주의 범위	일정 수 이상의 근로자로 고용하는 사업주	300인 이상의 상시 근로자를 고용하는 사업주
기준고용률	1 / 100 이상 5 / 100 이내	2%(경과조치 둠)
부담금 기초액	최저임금의 60 / 100 이상	최저임금의 60%

2) 정책이해 집단 간 대립과 갈등

‘장애인고용촉진등에관한법률시행령’의 결정과정에서 기준고용률
을 1%로 하향조정할 것을 주장했던 사업주 측의 주장이 받아들여지
지 않자, 경제단체들은 연속된 집행과정을 통해 지속적으로 집행과
정에서 의무고용제의 완화를 위한 노력을 전개하였다. 기업의 의무
고용제에 대한 불만과 이를 완화하려는 노력은 국제화·개방화를 국
가정책 이념으로 표방하는 김영삼 정부가 들어서면서 본격화되기 시
작하였다. 기업의 국제경쟁력 강화를 국정 목표로 제시한 김영삼 정
부는 원활한 기업 활동과 경제 발전을 도모하기 위해 1993년 6월
‘기업활동규제완화에관한특별조치법’(약칭 규제완화특별조치법)이 제
정하는 등, 이른바 ‘규제완화’의 조치들을 발표했다. 각종 규제완화

조치가 본격화되기 시작한, 1994년 6월 중소기업·협동조합 중앙회에서 개최된 공청회에서는 장애인고용의무제에 따른 고용부담금제가 기업의 경쟁력을 약화시키는 요인이라고 하면서 기준고용률을 현행 2%에서 1%로 낮추어 줄 것을 정부와 여당에 요구하였다. 이러한 기업의 주장은 1994년 7월에 설립된 '행정규제완화민간자문위원회'에 반영되어, 동위원회에서는 각종 법률개정안에 반영될 기업 활동을 규제하는 1,400여 규제완화 항목 중에서 장애인과 국가보훈대상자의 의무고용률을 포함시켰다. 특히 상공자원부는 이러한 기업 측의 지속적인 요구를 수용하여 1994년 7월 장애인 의무고용률 인하 등이 포함된 '규제완화특별조치법 개정안' 초안을 마련하고, 1994년 8월 당정협의회를 갖고 의원입법으로 9월 정기국회에 상정하기로 합의하였다(함께걸음, 1994.12; 1998.5).

그러나 정부의 장애인 의무고용률의 인하 방침이 알려지자 장애인 측은 즉각적으로 대응하기 시작했다. 1994년 8월 19일 한국지체장애인협회 회원들은 민자당과 상공자원부를 항의 방문하였고, 8월 27일에는 전국장애인한가족협회(회장 황광식)를 비롯한 장애인청년단체 회원 등 민자당과 국회를 항의방문하고, 일부는 민자당사에서 단식 농성을 시작하였다. 그리고 부산장애인협회, 장애인권익문제연구소, 장애인복지를 위한 공동대책위원회 등에서는 반박성명서를 내고 의무고용률 하향조정 방침의 철회와 장애인고용 활성화를 위한 근본적 대책을 요구하였다. 그리고 장애인복지를 위한 공동대책위원회는 8월 30일 긴급운영위원회를 소집하고 전 장애인관련단체가 참여하는 '의무고용률 인하 방침 철회와 장애노동권 확보를 위한 범장애인대책기구'의 조직구성이 필요하다는 데 합의하고, 9월 5일 공동대책위원회와 지체장애인협회 등 장애인단체들이 참가하는 범장애인대책기구 결성을 위한 9인 소위원회를 구성하는 등 강력하게 반발하고 나섰다. 이와 같이 장애인단체들의 강력한 반발이 확산되자, 민자당과 상공자원부는 '장애인의 의무고용률 인하 조치는 당정협의를 위한 초안에 불과'하며 '관련 부처인 노동부의 의견에 따라 수정될 수 있을 것'이라는 유보적인 입장으로 물러나게 되었다. 그리고 8월 23일 국회 노동환경위원회는 장애인 의무고용률 인하 조치의 수용불가 입장을 밝혔고, 8월 24일 노동부 '노동행정규제완화위원회'에서도 수용불가 입장을 민자당과 상공자원부에 통보하였다.[20] 이러한 장애인단체의 반발과 노동부 및 국회노동환경위원회의 수용불가 입장이 나타나자, 정부·여당은 9월 2일과 9월 13일 연이어 개최된 당정협의회의 회의결과에 따라 장애인 의무고용률 인하의 개정방침은 철회하게 되었다(함께걸음, 1998.5: 17).

이와 같은 과정을 거쳐 비용부담 집단인 기업주 측의 장애인고용정책에 대한 적극적인 대항은 무위로 끝났지만, 경제계에 유리한 상황적 배경이 조성될 때마다 끊임없이 장애인의무고용제를 폐지하려는 시도를 계속하였다. 즉, 1996년 3월에는 정부의 '중소기업활성화시책'에 힘입어, 중소기업협동조합 중앙회는 의무고용제에 따른 부담금의 납부가 중소기업의 경영난을 더욱 가중시키는 요인이 되고 있으며, 특히 대기업에 비해 상대적 부담이 가중되므로 기업의 경쟁력을 약화시키고 있다고 하면서, 장애인의무고용대상 업체에서 중소기업을 제외시켜줄 것과 2%의 의무고용률을 낮추어 줄 것을 정부에 건의했다. 이어 1996년 5월 전국경제인연합회는 토지·금융·인력·해외투자·공정거래 등 5개 분야에 걸친 '핵심규제완화 100대 과제'

---

20) 노동부의 수용불가 이유를 보면, 첫째 장애인 의무고용률의 인하는 장애인복지정책의 실질적인 후퇴로 장애인계의 반발이 우려되며, 정부에 대한 불신감을 유발시킬 수 있고, 둘째, 현재 장애인 의무고용률은 2%로 규정되어 있으나 적용제외률을 고려하면 실질적으로 전산업의 장애인 의무고용률은 1.5% 정도이므로 의무고용률을 1%로 하향조정함은 입법취지에 배치된다. 셋째, 하향조정을 통한 부담금수입 감소(연간 200억 감소예상)로 '장애인고용촉진사업계획' 추진이 차질이 온다는 것 등으로 밝히고 있다(함께걸음, 1998.5).

를 선정하고 종합규제완화대책을 정부에 촉구하면서, 여기에 의무고
용제가 기업에 엄청난 부담을 주고 있기 때문에 이를 폐지 또는 완
화해 줄 것을 건의하였다(장애인신문, 1996.5.27). 그리고 1996년 12
월 전국경제인연합회는 다시 정부에 제출한 '100대 핵심 규제개혁과
제의 개선현황'이라는 보고서를 통해서 장애인을 포함한 11개 직종
의 의무고용제 폐지를 재건의하였다(함께 걸음, 1998.5). 하지만 이
러한 전국경제인연합회의 건의 내용은 자세히 알려지지 않았기 때문
에 별다른 사회적 파장은 나타나지 않았다.

그러나 한국경제가 급속히 악화되어 IMF 체제가 시작되면서 사용
주 측은 기업의 경영 활성화를 이유로 다시 장애인의무고용제의 철
폐를 주장하기 시작했다. 1996년 12월에 전경련이 정부에 건의한
100개의 규제완화 내용 중 완화조치가 취해진 45건(1998년 2월 현
재) 중 19건은 IMF 체제 이후 취해졌다. 이에 1998년 3월 30일 전
경련은 다시 'IMF 체제 조기극복을 위한 70대 핵심 규제개혁 과제'
라는 제하의 보고서에서 건설·건축, 인력·노사 등의 8개 분야에
걸쳐 현재 기업 활동에 부담이 되는 각 규제들을 보완·철폐하는 방
안을 제시하였는데, 여기에 산업안전보건법 등 각종 법정 의무고용
제도로 인한 기업의 인건비 부담을 증가시키고 자율적인 인력 활용
을 저해하고 있다고 하면서 장애인의무고용제의 폐지를 주장하였다.
이러한 전경련의 건의 내용이 알려지자, 한국장애인단체총연합회와
한국장애인복지공동대책협의회는 즉각적으로 성명서를 내는 등 강력
한 항의가 이어지기 시작했다. 1998년 4월 20일 장애인의 날을 맞이
하여 전국장애인한가족협회를 비롯한 19개 단체들은 전경련회관 앞
에서 '장애인의무고용제 폐지음모 저지를 위한 규탄대회'를 개최하
는 등 적극적인 실력행사에 나서기 시작했다. 장애인단체의 강력한
반발과 여론 악화[21)]에 직면한 전경련은 "건의 내용 중 장애인의무고
용 부분을 넣은 것은 실무자의 실수⋯⋯"라고 하면서 건의를 철회하

고 각종 장애인주간지에 사과광고를 게재하기로 약속함으로써 사태
는 일단락되었다(함께 걸음, 1998. 5: 18-19).

3) 연계고용제의 도입 등을 위한 법 개정과 정책대상 집단의 반응

‘장애인고용촉진등에관한법률’이 제정된 이래 노동부는 정책의 가
시적 성과를 위하여 경증장애인 위주의 장애인고용정책을 전개해 왔
다. 그러나 장애인고용률이 거의 증가되지 않는 등 정책성과가 미흡
하였고, 여기에 중증장애인의 고용문제가 심각하게 제기되기 시작했
다. 이에 노동부는 장애인의 고용촉진을 위한 새로운 방안으로, 중증
장애인의 고용확대와 사업주의 적극적인 고용 유도를 위하여 ‘2배수
고용인정제’(제38조 제2항 단서)와 ‘연계고용제’(제38조 제3항)및 보조
금지원고용제(제37조 4항)의 신설을 도입하는 개정안을 제출하였다.

이러한 노동부의 개정안은 1993년 이후의 규제완화의 흐름 속에
서 지속적으로 나타나는 기업들의 의무고용제에 대한 반발과 고용촉
진사업의 미미한 성과에 대한 비판이라는 곤경상황에서의 대응책으
로 평가될 수 있다. 즉, 중증장애인 1인의 고용을 경증장애인 2인의
고용으로 계산하는 더블카운트 제도인 2배수고용인정제의 도입을 통
해 기업에게는 추가적인 장애인고용의 증가 없이 고용부담금의 부담
을 경감시켜줄 수 있을 뿐만 아니라, 수치상 장애인고용률이 증가되
는 이중적 효과를 거둘 수 있다는 이점이 있고, 연계고용제 또한 중
증장애인의 고용 증가를 기대할 수 있을 뿐 아니라 의무고용사업주
들에게 직접 장애인을 고용하지 않고서 고용부담금을 감면해 주는

---

21) 동아일보가 전경련의 의무고용제 폐지건의와 장애인의 반발이 나타나자 실시
   했던, 장애인의무고용제 폐지에 관한 여론조사에 따르면, 응답자의 70.5%가
   기업의 사회적 책무를 무시한 처사라고 답했고, 60.%가 현행대로 법으로 규제
   해야 한다고 응답한 것으로 나타났다(동아일보, 1998.4.20).

이중의 효과가 있는 것이다. 그리고 보조금지원고용제 역시 기업의 장애인고용의 경제적 부담을 경감시킴으로써 고용 증대효과를 기대할 수 있고, 형식적으로 지금까지 소외되어온 중증장애인을 위한 시책이라는 정당성까지 갖추고 있다는 점에 노동부의 입장에서는 기업주의 반발과 중증장애인의 불만이라는 딜레마를 벗어날 수 있는 좋은 대안이 될 수 있을 것이다.[22]

그러나 이러한 개정안에 대해 경제계와 장애인계는 상이한 입장을 나타내었다. 먼저 비용부담 집단인 사용주 측에서는 대체로 긍정적인 입장을 보였다. 지금까지 정부와 기업의 대립, 기업과 정부의 갈등의 연속선상에서 기업에게만 일방적으로 장애인고용의무를 부과함으로써 실질적인 장애인고용촉진 효과를 거둘 수 없었다고 하면서, 개정안의 연계고용제와 2배수고용인정제, 보조금지원고용제 등은 새로운 제도의 도입으로 기업의 선택 폭을 넓히게 되었다는 점에서 긍정적인 반응을 나타내었다.[23]

반면에 장애인단체들은 이러한 개정안에 대해 전반적으로 강력한 반대 입장을 표명하였는데, 여기서 가장 논란이 되었던 것은 무엇보다 2배수고용인정제와 연계고용제였다. 장애인단체들은 2배수고용인정제는 중증장애인의 고용 활성화를 명분으로 하여 실질적으로 기업의 이익만 배려하는 제도로서 장애인의 인격을 무시한 발상이라는

---

22) 또한 1994년 현재, 중증장애인의 개념이 명확하게 규정되어 있지 않기 때문에, 중증장애인의 범위를 어떻게 규정하느냐에 따라 이러한 제도들이 더욱 큰 효과를 거둘 수도 있다는데, 즉 중증장애인의 범위를 넓게 규정하면 할수록 그로 인해 실질적인 장애인고용률의 증가 없이도 장애인고용의 성과는 커지게 된다는 점에서, 노동부는 기업의 반발을 완화하고 정책성과를 높이는 효과를 거둘 수 있다는 점이다.

23) 이러한 입장은 장애인신문(1995. 7. 3)에 발표된 한국경영자총연합회 직원(법제조사과 김용호 참사)의 견해에서 보다 분명하게 드러나고 있다. 노동부의 개정안에 대해 '장애인고용에 대한 부담을 기업이 선택할 수 있다는 점에서 바람직하며 각 기업으로 하여금 직접 장애인을 고용하도록 하는 것보다 많은 고용을 창출할 수 있을 것으로 예상된다.'고 긍정적인 반응을 보였다.

강력한 반대의 입장을 표시하였다. 그리고 연계고용제에 대해서도 '장애인의 사회통합'이라는 궁극적인 장애인복지정책의 목적에 역행하는 분리고용을 조장하는 것이라고 반대하였다. 하지만 이러한 개정안에 대한 입장표명 과정에서 장애인단체들 간에 분열이 나타나게 되었다. 2배수고용인정제에 대해서는 모든 장애인단체들이 강력한 반대를 표명하였지만, 연계고용제에 대해서는 장애인단체에 따라 반대, 조건부 수용 혹은 유보적 반응이라는 상이한 입장을 보였다. 즉 한국맹인복지연합회, 한국지체장애인협회, 한국청각장애인복지회 등은 연계고용제에 대해서 원칙적으로는 바람직하지 않지만, 현재의 보호작업장(자립작업장) 등 직업재활시설의 열악한 환경을 고려할 때, 연계고용제가 가져올 부정적 파급효과를 감소시키면서 현실적으로 대부분의 중증장애인들이 고용되어 있는 보호작업장 등 직업재활시설의 개선을 위해서는 연계고용제의 도입을 무조건 반대하기란 어렵다는 유보적 혹은 조건부 수용의 입장을 보였다. 이에 대해 '장애인복지를위한공동대책위원회'는 노동부의 개정안에 대한 "중증장애인의 고용률 확대라는 미명아래 장애인의 분리고용을 펴는 것이며, 사회통합의 원칙에 위배될 뿐 아니라 장애인의 인권침해의 소지를 가지고 있고, 인간의 가치를 경제적으로 환산하려는 논리를 가진 개악 중의 개악"이라고 강력하게 비판하였다. 이와 같이 장애인단체들 간의 상이한 입장 표명은 연계고용제에 따른 편익의 수혜자가 달라지기 때문이다. 즉 장애의 개념에서 논의한 바와 같이는 장애의 유형과 정도에 따라 서로 다른 결과가 초래되기 때문에 연계고용제의 수혜 가능성이 높은 장애인단체들은 보다 유보적인 태도를 나타내었던 것이다.

이러한 대립적 상황 속에서 장애인고용촉진법률개정안은 1994년 10월 7일 국회에 이송되었다. 그러나 환경노동위원회 법안심의소위원회의 심의 과정에서는 '중증장애인' 개념 정의가 불확실한 상황에서

2배수고용인정제와 보조금지원고용제는 장애인의 인권침해의 소지가 있다는 이유로 삭제되었고, 노동부에 장애인의 분리고용 및 인권 침해가 발생하지 않도록 재활시설 등에 대한 철저한 관리를 하도록 다짐하고 연계고용제에 관한 개정안만을 인정하는 개정안을 환경위원회에서 결의하고, 1995년 7월 15일 국회본회의를 통과하게 되었다.

3. 장애인고용정책 집행정치의 특성

정치적 과정으로서 장애인고용정책의 집행과정은 집행자, 정책수혜자, 정책비용부담자로 구성되는 정책집행의 삼각형을 구성하고 있다. 이 집행의 삼각형이 틀을 통해 앞에서 집행과정이 누구에 의해 또는 어떤 힘에 의해 영향을 받는지에 대해 알 수 있었다.

이러한 장애인고용정책의 집행의 정치과정에 대한 고찰을 통해 다음과 같은 사실을 알게 되었다.

첫째, 정책결정과정에서 정책내용이 포괄적·추상적으로 규정되고 잠재적 갈등이 봉합한 채로 정책집행단계로 구체적 수단의 결정이 위임됨으로써, 비용부담자인 사업주의 비용부담을 회피하고자 하는 적극적인 시도에 의해 정책집행과정이 영향을 받게 되었다는 점이다. 의무고용제와 부담금제와 같은 강력한 규제수단과 아울러 정책유인수단을 통해서 장애인고용의 촉진이라는 정책목적이 달성될 수 있음에도, 정책지침의 결정과정에서 사업주의 부담이 경감되는 방향으로 결정이 이루어졌다. 이는 특히 장애인의무고용제도의 핵심적 내용이라 할 수 있는 의무대상 사업주의 범위, 기준고용률, 부담금 기초액의 결정 등에 대해서 정책결정단계에서 명확하게 규정하지 않고 애매한 형태로 정치적 가시성이 낮은 집행단계로 위임된 결과, 보다 강력한 영향력을 행사하는 비용부담 집단인 기업 측의 영향력에 의해 본래의 입법의지를 약화시키는 낮은 규제수준의 정책으로 구체화된 것으로 분석된다.

둘째, 정부개입의 성과는 정책의 도입 및 하위 프로그램에 대한 정책참여자들의 반응에 의해 영향을 받게 된다. 정책이 강력한 정치적 지지를 받으면서 채택되었는가, 아니면 정치적 갈등상태나 반대의견의 합의라는 형식으로 채택되었는가 그리고 정책대상 집단의 지지와 협조가 확보되었는가 하는 것이 정책의 형성뿐만 아니라 집행과정에서 많은 영향을 미치게 된다. 만일 주요 이익집단이 처음부터 계속 반대해 오고 있는 것이라면 그 정책집행에 대한 정치적 지지는 약화될 것이다. 그리고 정책결정과정에서 해결되지 못하거나 일시적으로 봉합된 갈등은 그 정책집행과정에 대한 불확실성을 낳게 되고, 집행단계에서 집행기관 및 기타 정부기관의 활동에 영향을 미치게 될 것이다. 장애인고용정책집행과정에 있어서도 비용부담 집단인 사업주들에게 순부담을 증가시키는 장애인고용정책은 사업주들에게 적대적인 반응을 나타내게 하였으며, 집행과정을 전반에 걸쳐 장애인의무고용에 따른 비용부담에 대해 끊임없이 문제제기를 하였고 기회가 주어질 때마다 의무고용제를 완화 또는 폐지하고자 하는 노력을 시도하였음을 보았다. 따라서 정책대상 집단인 고용주들의 행태 변화(즉 정책순응)가 없이는 실질적인 집행성과를 거두기 어려운 장애인고용정책에 있어서, 고용주들의 부정적 태도는 정책집행을 곤란하게 만든 요인을 작용하였다.

셋째, 사업주의 정책에 대한 소극적·적극적으로 전개되는 부정적 반응에 대응하여 정부(노동부 및 기타 관련 부처를 포함하여)는 사업주 측의 비용부담을 완화해 주는 방향으로 정책을 전개해 나갔다. 정책집행과정에서 지속적인 기업의 반발에 따른 노동부의 집행성향은 적대적 규제성향보다는 점차 친기업 성향을 띠게 되었음을 확인할 수 있었다. 이는 특히 2배수고용인정제와 연계고용제도를 도입하고자 한 노동부의 행태에서 정책집행의 성과와 대한 관료제적 관심과 대상 집단과의 적대적 관계를 회피하고 우호적 관계를 유지하려는 관료들의 성향으로 설명될 수 있을 것이다.

끝으로 법 개정 과정에서 보여주고 있는 것처럼 장애인고용정책의 집행과정을 통해 점점 조직적인 이익투입활동을 강화해 나감으로써 Wilson의 기업가적 정치상황에서 이익집단정치상황으로 전개되고 있음을 보여주고 있다. 특히 장애인 측의 대응과정에서 장애인단체들에 의해 일치된 반대 견해를 나타냈던 2배수고용제와 조금지원고용제는 법의 개정과정에서 장애인계의 입장이 그대로 반영되어 삭제되었지만, 장애인단체 간에 상반된 견해를 보였던 연계고용제의 경우는 노동부의 의도대로 입법화되었다는 사실에서, 특정 정책대상 집단이 얼마나 조직화된 힘을 행사할 수 있느냐에 따라 그 결과가 달라질 수 있음을 시사하고 있다.

한편, 정책집행과정에 있어 정책관련자들의 이익투입 등의 구체적인 정책반응 혹은 대응행동이 특정한 환경적 요인에 의해 영향을 받게 되며, 그에 따라 실질적으로 집행전략 및 구체적인 수단의 결정 및 그에 대한 정책대상 집단의 반응이 영향을 받기도 한다. 앞에서 살펴본 바와 같이 장애인고용정책의 결정단계의 상황적 요인의 영향으로는 여소야대의 정치구조와 경제적 호황, 서울올림픽 개최 등의 사회적 사건과 국제적 압력 등의 영향과 장애인단체의 조직적 세력화 등에 의해 기존의 정책적 노선과 상이한 장애인고용촉진법의 입법화를 가능하게 하였다. 그러나 집행단계에서의 변화된 상황－즉 1990년대의 변화된 정치, 사회, 경제적 상황－은 집행과정에 상이한 영향을 미치게 되었다. 특히 구체적인 정책지침이 결정되고 장애인고용정책체계가 구성되는 과정에서 경제적 상황이 악화됨으로써 복지지향성보다는 경제지향적 정부 부처의 압력과 기업의 주장이 옹호될 수 있는 상황이 펼쳐짐으로써 구체적인 정책도구의 결정이 정책

수혜자인 장애인의 이익보다 비용부담자인 기업의 이익이 실현되는
-또는 기업의 부담이 경감되는-쪽으로 영향을 미쳤다. 그러나 의
무고용대상 사업주의 부담금 납부의 선택이라는 부정적 정책반응은
결국 기업의 부담 증가를 불가피하게 만들었고, 그에 따라 사업주들
은 여전히 정책에 대한 적대적 태도를 유지하게 되었다. 그리고 이
러한 사업주들의 잠재적 불만은 상황적 요인의 변화, 특히 경제계에
유리한 상황이 전개될 때마다 의무고용제의 철폐를 위한 시도로 나
타났다. 따라서 상황적 요인은 정책대상자들의 정책반응을 나타내는
데 제약조건으로 작용하기도 하고, 자신의 입장을 정당화하거나 강
화시키는 상황적 조건이 됨으로써 집행과정에 영향을 미치는 요인이
라는 것을 보여주고 있다.

제9장
장애인고용정책의 집행체계

1990년 12월 31일 장애인고용촉진등에관한법률시행령이 제정·공포되고 이어서 관련세부규정을 제정됨에 따라 주무 부처인 노동부에 의해 장애인고용정책집행을 위한 집행체계가 구체화되기 시작했다. 당시의 장애인고용정책의 집행체계를 살펴보면, 주무 부처인 노동부에 장애인고용촉진위원회(위원장: 노동부 차관)를 두어 장애인고용촉진을 위한 기본계획 및 중요 사항의 심의하도록 하고 있다(노동부, 1993: 162). 위원회는 근로자를 대표하는 자, 사업주를 대표하는 자, 장애인에 관하여 학식과 경험이 풍부한 자 및 관련 부처 공무원 등 20이내의 위원으로 구성되었다. 그런데 위원회의 운영 결과를 보면 주로 상징적이고 형식적인 성격의 강한 기구임을 알 수 있다.[24] 매년 평균 4차례의 위원회를 개최하여 장애인고용촉진등에관한 벌률 관련 규정(안)의 심의, 장애인고용촉진사업의 기본계획 심의, 장애인고용촉진기금의 운영계획 심의, 부담금 기초액의 심의, 장애인고용촉

[24) 장애인고용촉진위원회의 구성은 노동부, 산업자원부, 보건복지부, 교육부, 예산청 등 장애인관련 업무의 담당국장들, 노총 및 경총의 담당자들, 각 장애유형별 대표자들, 그리고 학계 전문가들로 구성되어 자문역할을 하고 있다. 그런데 위원장이 노동부 차관으로 되어 있어 주로 노동부에서 개발 혹은 변화된 프로그램에 대한 추인을 하는 것이 주 업무가 되고 있다(이성규, 1998: 279).

진기금의 결산 심의 및 장애인고용촉진사업추진상황을 보고 받고 있다. 그러나 회의결과를 보면 거의 대부분이 원안대로 통과하고 있으며, 더구나 서면 심의가 대부분이다(특히 1995, 1997년, 1998년도에는 4차례 회의가 모두 서면심의로 이루어짐).

따라서 실질적인 집행체계의 구성은 장애인고용정책의 주무 부처인 노동부의 장애인고용과 및 직업안정과, 전문적 장애인고용촉진사업의 집행기구인 한국장애인고용촉진공단으로 파악될 수 있다. 장애인이 직업생활을 통해 자립할 수 있도록 지원하고 광범위하고 이질적인 성격이 포함된 장애인고용정책의 효율적이고 원활한 수행을 도모하기 위해, 노동부에서는 장애인고용의무제도 이행지도, 부담금 징수, 지원금, 장려금 지급 및 종합 정책을 실시하는 반면, 장애인고용촉진공단은 장애인 전문직업재활에 있어서 직업능력평가, 직업소개, 취업알선, 상담, 직업정보제공, 직업적응훈련, 시설장비 개보수 기술지도, 홍보·교육 등의 사업을 전문적으로 추진하도록 하는 이원적 집행체계를 가지고 있다. 장애인고용정책을 위한 노동부 산하 장애인 정책 집행체계를 살펴보면 다음 <그림 9.1>과 같다.

<그림 9.1> 노동부 산하 장애인고용정책의 집행체계(1999년 12월말 현재)

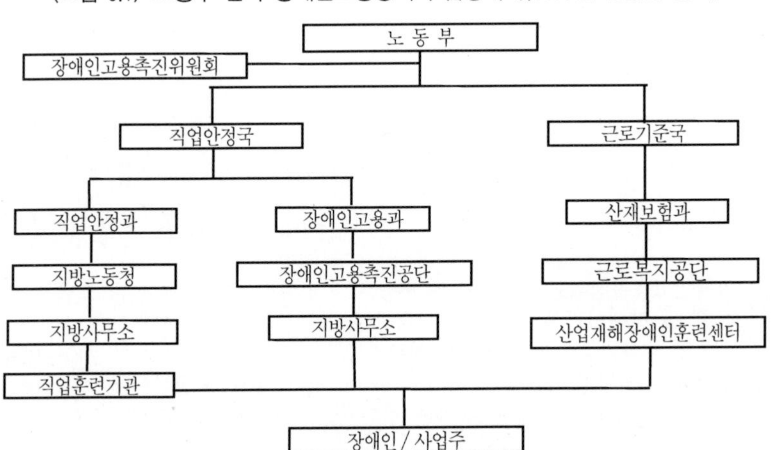

1. 노동부 장애인고용촉진과의 설치와 주요 업무

장애인고용정책의 집행을 위한 준비단계로서 노동부는 1990년 1월 30일 행정사무관 1명, 전문직 2명, 기능직 2명으로 구성되는 '장애인고용촉진기획단'을 설치하여 장애인 문제 전문가의 파악, 장애인 유명인사 파악, 장애인고용촉진공단 설립예산 확보, 고용촉진법 시행령 및 시행규칙 제정에 필요한 기초 자료의 수집 및 각계의 의견 수렴 등을 시안을 준비하였다. 그리고 1990년 8월 1일에는 '장애인고용촉진과'를 한시적으로 설치하고 장애인고용촉진기획단의 업무를 인수하여 고용촉진법 시행에 필요한 제반 준비를 추진하였다. 1991년 3월 25일에는 노동부의 직제 개편에 따라 장애인고용촉진과를 해체하면서 직업안정국 소속으로 '장애인고용과'를 새로 설치하고 장애인고용촉진법에 의한 고용정책을 수립하고 지방노동청과 지방노동사무소를 통하여 고용시책 업무를 수행하기 시작하였다(노동부, 1991: 133-134).

장애인고용촉진법의 내용이 구체화되는 관련규정 수립 경과를 살펴보면 다음과 같다. 먼저, 노동부는 장애인고용촉진법 제38조의 기준고용률을 미달성하는 사업주에 대해 고용부담금을 부과하기 위하여, 1992년 3월 3일자로 '장애인고용부담금 관련 업무처리 지침'을 시달함과 동시에 동년 4월 9일자로 '장애인고용 정산지침'을 시달함으로써 부담금 기초액을 최저임금의 60% 이상으로 결정한 고용부담금제도를 시행하였다. 둘째, 장애인고용촉진법 제37조에 의거하여 노동부는 기준고용률을 초과 달성하는 사업주에 대한 지원제도를 구체화하기 시작했다. 이를 위해 1991년 10월 21일 '장애인고용 지원금 및 장려금의 지급기준'을 고시하고, 1992년 7월 10일에는 '장애인 고용촉진기금의 융자에 관한 규정'을 제정함으로써, 1992년부터 기준고용률 초과 달성 사업주에 대한 지원정책을 실시하였다(노동부, 1992: 130-131).

셋째, 장애인고용촉진법 제47조에 의거하여 노동부는 장애인고용촉진공단의 운영, 사업주에 대한 지원금 및 장려금의 지원 등 장애인고용촉진사업을 수행하기 위한 고용촉진기금 조성 방안을 수립했다. 먼저, 노동부는 재무부와의 협의를 거쳐 1990년 9월 7일에 기금계정을 설정하였으며, 1990년 9월 12일에 한국은행에 기금계좌를 설정하고 회계직 공무원을 임명하여 기금설치를 완료했다. 그리고 1990년 9월 20일 장애인고용촉진기금 운영계획을 수립하고 고용촉진기금 조성업무를 시작했다. 장애인고용촉진기금을 보면, 먼저 기금의 재원은 ① 정부 또는 정부 외의 자로부터의 출연금,25) ② 사업주의 부담금, ③ 기금운영 수입금과 기타 공단의 수입금, ④ 노동부 장관의 승인을 얻은 차입금 등으로 하고, 그 용도로는 ① 공단사업 수행에 필요한 경비, ② 지원금 및 장려금 지급, ③ 사업주의 장애인고용을 위한 비용 및 경비에 대한 융자, ④ 장애인 교육훈련기관에 대한 보조금, ⑤ 기타 장애인고용촉진에 필요한 사업 등에 소요되고 있다(노동부, 1994: 163).

넷째, 장애인고용촉진법 제7조와 제8조에 의거한 직업훈련사업의 실시를 위해 노동부는 1991년 1월 1일자로 한국산업인력관리공단 산하의 일산장애인종합직업훈련원을 한국장애인고용촉진공단으로 이관하여 운영하도록 하고, 덕산직업훈련원과 삼육장애인재활원 등 장애인 직업훈련을 지원하는 사업을 시작하였다. 그리고 직업지도 정책으로 직업평가와 직업적응훈련을 일산장애인직업훈련원에서 3주간에 걸쳐 일률적으로 실시하고 있다(노동부, 1995: 152). 또한 1994년에는 산업인력관리공단 산하의 24개 일반직업훈련 시설에 장애인

---

25) 그러나 기금조성을 위해 정부는 1992년도에 10%(26억 3천만 원), 1993년도에는 1.9%(9억 원)를 각각 출현했는데, 현재 우리나라의 경제수준과 비슷했던 1960~1970년대의 선진국들(미국, 스웨덴, 네덜란드, 영국 등)이 정부부담으로 장애인고용을 위해 기금을 조성한 것과 비교해 볼 때, 장애인고용정책을 집행을 위해 매우 미약한 투자를 한 것으로 평가된다(재활재단, 1997).

통합훈련을 활성화시키기 위한 지원사업과 보건복지부 산하의 근로시설과 자립작업장 등의 54개 시설에 대한 연차적 지원정책을 수립했다. 또한 교육부 산하의 고교과정 특수학교 75개소 중에서 전국 10개 주요 지역(서울, 부산, 대구, 대구, 대전, 인천, 광주, 전북, 강원, 제주, 경기)의 부지활용이 가능한 특수학교를 선정하여 직업훈련 시범학교 설립을 위한 지원시책을 수립하는 한편, 시범학교가 설립되지 않은 주요 도시지역의 10개 교를 선정하여 직업훈련공과 설치를 위한 지원시책을 수립, 실시하였다.

2. 장애인고용촉진공단의 설립 및 운영

1) 장애인고용촉진공단의 설립과 발전

한국장애인고용촉진공단은 장애인고용촉진법 제12조에 의거하여 장애인의 고용촉진과 직업안정을 지원하기 위해 1990년 9월 1일 노동부 산하에 정부출연기관으로 설립되었다. 공단의 설립과정을 보면, 1990년 3월 20일에 노동부 차관, 직업안전국장, 직업훈련국장으로 공단설립위원회를 구성하여 공단 설립에 필요한 예산을 1990년도 분으로 10억 원, 1991년도 분으로 12억 8천6백만 원을 확보하고, 1990년 7월 23일 노동부의 공무원 18명으로 공단설립 실무작업반을 편성하여 본격적인 설립 작업에 착수하였다.

제1차 설립위원회(1990년 8월 24일)에서는 정관을 의결하고, 1990년 8월 17일 노동부 장관으로부터 정관인가를 받은 후에, 1990년 8월 27일에 장애인고용촉진공단 이사장으로 고귀남('88 장애자올림픽 조직위원장)을 임명하였다. 그리고 제2차 설립위원회(1990년 8월 28일)에서는 장애인고용촉진공단의 직제규정 등 8개 규정안을 의결하고, 1990년 8월 31일에 비상근 이사 9명을 임명한 후 1990년 9월 17일에 공단설립등기를 완료했다.

1990년 설립초기에는 24명의 인원(이사장, 기획관리이사 등 임원 2명, 직원 22명)으로 경기도 과천시에서 업무를 시작하였다.[26] 이때에는 공단설립에 따른 기본인력을 충원하고 청사를 확보하는 등 조직의 골격을 확보하고 유지하는 일이 우선되었고, 직원에 대한 직무교육의 실시, 직업정보지 및 장애인고용관리와 직장환경개선 지도서 등의 발행, 장애인직업재활기관의 실태조사 등 장애인고용촉진을 위한 기본적이고 예비적인 업무를 추진하였다((노동부, 1991: 133-134).

〈그림 9.2〉 한국장애인고용촉진공단의 기구(1999년 12월말 현재)

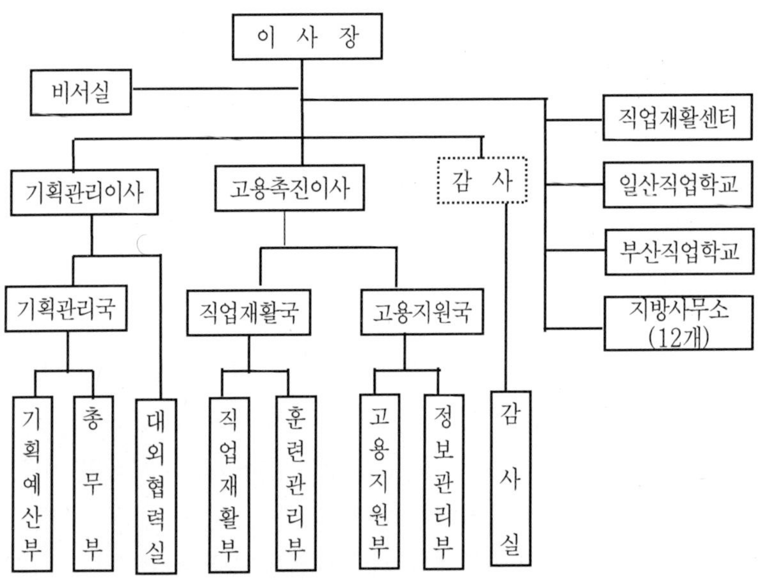

---

26) 1993년 11월에는 과천에 공단본부가 소재함으로써 장애인들의 이동성을 고려할 때, 공단 접근 가능성이 어렵다는 점을 고려하여 지하철 서울역과 연계되는 벽산빌딩으로 공단본부를 이관하였다.

1991년 후반에는 임원으로 고용촉진이사와 기술연구이사, 감사가 추가되어 5명의 임원진을 갖추게 되었고, 조직구조도 점차 분화되기 시작하여, 1995년 말에는 5임원 4부 2실 11과, 임직원 314명으로 크게 확대되었다. 1999년 8월말 현재 공단의 조직구조를 보면, 공단본부는 3임원 3국 3실 6부로 구성되어 있으며, 산하기관으로 1센터, 2직업전문학교가 설치되어 있고, 12개의 지방사무소가 설립되어 있다. 공단본부의 경우 1997년에는 4임원 4부 2실 10부, 임직원 337명으로 규모가 꾸준히 확대되어왔다. 그러나 조직이 지나치게 세분화되어 상위직 과다현상과 부서 간 업무중복 등의 문제로 인해 조직이 비효율적으로 운영되고 있다는 점 등이 지적되어 1998년 공단경영혁신 조치에 따라 조직구조가 3임원 3국 3실 6부로 기구가 축소되었고, 임직원 수도 정원 280명으로 감축되었다(http://www.molab.go.kr).

<표 9.1> 한국장애인고용촉진공단 임직원 수

(단위: 명, 1999년 8월말 현재)

구 분	계	임 원	별정직	일반직	연구직	교사직	기능직
정 원	280	3	6	181	8	39	43
현 원	276	3	5	183	8	40	37

자료: 한국고용촉진공단, 1999, 업무현황보고.

장애인고용촉진공단이 수행하고 있는 업무를 보면, 장애인고용촉진법 제12조에 따라 공단은 ① 장애인의 고용에 관한 정보의 수집·분석·제공 및 직업소개, ② 장애인의 고용촉진 및 직업재활에 관한 조사·연구, ③ 장애인 적응훈련 및 장애인 직업생활상담원 양성·연수, ④ 사업주와 관계기관에 대한 직업재활 및 고용관리에 관한 기술적 사항의 지도·지원, ⑤ 장애인에 대한 적성검사·직업지도·평가, 기타 직업에 필요한 지식과 기능교육, ⑥ 장애인 직업훈련원 및 장애인 표준사업장 운영, ⑦ 장애인고용촉진을 위한 홍보·교육 및 장애인 기능경기대회 등 관련사업, ⑧ 기타 장애인의 고용촉진을 위하여 필요한 사업 및 노동부 장관 또는 중앙 행정기관의 장이 위탁하는 사업 등의 직업상담, 취업알선, 교육홍보, 직업훈련, 기금지원 및 융자, 조사연구 등의 사업을 수행하고 있다.

2) 장애인고용촉진공단 지방사무소의 설립·확대

장애인고용촉진공단이 설립된 이후 고용촉진사업의 전국적 확대와 활성화를 위해 1993년도부터 지방사무소를 연차계획을 세워 설립하기 시작했다. 1993년 4월 1일에 부산사무소, 1993년 7월 1일에 인천사무소, 광주사무소 및 대전사무소를 설치하고, 1994년 5월 1일에 수원사무소, 1994년 7월 1일에 대구사무소, 전주사무소, 1995년 4월 1일 서울사무소, 1995년 11월 1일 창원사무소, 원주사무소, 1996년 3월 25일 청주사무소, 1997년 2월 1일 서울남부사무소 등을 설립하여 1999년 12월 현재 12개의 지방사무소가 설립·운영되고 있다.

장애인고용촉진공단 지방사무소의 구조는 직업재활부와 고용촉진부의 2개 부로 구성되어 있는데, 직업재활부는 ① 구직 상담, 취업알선 및 사후적응지도 등 취업관리, ② 정신지체인의 직업영역 개발을 위한 정신지체인 직업영역 확대, ③ 장애인의 직업적응을 도와주는 적응훈련, ④ 직업정보 수집·제공, ⑤ 구인 상담, 취업알선 및 사후적응지도 등 고용관리를 담당하며, 고용촉진부는 ① 기금지원 및 융자사업, ② 장애인복지공장설립자금 지원, ③ 장애인고용시설자금 무상지원 및 융자, ④ 장애인고용보조금 지급, ⑤ 장애인통근차량구입자금 융자, ⑥ 장애인고용관련특별비용 지원, ⑦ 장애인직업재활시설 지원, ⑧ 직업능력개발사업, ⑨ 기능경기대회 개최 등의 업무를 담당하고 있다(http://www.kepad.or.kr/).

3)직업훈련기관의 설립

직업훈련은 장애인직업능력 개발을 위한 직업평가와 직업적응훈련의 연속선상에서 고용촉진을 위해 실시되는 필수적인 과정이다. 현재 우리나라에서 인가된 장애인직업훈련기관에는 공공직업훈련원과 민간 인정직업훈련원이 있다.[27] 그러나 전문직업훈련기관으로는 일산장애인종합직업훈련원(1994년부터 '일산직업전문학교'로 명칭 변경)이 유일하며, 이는 1991년 3월 '산업인력관리공단' 산하에 설립되어 운영되어오다가 동년 9월 1일 장애인고용촉진공단의 설립에 따라 1992년 1월 1일부터 장애인고용촉진공단으로 이관되었다. 일산직업훈련원에서는 1년 과정의 기능사 양성과정으로 정밀기계공과, 전자공과, 의상공과, 인쇄공과, 귀금속공예과, 목칠공예공과, 사무자동화공과 등 7개 공과를 운영하고 있으나 장애인작업훈련의 수요를 감당하기에는 역부족이었다. 그에 따라 장애인 기능인력화를 위한 직업훈련 수요의 부응 및 직업전문훈련시설 확대의 필요성에 따라 1997년 11월 14일부터 부산직업전문학교가 설립(1999년 8월말 현재 공정률 58.6%)되고, 1999년 9월 22일에는 대전직업전문학교 설립(1999년 8월말 현재 공정률 82.6%)되고 있으며, 추가로 1999년 8월말 현재 전남직업전문학교와 대구직업전문학교가 건립계획 중에 있다(한국장

---

27) 1952년 사회복지법인으로 인가를 받은 삼육아동불구원은 1957년에 복지시설로는 처음으로 직업보도실을 마련하였고, 그 후 1969년에 목공예과, 시계공과, 양재과, 편물과 등을 훈련공과를 한 삼육재활원 부설 '직업보도부'로 승격되었다. 1978년 삼육재활원 부설 '직업보도부'는 노동부로부터 인정직업훈련원으로 인가를 받아, 1979년 전자복지공장을 설치하여 노동부와 보건복지부로부터 지원을 받고 있다. 그 외에 중증장애인을 위한 보호공장으로 안산재활훈련원(1985년 5월)과, 광주재활훈련원(1992년 11월)이 설립되어 산업재해장애인을 대상으로 직업훈련을 실시하고 있으며, 1992년 12월에는 '안산자립작업장'을 설립하고, 요양을 종결한 장애인 중 산재장애 1-7급 근로자의 자립의지와 자립능력을 개발하는 직업훈련을 실시하고 있다(한국재활재단, 1997: 309-313).

애인고용촉진공단, 1999: 21-23).

한편, 장애인의 잠재능력 개발에 관한 기초 연구에서 심층적인 연구개발 기능과 현장적응 지도에 이르기까지 체계적인 지원기능이 필요성과 중증장애인에 대한 전문훈련시설의 부족 및 직업재활 관련 전문 인력의 양성과 연수시설이 전무, 그리고 중증장애인에 대한 전문 연구기관의 결여로 체계적이고 지속적인 서비스 제공이 미흡하다는 문제 인식과, 장애인고용촉진 및 직업재활업무를 효율적으로 수행하기 위하여 고도의 전문화된 기능을 지닌 직업재활센터의 확보가 시급하다는 인식하에 직업재활종합센터(가칭)가 건립 중(1999년 8월말 현재 공정률 78.9%)에 있다. 직업종합센터는 ① 장애인 직업재활에 관한 심층적인 연구, 개발로 서비스의 질적 향상과 직업재활, ② 전문 인력의 양성 및 연수로 저변확대와 선진화 도모, ③ 사회 변화에 따른 재활기술의 개발과 관련기관의 기술적 지도 및 다양한 정보 제공으로 직업재활에 관한 중추적 역할 수행, ④ 중증장애인에 대한 직업훈련으로 잠재된 직업능력 개발과 향상을 통해 장애인의 직업생활 안정 및 경제적 자립 유도를 목적으로 하고 있다(한국장애인고용촉진공단, 1999: 21).

<표 9.2> 장애인직업훈련시설 건립추진 현황

(1999년 8월말 현재)

구 분	훈련 정원	개원 목표 시기
계	710명	
직업재활종합센터	120명	2,000년 1월
부산직업전문학교	200명	2000년 하반기
대전직업전문학교	150명	2000년 3월
전남직업전문학교	90명	2002년 3월
대구직업전문학교	150명	2002년 3월

자료: 한국장애인고용촉진공단, 1999, 업무현황보고.

한편, 장애인 개인의 노동능력에 대한 종합적인 평가결과에 따라 적절한 직업을 선택하도록 하고, 올바른 직업관 정립과 직업적응을 위한 직업적응훈련은 직업재활의 기초적 과정으로 인정되고 있다. 한국장애인재활협회에서 실시해 오던 본 직업적응훈련이 1991년 장애인고용촉진공단의 설립에 따라 노동부가 직업훈련기준을 제정하여 4주 과정으로 장애인고용촉진공단이 직접 실시하고 있다.28) 그리고 취업을 희망하는 장애인에 대한 전문적인 직업능력평가를 위하여 1997년 8월 1일 서울남부사무소와 9월 2일 부산사무소에 직업능력평가센터 부설되었고, 1998년 12월 1일에는 광주사무소와 대전사무소에 부설 직업능력평가센터가 설치되었다.

3. 장애인고용촉진공단의 위상

'장애인고용촉진등에관한법률'의 제정 당시부터 장애인고용정책의 효율적 집행을 위해 새로운 집행기관을 설치할 필요성이 인정되어, 장애인고용촉진공단의 설립을 명문으로 규정하였다. 이는 장애인고용정책의 핵심 수단인 장애인고용의무제도가 노동부의 근로감독권에 기초할 때 성공적으로 집행될 수 있다는 논거에서 주무 부처가 노동부로 결정되었지만, 노동부 산하의 다른 조직과 성격이 다른 장애인고용촉진을 위한 업무-특히, 직업재활서비스의 제공-의 수행을 위해서는 특수법인을 설립하여 전담해야 할 필요성이 있다고 보았기 때문이다. 그러나 공단 설립의 필요성에 대해서는 정책과정의 거의

---

28) 1986년부터 매년 보건복지부는 장애인 직업교육을 '한국장애인재활협회'에 위탁하여 실시했다. 본 직업교육은 구직 장애인을 대상으로 직업관 확립을 위해 1주간 합숙교육으로 실시했으나 이를 좀더 내실 있게 하기 위하여 적응훈련으로 전환하여 1990년까지 실시해 왔다(한국재활재단, 1997).

모든 참여자들 간 합의가 어느 정도 쉽게 이루어질 수 있었으나, 공단을 구성하는 임원진의 자격과 충원 방식에 대해서는 매우 큰 이견을 보였다. 특히 공단 구성에 대해 이익수혜자인 장애인계는 공단의 정치적 중립성과 전문성의 문제에 대해 정부·여당과 상당한 견해차이를 나타내고 있었다.

1989년 장애인고용촉진법의 제정 등을 위해 장애인단체들로 구성된 '공동대책위원회'는 공단의 정치적 중립성과 전문성의 확보를 위하여 공단 임직원자격에 관한 규정을 법률에 명시할 것을 주장했는데, 그 제안의 주요 골자는 공단의 임원 자격으로 정당을 탈퇴한 지 3년 이상, 공무원 퇴직 후 2년 이상, 군 퇴역 후 3년 이상이 된 자로 제한하자는 것이었다. 이는 당시 기존의 다른 공단ー예를 들면, 의료보험공단ー의 임원들이 퇴직 군인, 퇴직 관료 혹은 여당 출신 정치인 등으로 구성되어 각종 비리와 비능률적 운영으로 만년 적자 상태를 벗어나지 못하고 있는 폐단을 미연에 방지하고, 실질적으로 장애인 문제에 애정과 관심을 가지고 있는 인사들과 전문가들이 공단 운영에 참여할 수 있는 기회를 보장하자는 의도였다. 그러나 이러한 공대위의 공단 임원자격제한요건 규정의 요구는 당시 공단 임원의 인사 관행으로 볼 때, 여당이나 정부ー특히 주무 부처인 노동부ー의 이익과 상반되는 것이었다고 평가되고 있다(전준구, 1996).[29]

결국 장애인고용촉진등에관한법률에는 공단임원자격에 대해 "상근·비상근 이사 중에서 1/3이상은 장애인이어야 한다."는 애매한

---

29) 전준구(1996)에 따르면, 이러한 측면은 당시 대표적인 공단인 의료보험조합의 임원 구성을 통해 유추될 수 있다고 한다. 즉 1989년 현재 직장 및 지역의료보험의 기관장과 간부들의 출신배경을 보면, 군 출신(15.4%) 및 관료 출신(44.1%)과 여당 정치인(29.4%)들이 장악하고 있어 전문성이 결여된 인사의 정치적 임용이 뚜렷이 나타나고 있다는 것이다(동아일보, 1988년 3월 8일자; 한겨레신문, 1989년 11월 21자 참고). 이런 점에서 공단의 임원자격 제한을 주장하는 공대위의 주장은 정부와 여당의 이익에 상당히 배치는 되는 것이었다는 해석이 가능할 것이다.

규정만 두게 되었고, 공대위에서 요구한 임직원 임용의 제한규정은 받아들여지지 않았다. 그리고 이사 임용에 있어 장애인 할당을 위한 이 규정 또한 "상근·비상근 이사 중 1/3이상"이라고 함으로써 실질적으로 장애인고용촉진공단의 운영에 영향을 미칠 수 있는 상근이사의 임용에서는 장애인 인사가 배제될 수 있는 상징적 규정이 되었다. 이러한 측면은 장애인고용촉진공단의 역대 이사장의 출신 배경에서도 드러나고 있는데, 제3대 이사장을 제외하고는 모두 노동부 관료 출신이거나 정치인들이라는 점이다.[30] 그리고 공단의 고위간부 대부분이 낙하산 인사이며 중견간부들도 노동부 근로감독관 출신들이 많다는 점[31]은 장애인고용촉진공단의 독립성이나 정치적 중립성의 확보에 문제가 있는 것으로 평가될 수 있다. 특히, 정책집행에 영향을 미치는 중요한 요인 중 하나가 정책집행 주체의 성격이라고 할 때, 집행기관의 독립성이나 전문성 확보는 집행과정에서 중요한 영향을 미칠 수 있다. 따라서 이와 같은 노동부에 대한 장애인고용촉진공단의 종속적 지위의 위상 및 공단 인적 구성상의 전문성 결여는 장애인고용촉진업무의 전문적인 수행에 있어 장애 요인으로 작용한 것으로 평가된다.

---

30) 역대 장애인고용촉진공단의 이사장의 취임 전 주요 경력은 다음과 같다.

구 분	성 명	주요 경력
제1대 이사장	고귀남	정치인: 민자당 국회의원
제2대 이사장	김창지	관 료: 노동부 기획관리실장
제3대 이사장	황연대	장애계 인사: 정립회관 관장
제4대 이사장	안성혁	정치인: 대통령 비서관
제5대 이사장	이승환	관 료: 지방경찰청장
제6대 이사장	손경호	관 료: 노동부 직업안정국장

31) 장애인고용촉진공단 본부의 직원 중 절반 이상이 노동부 근로감독관 출신이라는 이러한 인적 구성에서 장애인고용촉진공단의 설립과 운영에 있어 그 이면에 노동부의 인사적체상의 문제를 해결하고 노동부의 퇴직 관료들을 수용하기 위한 노동부의 부처이기주의 혹은 관료적 제국주의의 병폐를 드러내는 것이 아닌가 하는 비판을 받고 있다(한겨레21, 통권 제54호, 1995년 4월 13일).

4. 장애인고용정책의 재원으로서 장애인고용촉진기금

정책집행자원의 확보는 정책집행에 영향을 미치는 주요한 요인이다.[32] 특히, 집행 자금(예산)은 집행기관에 대한 재정적 지원과 중간집행자들의 유인책으로서 재화와 용역을 조달하고, 정책 소비자에게 현금 형태의 편익을 제공하는 데 사용할 수 있기 때문이다(Nakamura and Smallwood, 1980). 정책집행을 위한 자원 확보가 제대로 이루어지지 않을 경우에는 집행자에 의한 정책거부 혹은 불집행이 발생할 수 있다는 점에서 집행에 영향을 미치는 변수로서 정책목표의 명확성보다 더욱 중요할 수 있다(Montjoy & O'tool, 1979). 실제로 정책집행을 위한 집행체계의 구성과 인력 확보는 정책집행을 위한 예산의 확보가 전제되지 않으면 불가능하다는 점에서 장애인고용정책의 집행체계를 작동하는 실질적인 자원으로서 예산의 확보는 필수적이다.

장애인고용촉진법에서는 장애인고용정책의 목적을 달성하기 위해 집행기관인 장애인고용촉진공단의 운영과, 사업주의 고용촉진을 유도하기 위한 지원금 및 장려금의 지급 등 고용촉진사업의 수행에 필요한 재원 확보를 위하여 장애인고용촉진기금을 설치·운용하도록 규정하고 있다(법률 제47조).

장애인고용정책의 재원인 장애인고용촉진기금은 정부 또는 정부 외의 자로부터의 출연금, 사업주의 부담금, 기금운영 수입금과 기타 공단의 수입금, 노동부 장관의 승인을 얻은 차입금 등으로 조성하여, 사업주에 대한 지원금과 장려금 지급 및 장애인고용에 필요한 비용의 융자, 공단의 사업수행 경비 등에 사용되고 있다.

장애인고용촉진기금의 조성 내역과 현황을 살펴보면, 1992년부터

---

32) Nakamura와 Smallwood(1980)는 정책집행에 영향을 미치는 주요한 행정자원으로 자금, 시간, 인력(적정성과 능력), 권력의 4가지를 제시한 바 있다.

기준고용률 미달 사업주의 부담금 납부가 실시되어 기준고용률 미납 사업주에 대한 부담금 징수가 본격화되는[33] 1993년부터는 정부의 출연금이 매우 미미하게 나타났다. 즉 정부출연금의 액수를 보면 1992년에만 26.2억 원이 출연되었고 그 이후에는 1993년에 9억 원, 1994년에는 7억 원으로 감소하였고, 1994년부터 1999년 현재까지 줄곧 10억 원에 머물고 있어 정부의 재정 책임성에 대한 의문을 갖게 한다. 그렇지만 미미한 정부출연금에도 불구하고 정책집행 예산의 확보에는 충분한 것으로 평가되고 있다.

이러한 사실은 장애인고용촉진기금의 조성내역에서 나타나는 것과 같이 정부출연금이 기타 수입원은 미미하지만, 사업주부담금이 해마다 증가하여 기금의 적립액이 급격히 늘어나고 있기 때문이다. 기금의 전액이 정부출연금으로 조성된 1991년에 기금 총액이 12.9억 원에 불과하였으나, 1993년부터 급격히 증가하기 시작하여 1998년 12월말 현재 3,380.9억 원의 기금이 조성되어 집행 예산이 충분히 확보되고 있는 것으로 나타났다. 이는 장애인고용촉진공단의 예산이 장애인고용촉진기금에서 출연되기 때문에 충분한 기금의 확보는 그만큼 예산의 배정을 용이하도록 하기 때문이다.

---

33) 1993년부터 부담금 징수가 본격화되었다는 의미는 1991년부터 기준고용률 미달 의무고용사업주에 대한 부담금제도가 실시되었지만, 실질적인 부담금의 징수는 1992년부터 이루어졌고, 부담금의 액수를 결정하는 기준고용률의 적용에 있어서도 원칙적으로 2%인 기준고용률이 1991년과 1992년에는 경과조치로서 각각 1%와 1.6%로 적용되고 1993년부터 2%가 적용되기 시작했기 때문이다.

〈표 9.3〉 장애인고용촉진기금조성 현황 및 추이

(단위: 억 원, 1998년 12월말 현재)

내역＼연도	1992	1993	1994	1995	1996	1997	1998
정부출연금	26.3	9.0	7.0	10.0	10.0	10.0	10.0
사업주부담금	220.0	420.5	546.4	581.8	678.0	678.0	794.7
가산금	1.3	2.3	2.0	2.1	2.5	2.5	1.3
연체금	1.0	2.3	2.4	2.6	0.7	0.7	1.0
기금운용수입	10.1	40.9	106.6	127.5	138.7	138.7	319.1
융자회수금	–	–	2.6	0.6	9.28	9.28	79.7
기타잡수입	0.5	–	3.2	2.6	0.03	0.03	142.5
전기이월금	1.2	211.4	585.1	918.2	1,338.4	1,338,4	1,934.5
계	260.5	686.3	1,255.3	1,645.4	2.177.6	2,661.2	3,380.9

자료: 노동부, 각 년도 노동백서

〈표 9.4〉 장애인고용촉진기금 운용현황 및 추이

(단위: 억 원, 1998년 12월말 현재)

기금지출내역＼연도	1992	1993	1994	1995	1996	1997	1998
공단출연금	41.2	84.9	258.6	240.8	509.8	664,3	500.3
지원금	5.1[a]	2.3	546.4	2.3	4.6	6.2	7.7
장려금		1.0	1.2	8.7	23.7	33.0	45.3
융자금	2.0	1.3	1.4	85.7	–	–	329.9
반환금	1.0	1.4	69.4	2.5	4.6	2.9	1.5
보조금	8.1	2.2	3.5	4.5	–	–	–
기금관리비	–	0.6	0.5	0.6	0.8	0.7	0.5
예탁금	211.4[b]	585.1[b]	918.2[b]	1,338.5[b]	1,629.2	1,946.8	2,472.9
국고이월금					48.1	73.8	20.4
계	260.5	686.3	1,255.3	1,645.4	2.177.6	2,661.2	3,380.9

주 a: 1992년 현황에서는 지원금과 장려금의 구분이 없음
　　b: 1992-1995년 현황에서는 예탁금과 국고이월금의 구분 없이 적립금으로 되어 있음.
자료: 노동부, 각 년도. 노동백서

　　연도별 장애인고용촉진기금의 운용 현황과 그에 따른 공단출연금 및 공단 예산의 변화 추이를 보면, 1992년 41.2억 원, 1993년 84.9억 원에 불과하였던 공단출연금이 기금 증가와 함께 1994년에는 258.6

억 원, 1998년에는 500.3억 원으로 증액되었고, 그에 따라 공단의 예산도 증가하여 1999년 공단예산은 657,5억 원에 이르게 되었다. 그러므로 장애인고용정책은 여타 사회정책과는 달리 재원부족으로 인한 정책집행의 실패 가능성이 적다고 할 것이다. 오히려 <표 9.5>의 장애인고용촉진기금의 적립금 현황에서 나타나는 것처럼 1992년 이후 기금조성액의 70~80%가 적립되고 있어, 이러한 과다한 적립금의 발생은 그만큼 장애인고용촉진을 위한 사업의 준비와 실시가 부진한 것이 때문이 아닌가하는 지적을 받고 있다(환경노동위원회, 1999. 9).

〈표 9.5〉 장애인고용촉진기금의 적립금 현황

(단위: 억 원, %, 1998년 12월말 현재)

구분 \ 연도	1992	1993	1994	1995	1996	1997	1998
기금조성액(A)	260.5	686.3	1,255.3	1,645.4	2,177.6	2,661.2	3,380.9
적립금(B)	211.4	585.1	918.2	1,338.5	1,677.3	2,020.6	2,493.3
B / A(%)	81.1	85.2	73.1	81.3	77.0	75.9	73.7

자료: 노동부, 각 년도 노동백서

한편, 성공적인 정책집행을 위해서는 집행 예산의 절대액수의 확보도 중요하지만, 예산 확보의 시기, 방법, 재원의 형태 등도 그에 못지않게 중요하다. 특히 장애인고용정책과 같이 복지 목적을 가진 정책의 경우에는 자원의 충분한 확보뿐만 아니라 재원의 형태가 집행과정에 중요한 영향을 미치게 된다. 왜냐하면 대부분의 사회보장적 복지 프로그램이 정부의 일반재원(조세)에 기초하는 것인 데 반해 개별적 사회서비스 프로그램은 상대적으로 민간부문의 재원에 의존하는 경향을 띠고 있기 때문이다(김태성, 1995: 315). 또한 장애인고용정책은 일반조세에 기초한 여타 복지정책과는 달리 특정 집단에 대한 규제적 수단에 의존하여 재분배적 효과를 기대하는 정책이라는 점에서 '누가 정부의 규제로부터 편익(혜택)을 받고, 비용을 부담하게 되는가'를 둘러싼 정치과정이 형성되어질 수 있다. 다시 말해 정책집행의 비용과 편익의 배분에 대해 집단 간에 완전한 합의를 형성하기는 어렵기 때문에 상이한 이해관계에 기초한 집단 간 대립과 갈등이 일어나게 되고 그에 따라 조직화된 힘의 경쟁이 발생하게 된다. 특히 정책의 비용을 지불해야 하는 집단(비용부담 집단)과 편익(혜택)을 받게 되는 집단(수혜집단)이 달라지면, 비용부담 집단인 사업주들은 재정부담과 관련하여 정책과정에 적극적으로 영향력을 행사하려고 함으로써 집행과정이 영향을 받게 된다(전영평, 1995; Q. Wilson, 1990).

<표 9.6> 장애인고용촉진공단 예산의 변화

(단위: 억 원, %, 1999년 10월 현재)

구분＼연도	1991	1992	1993	1994	1995	1996	1997	1998	1999
공단 예산	12.9	47.2	84.9	258.6	414.1	551.1	733.6	552.6	657.5
전년도대비 증가율(%)	–	269.9	79.9	204.6	60.1	133.1	133.2	75.3	119.0

자료: 감사원, 1995, 감사자료
　　　장애인고용촉진공단, 1999, 국정감사 제출자료

　　장애인고용정책의 재정적 측면을 살펴보면, 공공기금[34]인 장애인고용촉진기금을 설치하여 운영하고 있다는 점에서 강제적 조세에 기초한 일반회계 혹은 특별회계에 의존하는 여타 복지정책과 재원 면에서 차이가 있으며, 더구나 기금의 조성에 있어서도 다른 기금과 달리 정부출연금보다 주로 민간 부담금에 의존하고 있다는 점을 특징으로 하고 있다. 실질적인 기금의 재원은 의무고용사업주가 납부

---

34) 공공기금은 특정의 목적을 위해 특정의 자금을 운용할 필요가 있을 때 법률로써 설치, 운용하는 기금이다(예산회계법 제7조).

하는 부담금으로 조성되고 있다. 장애인고용정책이 실시된 이래 장애인고용촉진기금의 정부출연금의 내역을 보면, 1990년 10억 원, 1991년 12.9억 원이 출연되어 공단의 설립 등의 초기 비용으로 소비되었고, 장애인고용정책이 세부 사업들이 실시되는 1992년에는 26.3억 원이 출연되었지만 사업주부담금 대비 11.9%에 불과하며, 1993년부터는 고용촉진기금의 사업주납부금 대비 정부출연금의 비율은 1~2%에 불과한 실정이다.

〈표 9.7〉 장애인고용촉진기금 조성의 정부출연금과 사업주부담금 간 비교

(단위: 천 원, %, 1998년 12월말 현재)

연도 \ 내역	정부출연금(A)	사업주부담금(B)	A / B (%)
1991	1,285,963	–	–
1992	2,625,470	22,004,256	11.9
1993	900,000	42,046,583	2.1
1994	700,000	54,641,827	1.2
1995	1,000,000	67,181,376	1.4
1996	1,000,000	67,799,444	1.4
1997	1,000,000	67,799,444	1.4
1998	1,000,000	794,470,070	1.3

자료: 노동부, 각 년도 노동백서

따라서 사업주부담금에 거의 전적으로 의존하는 불균형적인 기금 조성을 보여주는 장애인고용촉진기금의 재원 형태가 장애인고용정책의 집행과정에 큰 영향을 미치게 된다. 특히, 이러한 측면은 기금의 용도에 대한 기업들의 부정적인 태도에서 분명히 드러나고 있다. 장애인고용촉진기금의 용도로는 ① 공단사업 수행에 필요한 경비, ② 지원금 및 장려금 지급, ③ 사업주의 장애인고용을 위한 비용 및 경비에 대한 융자, ④ 장애인 교육훈련기관에 대한 보조금, ⑤ 기타 장

애인고용촉진에 필요한 사업에 소요되는 비용으로 규정되고 있다. 그런데 취업 위주 장애인고용정책의 한계와 중증장애인을 위한 고용정책의 필요성 및 자영업 장애인에 대한 지원이 요구에 따라 1996년 이후 장애인고용정책의 방향이 변화되기 시작하면서 기금용도에 대한 새로운 논란이 야기되었다.

장애인고용촉진기금의 주 원천인 사업주에 대한 부담금제도는 공식적으로 장애인의 고용에 관한 사회연대 책임의 원활한 이행을 확보하기 위하여 전 사업주가 공동으로 일정한 금전을 갹출함을 하는 제도로써, 장애인의 고용에 따르는 사업주의 경제적 부담을 조정하는 것을 목표로 하고 있다. 즉 기준고용률을 달성하지 않고 있는 사업주에 대하여 고용률에 부족한 장애인 수에 따라 일정액의 부담금을 징수하고, 그 징수한 금액을 재원으로 하여 일정한 기준이 되는 비율을 초과하여 장애인을 고용하는 사업주에 대하여 장애인고용부담금을 지급함으로써 사업주 간의 장애인의 고용에 수반하는 경제적 부담의 평등화를 위한, 일종의 "마이너스 수익자부담금"의 성격을 띠고 있는 것이다(김부덕, 1995). 또한 장애인의 고용에 관한 사업주의 공동연대책임의 원활한 실현을 목적으로 장애인을 고용하는 사업주가 작업시설과 작업장비 설치 등에 의해 일시적으로 다액의 비용의 부담이 될 경우 그 비용에 대해 지원함으로써 장애인의 고용을 용이하게 하고 전체적으로 장애인의 고용수준을 높이고자 하는 것이다. 따라서 사업주의 부담금으로 조성되는 기금의 용도는 사업주에게 돌아가는 것이 원칙이라는 주장이 성립될 수 있으며, 그에 따라 장애인고용촉진기금이 사업주에 대한 지원 이외의 사업-예를 들어 중증장애인에 대한 재활서비스, 장애인근로자에 대한 직업안정자금의 지원 등-에 사용되는 것이 기업들의 반발을 초래하게 되었다.[35] 이러한 사실들

---

35) 한국경영자총협회 김정태 부장은 "장애인고용을 활성화하기 위한 정부의 의지는 미고용 부담금을 올리거나 기업에 대한 압박만을 가하는 것이 전부는

은 장애인고용정책의 재원 형태는 정책목적의 달성에 대한 정부의 의지와 책임을 나타내는 중요한 지표일 뿐 아니라, 정책대상 집단인 사업주들로 하여금 정책에 대한 긍정적 태도와 정책순응을 확보하는 데 중요한 요인이 될 수 있다는 점을 보여주고 있다.

5. 장애인고용정책 집행체계의 문제점

정책집행의 책임을 부여받은 집행기관은 정책집행이 이루어지는 새로운 장이 되며, 집행기관은 정책집행의 재량권을 행사함으로써 실질적인 정책내용을 구체적으로 실현하게 된다. 또한 공식적인 정책집행기관이 누가 되느냐에 따라 이해관계자들의 반응이 달라질 수 있다는 점에서, 집행체계의 구성은 기술적 작업인 동시에 정치적 성격을 갖게 된다(Anderson, 1984: 143). 그리고 집행기관의 속성은 정책에 의해 부여되는 책임 혹은 재량권의 정도, 정책대상 집단에 따라 달라질 수 있다. 이러한 집행기관의 특성은 집행자의 집행능력과 집행의욕에 결정적인 영향을 미칠 뿐 아니라 정책대상 집단의 반응에도 영향을 미치게 된다.

장애인고용정책에 있어서 실질적인 집행체계를 보면, 장애인고용정책의 주무 부처인 노동부 외에, 전문적 장애인고용촉진사업의 집행기구로서 한국장애인고용촉진공단을 두고 있다. 그러나 노동부의 산하기관으로서 장애인고용촉진공단은 노동부에 대해 계획·인사·재정적 차원에서 종속적인 위치에 있게 됨으로써 독립적이고 전문적

아니다……. 기업에서 거두어들인 고용촉진기금은 장애인을 고용하고 있는 기업으로 다시 돌아가는 것이 원칙이기 때문에 원래 목적 외의 사업은 고용촉진기금이 아닌 정부예산에서 사용해야 할 것"(장애인신문, 1996. 7. 26)이라고 장애인고용촉진기금의 사용에 대해 비판하고 있다.

인 집행활동을 수행하는 데에 일정한 한계를 가지게 되었다. 또한 장애인고용촉진공단의 조직기구와 인적 구성의 특성이 장애인고용을 위한 촉진적 전략을 효과적인 수행하기 어렵게 하였다. 더구나 전통적으로 보건복지부의 재활사업과 중복되면서도 단절적인 직업재활사업의 연계 구조를 가지게 된 결과, 상호간 책임 회피와 혼란, 또는 관료적 이익추구에 기초한 업무 소관의 분쟁을 초래하게 만들었다. 이러한 노동부 산하의 장애인고용정책 집행체계의 통합성, 전문성, 책임성의 결여와 정부 차원의 장애인 정책체계상의 통합·조정의 부족은 집행자의 업무수행의 성과에 부정적 영향을 미쳤을 뿐 아니라 정책수혜자인 장애인들에게도 불리한 결과를 초래하게 만들었다.

또한 정책자원의 문제, 특히 재원 확보 및 재원 형태상의 문제는 정책집행상에 여러 가지 국면으로 큰 영향을 미치게 되었다. 특히 장애인고용정책집행에 미친 자원의 문제는 재정의 부족이 아니라 재정의 형태에서 비롯되는 특이한 점을 보여주고 있다. 즉, 미미한 정부의 기금 출연으로 인하여 장애인고용촉진기금의 조성이 거의 전적으로 기업부담금에 의존할 수밖에 없게 되었고, 이는 장애인고용정책의 정당성과 정부의 신뢰성을 약화시키는 부정적 영향을 가져옴으로써 정책비용부담 집단인 기업주들의 정책에 대한 적대적 태도 및 저항을 뒷받침하는 근거로 작용하게 되었다. 나아가 이러한 정책정당성의 약화는 처벌의 전략이나 정보의 전략 등 집행전략의 효과성 확보를 어렵게 하는 결과를 초래하였다.

제10장
장애인고용정책의 집행전략

장애인고용정책의 집행전략의 분석은 "장애인의 고용증진"이라는 목표를 달성하기 위하여 사용되는 전략은 무엇이며, 전략과 집행결과는 어떻게 관계되어 있는가를 설명하는 것이다. 일반적으로 적절한 도구의 선택이 정책집행의 합리성을 제고할 수 있다. 다양한 정책도구 중에서 적절한 도구들을 선택함으로써 집행자와 정책대상자 간의 마찰을 줄이고, 정책대상의 순응비용 및 집행비용을 절감할 수 있기 때문이다. 그런데 효과적인 집행전략의 구성에는 주된 도구와 보조적 도구를 결합하여 사용하는 것이 필요하다(Elmore, 1987). 결국 정책도구들이 어떻게 결합되는가에 관한 집행전략에 따라 상이한 집행결과를 가져올 것이며, 그래서 목표지향적인 집행전략은 집행결과와 정책목표를 연결하게 된다는 점에서, 집행전략의 분석의 의의가 있는 것이다.

앞에서 언급한 바와 같이 장애인고용촉진등에관한법률의 규정과 집행자인 노동부 및 장애인고용촉진공단의 활동을 살펴보면, 장애인고용정책의 목적 달성을 사용할 수 있는 모든 대안적 전략을 충족시킬 수 있을 만큼 다양한 정책도구들을 구비하고 있다(전영평, 1995: 286). 이하에서는 먼저 장애인 정책의 전략이 어떻게 구성되어 있는지를 살펴보기로 하자. 이를 위해 이론적 논의에서 분류한 집행전략의 유형에 따라 처벌

의 전략, 보상의 전략, 정보제공의 전략, 촉진의 전략 순으로 장애인고용
정책의 집행전략을 고찰하고자 한다. 먼저 장애인고용정책의 전략과 이
를 구성하는 주요 정책도구들의 내용을 <표 10.1>로 정리하였다.

<표 10.1> 장애인고용정책의 전략 및 정책도구의 구성

집행전략	정책 도구	내　　　용	집행주체	정책대상
처벌의 전략	의무고용제 (기준고용률)	상시 300이상 근로자를 고용하고 있는 사업주에 대 해, 총근로자 수의 2%를 장애인으로 고용하도록 함	노동부	의무고용 사업주
	고용부담금	고용의무를 이행하지 않는 사업주에 대해 미달인원 에 대해 부담금을 납부하도록 함		
보상의 전략	고용지원금	고용의무인원을 초과한 장애인근로자에 대한 지원 금 지급	노동부	〃
	고용장려금	상시근로자 2% 이상 장애인을 고용한 사업주에 대 해 장려금 지급		비의무대 상 사업주
	고용보조금	신규 장애인근로자를 1년 이상 계속 고용 시 임금 일부에 대한 보조금 지급	공　단	전 사업주
	시설개선자금 융자	장애인고용에 필요한 작업시설, 장비 및 편의 시설 의 확보·개선비용에 대한 무상 또는 융자지원		〃
	복지공장의 지원	중증장애인의 고용촉진을 위해 복지공장의 건설 자 금의 융자		〃
정보 제공의 전략	취업 알선	장애인에 대한 취업알선, 취업알선 비용 지원	공　단	장애인 알선기관
	연구 조사	기술연구사업, 프로그램 개발		사업주 장애인
	홍　보	고용촉진대회, 캠페인, 사회적 인식개선 광고, 작품 현상공모, 장애인고용책자 발간, 시청각자료 개발, 기능경기대회 개최		일반국민 사업주
	정보 관리	실태조사 및 고용전산망의 운용		장애인 사업주
촉진의 전략	직업재활상담 및 능력평가	직업재활상담, 직업능력의 평가	공　단	장애인
	직업 훈련	직업훈련 서비스의 제공, 직업훈련기관 지원. 취업 지도	공　단 노동부	장애인
	직업 교육	직업적응훈련	공　단	장애인
	교육 연수	직업재활상담원 양성·연수	공　단	장애인 장애인외
	직업 안정	직업안정을 위한 사후지도 실시 동일사업장에 장기근속 장애인근로자에 대해 직업안 정자금의 융자	공　단 노동부	장애인
	기　타	출퇴근용 통근차량의 구입자금 융자 자영업창업자금 융자	노동부	장애인

1. 처벌의 전략

처벌의 전략은 정책대상자들의 행태를 정상화(normalizing)하기 위하여, 그들로 하여금 법령이나 지침에 따라 명령, 지시된 것에 따라 행동하도록 규정하고, 그것을 강제하기 위하여 흔히 벌금, 투옥 및 기타 처벌의 형태를 갖는 부정적(negative) 강화기제를 사용하는 전략이다. 장애인고용정책의 핵심적 도구는 의무고용제도와 부담금제도라는 점에서 처벌의 전략은 장애인고용을 증진시키기 위한 기본적인 집행전략이 되고 있다.

의무고용제는 장애인의 고용을 현실적으로 확실하게 보장하기 위해서 사업주에 대해 장애인고용의 의무를 지우는 것으로 여기에서 핵심은 기준고용률이다. 기준고용률 제도에 의한 고용의무는 일정 대상의 사업주에 대해 그 고용하고 있는 근로자 중에서 차지하는 장애인근로자의 비율이 일정 비율 이상이 되도록 장애인의 고용을 의무화하는 것이다.[36) 현재 장애인고용정책의 기준고용률은 '장애인고용촉진등에관한법률시행령'에 의해 상시 근로자 300이상의 사업자에 대해 장애인근로자를 2% 이상 고용하도록 강제되고 있다. 그리고 이러한 장애인고용의무제도의 실효성을 담보하기 위해 '장애인고용촉진등에관한법률'에서는 부담금제도를 두고 있는데, 이 부담금제도는 의무고용사업주가 2%의 기준고용률을 이행하지 않을 경우 그에 미달하는 장애인근로자 수에 해당하는 고용부담금을 납부하도록 하는 부정적 강화기제의 기능을 하는 것이다.[37) 부담금제도는 장애인의 고용에 수

---

36) 그래서 이를 '고용할당제'라고 부르기도 한다. 할당고용제를 취하고 있는 국가들로는 아르헨티나, 오스트리아, 벨기에, 불가리아, 이집트, 프랑스, 독일, 영국, 가나, 인도, 이탈리아, 일본, 네덜란드, 파나마, 스페인 등 거의 30개국에 이르고 있다(장창엽, 1992: 32).

37) 할당고용제도를 채택하고 있는 국가들에 있어서 이 할당고용을 달성하기위해 사용되는 방법은 크게 두 가지로 분류될 수 있는데, 하나는 기준고용률

반하는 경제적 부담에 착안하여 경제적 측면에서 사업주의 장애인고용에 대한 책임 이행을 촉구하는 것이다. 그러므로 처벌의 전략의 성과는 부담금 기초액의 크기에 달려 있다고 볼 수 있다. 그런데 장애인고용부담금 기초액의 결정이 최저임금액의 60% 수준에서 이루어졌기 때문에 부정적 강화기제로서 역할을 제대로 하기 어려운 실정이다. 다시 말해, 부정적 강화기제로 기능하기 어려울 만큼 부담금의 수준이 낮게 책정되어 있기 때문에 대부분의 의무고용사업주들은 장애인을 고용하기보다는 오히려 부담금의 납부를 선호하고 있는 것이다. 이러한 역선택은 재정적 형평이 양호한 대기업일수록 더욱 선호되는 경향이 있어 부담금제도가 처벌의 전략으로서 그 실효성을 무색하게 한다.

한편, 부담금제도가 갖는 또 다른 특성은 부담금제도가 사업주 간의 장애인고용에 따른 경제적 부담을 조정하고 장애인을 고용하는 사업주에 대한 지원을 위하여 사업주의 공동부담정신에 의한 제도로 성격을 가지고 있다는 점이다. 장애인을 고용하는 데는 작업시설, 장비의 개선, 직장환경의 정비, 특별한 고용관리 등 필요한 것이 많고 비장애인의 고용에 비해 경제적 부담이 발생하게 된다. 만일 부담금제도가 없다면, 장애인고용의무를 성실하게 이행하고 있는 사업주와 이행하지 않는 사업주 간에 경제적 부담의 불균형이 야기될 수 있다. 이런 점에서 부담금제도는 장애인을 고용에 하는 것은 사업주가 공동하여 달성해야 할 책임이라는 사회연대책임의 이념에 입각하여, 장애인고용사업주의 지원을 위한 기금충당의 재원으로서 성격을 정당화하게 된다. 이것이 기준고용률에 미달하는 사업주에 대하여 고

을 달성하지 못하는 사업주에 대해 경제적 부담을 주는 것이고, 다른 하나는 단지 윤리나 도덕적 측면에 호소하여 할당고용을 달성하도록 하는 것이 있다. 전자의 대표적인 예로는 일본의 납부금제도나 우리나라의 부담금제도를 들 수 있다. 그러나 영국인 벨기에 등은 할당고용제를 택하고 있지만 경제적 부담을 부과하는 제도를 두고 있지는 않다.

용률에 부족한 장애인 수에 따라 일정액의 부담금을 징수하여 그 징수한 금액을 재원으로 하여 장애인을 고용하는 사업주에 대해 지원금의 지급과 각종 조치 및 시책을 행하는 제도 운영의 논리적 근거가 되는 것이다.[38]

그런데, 처벌의 전략을 사용함에 있어 유의할 것은 처벌에 내재된 강압성이 때로는 기존의 규제자와 피규제자 간에 형성되어 있는 관계에 적합하지 않을 수도 있다는 점이다. 이러한 이유로 흔히 이러한 처벌의 전략에는 예외적 규정이 설정된다. 즉 처벌전략상의 강제나 금지가 정상적이지만, 그로 인해 곤란한 상황에 직면하지 않도록 하나의 안전판으로서 예외규정이 필요하게 된다는 것이다. 장애인고용정책의 적용제외율제도는 이러한 예외규정이라고 할 수 있다. 원칙적으로 기준고용률은 일률적으로 전 고용근로자 수에 대해 적용되어야 하지만, 현실적으로 중증장애인의 취업이 곤란한 직무(고소, 지하, 수상 작업)나, 타인의 생명과 안전에 중대한 위협을 줄 우려가 있는 직무(철도나 항공기의 운항), 또는 일률적으로 고용률을 적용하는 것이 적합하지 않은 직무(경찰, 법관 등 직무 성격이 특수하거나 고도의 자격이나 면허를 필요로 하는 직무) 등이 존재한다는 점을 부정하기도 어렵다. 그래서 장애인의 취업이 현실적으로 곤란하다고 인정되는 직종의 근로자가 상당한 비율을 차지하는 업종을 제외율설정업종이라 하고, 제외율설정업종과 관련된 근로자 중에서 당해 직종의 근로자가 차지하는 비율을 고려하여 제외율로 정하고 여기에서 산정되는 근로자 수를 총근로자 수에서 제외한 뒤에 고용률이 적용되도록 하는 적용제외율제도를 두는 것이다. 따라서 적용제외율제도

---

38) 일정한 기준율을 초과하여 장애인을 고용하는 사업주에 대하여 고용부담금으로 조성된 재원에서 지원금을 지급함으로써 사업주 간의 장애인의 고용에 수반하는 경제적 부담의 평등화를 위한 조정 도모한다는 특성 때문에 이를 "마이너스 수익자부담금"이라고 한다.

를 인정하게 되면 실질적인 의무고용근로자 수는 감소하게 된다.[39] 그러므로 적용제외율제도는 장애인고용이 증진될 수 있는 기회를 제도적으로 제한시키는 것이라는 점에서 적용제외율설정업종의 선정이 장애인고용정책의 효과를 훼손하지 않는 범위 내에서 신중하게 결정되어야 할 것이다.

2. 보상의 전략

보상의 전략은 '이익성'에 기초한 것으로, 특정 행위의 단기적 성과에 대한 대가로 개인과 기관에 대한 조건부의 금전 이전을 제공하는 전략이다. 이러한 보상의 전략은 정책대상에 대한 재정적 지원이 바람직한 행태 변화를 가져오는 가장 효과적인 방안이라는 가정에 입각하고 있다. 장애인고용정책의 보상의 전략을 구성하고 있는 정책도구로는 노동부에 의한 지원금 및 장려금제도와 장애인고용촉진공단에 의한 보조금제도, 장애인고용시설자금 융자 및 무상지원제도, 장애인고용관리비용 지원제도가 있다.

첫째, 지원금제도는 장애인의 고용에 따르는 경제적 부담의 조정을 도모하기 위해, 기준고용률을 초과하여 장애인을 고용하는 사업주에 대해 기준고용률을 초과하여 고용하는 장애인 수에 지원금 기준액을 곱한 금액을 지급하는 것이다. 따라서 지원금제도가 사업주로 하여금 장애인고용을 유인할 수 있으려면 지원금 기준액이 상당 수준에 이르러야 할 것이다. 그런데 지원금 기준액은 부담금 기초액에 비해 매우 낮은 수준으로 책정되었다. 장애인고용에 따르는 특별

---

39) 적용제외율 제도하에서 장애인의무고용 인원수는 다음과 같이 산정된다.
고용의무인원수=(전근로자 수 - 적용제외 근로자 수) × 기준고용률(2%)

비용의 총액은 고용되는 장애인 수의 증가에 따라 체감한다는 이유로[40] 지원금 지급단가는 부담금 기초액보다 낮게 책정되어 고용률을 초과하여 장애인을 고용한 경우에 대해 부담금 기초액의 50% 수준에서 지급한 것이다. 그러나 이렇게 지원금이 낮게 책정된 것은 고용률을 미달성한 사업주로부터 징수하는 부담금을 재원으로 하는 장애인고용촉진기금의 재원 형태에 기인하는 것으로 보여진다. 즉 부족한 재정의 동원을 정부의 적은 출연금을 고려할 때, 부담금 수입에 거의 전적으로 의존하여 장애인고용촉진기금을 충당하게 되는 까닭에 기금의 소비를 줄여 자원을 확대하려는 의도에서 비롯된 것으로 보인다. 그래서 거의 유인효과가 없는 비현실적 지원금 지급수준에 대한 비난과 기금이 상당한 정도로 적립된 1995년부터는 부담금 기초액과 같은 수준으로 지원금의 지급단가가 결정·지급되고 있다. 그렇지만 여전히 부담금 기초액의 수준이 너무 낮기 때문에 이를 기준으로 책정되는 지원금이 보상의 전략이 실효를 거두기 어려운 것으로 평가할 수 있다.

---

40) 장애인고용에 따른 비용에는 고용 장애인 수의 증가에 비례하여 증가하는 것(작업용 기계 등의 경비)도 있으나, 일정 수의 장애인 증가에 따라 단계적으로 증가하는 것(화장실, 욕조, 통근버스 등의 비용), 장애인 수와 관계없이 거의 일정액을 요하는 것(경사로, 자동문, 엘리베이터 등의 설치비용)이 있기 때문에, 결국 장애인 1인당 고정특별비용은 인원의 증가에 따라 체감하는 경향을 갖는다.

<표 10.2> 연도별 장애인고용 지원금·장려금의 지급단가 변화 추이

(단위, 원)

연도	부담금 기초액	지원금지급단가	장려금지급단가
1992	120,000	60,000원	30,000
1993	130,000	65,000원	32,000
1994	138,000	69,000원	34,000
1995	119,000	119,000원	119,000
1996	159,000	159,000원	159,000
1997	173,000	173,000원	173,000
1998	190,000	190,000원	190,000
1999	202,000	202,000원	202,000

자료: 노동부, 각 년도 노동백서; 1999, 국정감사자료

둘째, 장려금제도는 기준고용률의 적용을 받지 않는 사업주-즉 비고용의무대상 사업주-가 일정 수 이상의 장애인을 고용하는 경우(예를 들면, 상시 근로자 수의 4% 이상이면서 6인 이상의 장애인근로자를 고용하는 경우)에 지원금의 범위에서 장려금을 지급하는 제도이다. 실제로 다수의 장애인이 상시 근로자 300인 미만의 중소기업에 고용되어 있는 실태에 비추어보아 장애인근로자를 고용하는 중소기업 사업주에 대해 고용부담의 경감을 꾀하면서 장애인고용을 장려하고 유지하는 것을 목적으로 한 장려금의 지급은 보상의 전략으로서 상당한 효력을 가질 것으로 볼 수 있다. 그런데 장려금의 지급대상이 부담금을 납부하지 않는 사업주라는 이유로 기준고용률을 넘어 장애인을 고용하는 사업주 중 일정 수의 장애인을 고용하는 사업주에 대해 지급하고 있다. 그런데 장려금의 지급기준이 1994년까지 지원금의 지급단가의 50%의 범위 내에서 결정되었기 때문에 보상의 전략으로서 효과를 전혀 기대하기 어렵다고 할 것이다. 즉 1992년을 기준으로 장애인근로자 1인당 월 3만 원의 장려금을 받고자 의무고

용대상이 아닌 사업주가 이익성에 기초해서 장애인을 고용할 것이라
고 기대하는 것은 사업주의 높은 윤리성을 전제하지 않고는 불가능
한 일일 것이다. 이에 1995년부터는 지원금과 동일 수준에서 지급단
가가 결정되고 있다. 하지만 지원금과 마찬가지로 현재의 지급단가
수준으로는 장애인고용 창출이라는 유인의 효과를 거두기는 어렵다
고 할 것이다.

<표 10.3> 보조금 지원 금액

(1999년 12월 현재)

구 분	고용연수	보조금액
중증장애인	1년차	최저임금액의 90%
	2년차	최저임금액의 70%
	3년차	최저임금액의 50%
기타장애인	1년차	최저임금액의 70%
	2년차	최저임금액의 50%

자료: 노동부, http://www.molab.go.kr/

셋째, 보조금제도는 특히 장애인의 신규 채용의 확대하기 위해 장
애인을 신규 고용하여 1년 이상 계속 고용할 경우 장애인고용에 따
른 생산성 손실을 보전하기 위해 사업주에게 장애인 임금의 일부를
2~3년간 차등적으로 보조해 주는 제도이다. 보조금제도는 장애인고
용의 촉진과 특히 중증장애인의 고용 확대를 위해 1995년 장애인고
용5개년계획에 기초하여 1996년부터 중증장애인[41)과 경증장애인을
구분하여 최저임금의 40~80%의 범위에서 2년간 지급되기 시작하였
다. 1999년 4월 16일부터 보조금의 지원 금액이 상향조정되었고, 중

---

41) 여기서 "중증장애인"은 장애등급 2등급 이상에 해당하는 장애인(다만, 지체
　장애인 중 뇌성마비,편마비,근디스트로피와,정신지체인,시각장애인은 장애등
　급 3등급 이상)을 의미하는 것이다.(한국장애인고용촉진공단, 1995)

증장애인에 대한 지급기간이 연장되었다.

넷째, 장애인고용시설자금 융자 및 무상지원제도는 장애인고용 확대와 장애인에 적합한 근로환경조성으로 장애인의 직장 적응력 제고하려는 목적을 가지고 있다. 장애인고용촉진기금융자·지원규정(1999. 3. 15. 시행)에 근거하여 장애인고용을 위해 작업시설, 편의시설, 부대시설을 설치·구입(매입)·수리하고자 하는 사업주에 대하여 필요한 비용을 연리 3%, 5년 거치 5년 분할상환 조건으로 융자 또는 무상지원하는 제도이다. 여기서 작업시설은 장애인고용에 따라 설치·구입(매입)·수리하는 작업장, 작업설비, 작업장비 등을 말하며, 편의시설은 "장애인·노인·임산부등의편의증진보장에관한법률시행령" 제4조의 규정 시설이며, 부대시설은 장애인고용에 따라 설치·구입(매입)·수리하는 기숙사·식당·휴게실·의무실 또는 물리치료실 등을 의미한다. 따라서 장애인고용시설자금융자제도는 장애인고용에 대한 직접적인 지원이 아니라 장애인고용에 따른 특별비용을 경감해 주기 위한 제도라는 점에서 간접적인 보상의 전략이라 할 수 있을 것이다.

그 밖에 보상의 전략에 포함되는 정책도구로는 장애인고용관리비용의 지원제도가 있다. 이는 1999년 새로이 도입된 제도로서 고용된 중증장애인근로자의 적정한 고용관리를 위하여 고용관리비용을 지원하는 것인데, 여기에는 수화통역비용(중증청각·언어장애인 근로자를 위하여 기준에서 정한 자격이 있는 자를 수화통역사로 위촉 또는 선임하는 사업주), 작업지도비용(중증지체장애인, 정신지체인, 시각장애인 근로자를 위하여 기준에서 정한 자격이 있는 자를 작업지도원으로 상시 배치하는 사업주), 직업생활상담 비용(장애인근로자의 직업생활 상담 및 지도를 위하여 장애인직업생활상담원 자격이 있는 자를 직업생활상담원으로 선임하는 사업주)에 대해 6월 단위로 3년간 지원하는 것으로, 장애인고용시설자금융자제도와 마찬가지로 장애인고용에 대한 보상이 아니라 중증장애인의 고용을 촉진하기 위해 장애인의 관리비용을 경감시켜주는 제도이다.

<표 10.4> 장애인고용관리비용 지원내역

(1999년 12월 현재)

구 분	대상 장애인근로자	조 건	지원내역
수화통역 비용	중증청각, 언어장애인	상시 중증장애인근로자 1-5명당 1인 배치	월 20만 원/ 1인
작업지도 비용	중증지체, 정신지체장애인	상시 중증장애인근로자 1-5명당 1인 배치	월 70만 원/ 1인
	중증시각장애인	상시 중증장애인근로자 1명당 1인 배치	월 35만 원/ 1인
직업생활 상담비용	모든 장애인	상시 장애인근로자 5-10인 배치	월 30만 원/ 1인

자료: 한국장애인고용촉진공단. http://www.kepad.or.kr/business/

3. 정보제공의 전략

정보제공의 전략은 정부가 사업주에 대하여 장애인근로자에 대한 구체적이고 정확한 정보를 제공함으로써 장애인고용을 증진시키고자 하는 전략이다. 이 전략의 목적은 장애인고용에 대한 정보비용을 감소시키고 사업주의 태도를 변화시켜 장애인고용에 대한 사업주의 자발적인 참여를 제고하는 것이다(전영평, 1995: 289). 정보제공의 전략의 중요성은 정부가 원하는 것을 정책대상자들로 하여금 행하도록 유도하기 위한 방법으로 단순한 지식의 전달뿐만 아니라 설득적 수단을 사용한다는 것이다. 즉 정보제공의 전략은 지식의 전달, 이성적인 논쟁의 교환, 그리고 설득을 통해 사업주 및 기타 관련자들의 행동에 영향을 주려는 전략이다. 따라서 이러한 전략에 포함되는 정보에는 그 종류가 매우 다양하다. 현재 문제가 되고 있는 사안의 본질과 관련이 있는 경우도 있고 또 사람들이 실제로 어떻게 그 문제를 다루고 있는, 그리고 현재의 상태를 변화시키기 위해서는 어떤 수단을 강구할 수 있는가, 그리고 이러한 수단이 왜 그 해당자들에 의해 고려되고 적용되어야 하는가 등의 문제와 관련된 것일 수도 있다.

　장애인고용정책에 있어 정보제공의 전략에 포함될 수 있는 집행활동은 장애인고용촉진공단에 의한 취업알선, 연구조사, 홍보, 정보관리의 4가지 범주로 요약될 수 있다. 먼저 취업알선은 구인 사업주와 구직 장애인을 서로 연결해 줌으로써, 사업주에게는 구인 비용을 감소시키면서 동시에 장애인에게 고용기회를 제공해 줄 수 있다는 점에서 효과적인 고용촉진전략으로 보인다. 그런데 취업알선이 고용으로 연결되기 위해서는 사업주의 욕구와 장애인의 욕구를 일치시키는 것이 필요하다. 이런 점에서 취업알선전략이 성공하기 위해서는 사업주의 사업운영상의 요구를 충족시키고 구직 장애인이 수요조건에 적격한 자격을 갖출 수 있도록 하는 직업재활의 연속선상에서 취업알선전략이 사용될 필요가 있을 것이다(권도용, 1992). 참고로 장애인고용촉진공단에 의한 취업알선과정을 보면 <그림 10.1>과 같이 이루어지고 있다.42)

<그림 10.1> 장애인고용촉진공단의 취업알선체계

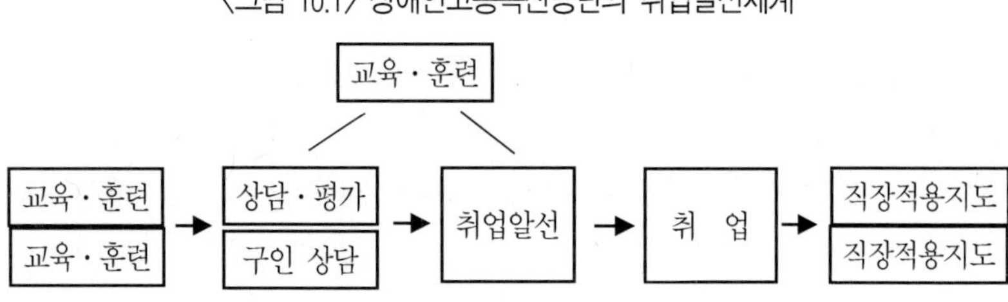

---

42) 장애인고용촉진공단 외에 장애인에 대한 취업알선은 각 지방노동관서 고용안정과, 한국장애자재활협회, 인력은행 등에서 실시하고 있다(노동부, 1999, 노동백서).

이러한 취업알선과 관련하여 장애인고용촉진공단은 매년 채용박람회의 개최를 통해 구인 사업주에 대해 현장에서 직무에 적합한 인력을 채용할 수 있는 정보의 제공, 장애인 인력에 대한 인식개선과 고용관리정보의 교환, 및 박람회 행사의 각종 홍보를 통해 장애인에 대한 사회적 이미지를 개선하고, 구직 장애인에게 다양한 사업체 구인 정보와 현장면접 기회를 제공하고, 기타 재활복지관련 정보를 습득할 수 있도록 하고 있다.

둘째, 장애인의 직업재활을 위한 장애인의 특성 및 직업과 직무에 대한 정확한 지식을 개발을 개발하여 장애인에게 적절한 직업재활서비스를 제공하고, 장애인을 고용하고자 하는 사업주에 대해 적절한 직무 및 직장에 대한 충분한 정보를 제공해 줌으로써 장애인의 고용을 증진시킬 수 있다는 점에서 연구조사활동은 정보제공 전략의 중요한 도구가 될 수 있다. 현재 장애인고용촉진공단에서 수행하고 있는 연구조사 업무로는 장애인취업실태조사 등 직업재활의 기초연구로서 장애인의 직업재활에 기초가 되는 신체적·심리적·사회적 특성과 직업이나 직무에 따른 특성연구, 적절한 직업재활서비스 제공을 위한 직업평가·상담, 사후지도 등에 관한 연구, 직업생활안정에 필요한 제반 물리적 환경개선과 이동수단, 보조도구 개발 등에 관한 연구, 장애인고용정책 수립과 시행 개선을 위한 제반 장애인고용 관련법과 직업안정을 위한 효과적인 정책연구 등이 있다(장애인고용촉진공단, http://www.kepad.or.kr/business/).

셋째, 장애인고용에 관한 사회적 인식을 개선하고, 장애인에 대한 사회적 편견의 해소와 이해를 증진시킴으로써 장애인고용을 촉진시키고 위한 정보제공의 전략으로서 홍보활동이 전개되고 있다. 장애인고용촉진공단에 의한 구체적인 홍보활동을 보면, 범국민 홍보활동으로 TV와 라디오 등 대중매체를 통한 국민인식 개선광고, 장애인에 대한 사회적 편견해소 및 이해증진을 위한 고용촉진캠페인, 고용촉진대회를 개최하여 장애인고용촉진 결의 및 우수사례의 발표와 장애인고용 모범사업주·근로자 등에 대한 포상 등의 활동이 있으며, 채용박람회의 개최 및 기타 국민인식개선 및 연대감 형성을 위한 수기, 포스터 등 작품을 공모, 전시·배포, 세미나 개최 등의 사업을 하고 있다. 또한 PC통신이나 인터넷 홈페이지 운영을 통해 장애인고용에 대한 정보를 제공하고 있다.[43] 장애인고용촉진을 위한 주변여건 조성을 위해 매년 장애인 부모교육, 고용실무자에 대한 교육 등을 실시하고 있다(노동부, 1998, 노동백서).

넷째, 장애인고용을 위한 정보제공의 전략 중 보다 최근에 강화되고 있는 정보관리활동에는 각종 정보관리시스템의 운용과 장애인고용동향의 분석 및 발간활동이 있다. 구직 장애인, 구인 기업체 및 교육훈련기관 등의 정보를 종합적·체계적으로 관리하기 위한 장애인고용관리시스템은 크게 구인·구직 기본정보관리, 재활서비스 정보관리(상담·취업알선·사후지도 등) 및 통계정보관리로 구성되어 있다. 교육훈련관리시스템은 공단에서 수행하고 있는 훈련사업인 직업전문학교 직업훈련, 타 기관 위탁 직업훈련 중심으로 훈련생에 대한 업무처리를 체계적으로 관리하는 시스템이다. 그 외에 직업생활상담원관리시스템, 자원봉사자관리시스템, 채용박람회관리시스템의 운영을 통해 장애인고용관련 정보들을 관리하고 있는데, 특히 채용박람회관리시스템은 채용박람회 기간 동안 장애인채용박람회 정보DB를 통하여 구직 장애인 및 구인 기업체 등의 정보를 공유함으로써 신속

---

43) 구체적으로, 한국장애인고용촉진공단은 유니텔 IP운영을 통해 장애인관련 기관, 구인 사업체, 구직 장애인을 대상으로 공단의 업무 및 역할에 대한 홍보를 하고 있다. 여기서 제공되는 정보로는 구인·구직 정보, 교육 및 훈련, 기금 및 융자, 장애인기능경기대회, 자료실(재활정보·도서정보·연구자료), 공단소개 및 공지사항 등이 있다. 장애인고용촉진공단은 인터넷 홈페이지(http://www.kepad.or.kr/) 운영을 통해 이용자들에게 취업정보를 비롯한 종합적인 공단 정보를 제공하고 장애인고용에 대한 올바른 이해제고를 위한 홍보활동을 하고 있다.

한 채용정보를 제공하고, 또한 각종 통계의 신속·정확한 제공을 통하여 보다 효율적인 취업알선체계를 구축에 기여할 것으로 기대되고 있다. 그리고 이러한 정보시스템의 운영 외에 장애인고용동향 자료를 수집 분석하여 '분기별 장애인고용동향'지를 발간하고 있다. 여기에는 장애인현황, 장애인의무사업체 장애인고용동향, 일반고용동향 및 장애인고용동향 등의 내용이 수록되어 있다.

4. 촉진의 전략

촉진적 전략은 장애인고용증진을 위해 사업주를 대상으로 하기보다는 장애인을 겨냥하여 장애인 개인 및 기관에 대해 지원을 제공하는 전략이다. 이러한 촉진적 전략은 노동시장의 수요조건에 초점을 둔 다른 전략과 달리 공급조건에 초점을 맞추어 장애인 노동력의 향상 및 이를 위한 시설 투자를 제공함으로써 장애인고용을 촉진시키고자 하는 전략이다. 따라서 촉진적 전략에서는 장애인에 대한 교육·훈련 프로그램 등을 통해 장애인의 유급 고용을 달성하고자 한다. 그런데 장애인의 취업이 단순한 직장획득이라는 차원을 넘어서 완전한 사회통합을 지향하는 전인격적 취업의 달성이라는 직업재활의 연속선상에서 보면 촉진의 전략은 장애인고용체계에서 무엇보다 핵심적 위치를 차지하게 된다(권도용, 1995). 그러나 현행 장애인고용정책은 직업재활정책이라기보다는 고용정책으로서의 성격을 강하게 띠고 있기 때문에 촉진의 전략은 무시되어온 경향이 있다. 집행자로서 노동부의 입장은 직업재활을 포함한 장애인 재활사업은 보건복지부나 교육부의 소관사항이라고 보아,[44] 단지 노동정책의 맥락

---

44) 다음의 장애인 정책체계에서 나타나고 있는 것과 같이, 장애인의 복지서비

속에서 부분적으로 장애인근로자에 대한 직업훈련 차원에서만 촉진적 전략이 이용되어왔다. 더구나 장애인고용이라는 장래의 편익에 대한 투자 목적으로 장애인 개인이나 재활훈련기관 및 시설에 투자하게 되는 촉진적 전략은 높은 투자비용에 비해 장애인고용의 달성이라는 결과와 전략 간의 불확실성으로 때문에 단기적 성과와 능률성을 지향하는 집행자에게는 매력적이지 못한 전략일지도 모른다. 그러나 집행자의 촉진의 전략에 대한 기피는 장애인고용정책의 실효성과 집행자의 의지에 대한 끊임없는 의문을 불러일으키는 원인이기도 하다.45)

현재 장애인고용정책에 있어 촉진의 전략에 포함될 수 있는 것으로는 장애인고용촉진공단의 직업훈련, 직업교육, 직업재활상담·직업능력평가, 각종 교육연수, 직업안정 등의 사업이 있다. 장애인기능인력 양성을 위한 장애인 직업훈련은 장애인고용촉진공단 소속하의 일산직업전문학교, 인정직업훈련시설(민간훈련시설, 장애인 이용시설, 안마수련원), 공공직업훈련시설, 특수학교 등을 통해 실시하고 있다. 그런데 1999년 12월 현재, 장애인 직업훈련전문시설은 일산직업전문학교 1개에 불과하여 장애인의 직능인력화에 기여할 수 있는 충분한 직업훈련을 실시하지 못하고 있는 실정이다. 그러나 건립 중인46) 직업재활종합센터, 부산직업전문학교, 대전직업전문학교가 훈련을 실시

스, 장애인 재활지원 및 직업재활 등은 보건복지부의 소관 업무이며, 장애인의 교육재활은 교육부의 업무로 되어 있고, 노동부는 장애인 직업교육·훈련을 담당하는 것으로 구성되어 있다(노동부, 1999, 노사관계백서).

45) 이러한 측면은 장애인고용정책 예산을 통해서도 확인될 수 있는데, 1999년 예산을 기준으로 할 때, 노동부 장애인고용예산 70,600백만 원에서 직업능력개발사업 예산은 600백만 원에 불과하며, 장애인고용촉진공단 예산에서 직업능력개발사업이 차지하는 비율은 16%이다.

46) 장애인고용촉진공단의 국정감사 현황보고자료(1999)에 의하면 이 밖에 전남직업전문학교, 대구직업전문학교, 시각장애직업전문학교, 정신지체직업전문학교가 건립계획 중에 있다.

하는 2,000년 이후에는 470명 이상이 직업훈련의 혜택을 받을 수 있을 것으로 예상되고 있다(장애인고용촉진공단, 1999, 업무현황보고).

<표 10.5> 직업훈련시설의 장애인 직업훈련 실적

(단위: 명)

연 도	1997년				1998년				1999년			
구 분	기관수	정 원	수료	훈련중	기관수	정 원	수료	훈련중	기관수	정 원	수료	훈련중
계	70	16,340	66	762	83	17,822	122	1,298	95	19,772	733	1,668
공공직훈	48	15,165 (비장애인)	4	103	48	16,297 (비장애인)	39	150	49	17,782 (비장애인)	108	228
특수학교	16	655	-	374	20	685	39	463	20	685	269	511
인정직훈	3	285	-	152	5	295	39	196	18	965	356	624
장애인이 용시설 등	3	235	62	133	10	335	5	256	8	80	0	83
일산학교	*	*	*	*	1	210		233	14	210	0	222

자료: 장애인고용촉진공단, 1999, 업무현황보고

직업훈련 이외에 노동부는 1986년부터 장애인재활협회에 위탁하여 실시해 온 장애인 직업지도교육(1주 과정)을 전환하여, 1991년부터는 장애인의 올바른 직업관 확립과 사회적응력 향상을 위해 4주 과정의 직업적응훈련을 매년 실시하고 있다.

<표 10.6> 연도별 직업적응훈련 실시 현황

(단위: 회, 명)

연 도	1991	1992	1993	1994	1995	1996	1997	1998
훈련과정	3	3	3	4	4	4	4	4
실시회수	1	-	6	14	17	17	24	161
훈련인원	50	145	182	370	419	560	603	588

자료: 노동부, 각 년도 노동백서

그런데, 장애인의 직업재활에 있어서는 장애인이 취업을 확보하는 것이 최종단계가 아니며, 고용을 계속 유지해 나가고 이를 통해 사회통합을 촉진하는 것에 중요한 의미가 있다. 이런 점에서 장애인이 고용 후에 직업생활에 적응하고 직장에서 장애인에 대한 이해를 높이고 장애인들이 만족할 수 있는 직업생활을 통해 자립할 수 있도록 하는 것이 필요하며, 이를 제공하는 것이 사후지도이다. 사후지도가 중요한 것은 현실적으로 장애인의 직장적응과 유지는 근로자에 대한 비장애인동료들의 인식과 태도에 큰 영향을 받을 수 있고, 또한 작업장의 편의시설이나 교통시설 등의 문제가 발생할 수 있기 때문이다. 장애인이직에 관한 연구결과에 따르면, 장애인의 이직원인으로는 장애인의 직무수행에 따른 작업능력의 저하, 둘째 인간관계 및 사회기술의 문제, 셋째 원조기관으로부터의 개입이 끝난 후 발생되는 문제 때문이라고 한다(장애인고용촉진공단. 1992: 159). 따라서 장애인고용의 촉진적 전략에서는 장애인의 고용 달성뿐만 아니라 장애인의 이직문제를 해결하고 직무만족을 높이기 위해 고용 이후 어느 정도 지속적인 원조의 제공이 필요하게 된다. 현재 공단이 실시하고 있는 사후지도 방법에는 방문, 전화, 내방, 서신, 가정방문 등을 통한 사후지도를 하고 있다.[47]

---

47) 각 사후지도방법의 의미는 다음과 같다.
　　-방문: 공단직원이 장애인 취업처에 출장방문하여 사후지도 실시
　　-전화: 취업자의 취업처나 가정에 전화로 근황을 묻는 사후지도
　　-내방: 취업자가 직접 공단사무소에 방문하여 사후지도를 실시
　　-서신: 편지로 사후지도
　　-가정방문: 취업자의 가정에 퇴근 이후 시간을 이용하여 방문하여 사후지도

<표 10.7> 장애인고용촉진공단의 사후지도 실시 현황

(단위: 명, 개소, 회)

연 도	사후지도 대상자수	대상 사업장수	사후지도 실시횟수	사회지도 방법				
				방 문	전 화	내 방	서 신	가정 방문
1996	3,577	3,076	3,626	1,486	1,782	356	2	–
1997	4,183	3,328	4,610	1,564	2,518	285	36	207
1998	5,027	4,811	8,013	3,302	4,118	560	16	17
1999. 7	4,735	3,911	7,290	2,485	4,456	245	6	1

자료: 장애인고용촉진공단, 1999, 국정감사자료

한편, 교육·훈련 이외에 장애인공촉진공단은 장애인고용촉진법(제 53조)에 의해 장애인을 상시 10인 이상 고용하는 사업주에 대해 장애인근로자의 직업생활에 관한 상담 및 지도를 위하여 선임하도록 되어 있는 장애인직업상담원의 양성을 위해, 장애인을 다수 고용한 사업체의 인사·노무 담당자 등 상담원 선임예정자들을 대상으로 2주 과정의 직업생활상담원 양성교육을 실시하고 있으며, 직업생활상담원의 자질향상을 위해 기존 자격취득자들을 대상으로 워크샵과 연수교육을 실시하고 있다.

제11장
장애인고용정책의 집행결과

장애인고용증진을 목표로 하는 장애인고용정책이 얼마나 성과를 거두느냐 하는 것은 무엇보다 정책대상 집단인 사업주의 행태를 어떻게 변화시키느냐에 달려 있다. 이런 점에서 장애인고용정책의 집행전략은 정책대상 집단인 사업주들이 정책 의도대로 장애인고용을 확대하도록 하기 위한 정책도구의 결합인 것이다. 따라서 장애인고용정책의 집행결과는 곧 정책대상 집단의 각 전략에 대한 반응 또는 그 결과로 파악될 수 있을 것이다. 다음에서는 제10장에서 살펴본 장애인고용정책의 전략구성에 따라 정책대상 집단의 반응과 성과를 검토하기로 한다.

1. 처벌의 전략에 대한 반응과 성과

장애인고용정책의 가장 기본적인 전략으로 파악되는 처벌의 전략은 의무고용제도와 부담금제도를 통해 장애인고용을 강제하고자 하는 것이다. 즉 상시 300인 이상 근로자를 고용하는 사업주에 대하여 근로자의 2% 이상을 장애인으로 고용하도록 명령하고, 이에 미달하는 사업주에 대해서는 부담금을 부과하는 전략을 사용함으로써 상시 근로자 300인 이상의 사업장에 장애인의 고용을 촉진시키고자 하는 것이다. 부담금제도는 의무대상 사업주들에게 기준고용률의 불이행에 따른 부정적 강화기제를 제공함으로써 장애인을 고용하도록 유인하기 위한 것이다.

그런데 장애인고용정책이 실시된 지 10년이 지나는 동안 의무고용대상 사업주들의 장애인고용률은 거의 증가하지 않고 부담금만 늘어나고 있는 실정이다. 1998년 12월말 현재, 의무대상 사업주 1,740개소 중에서 기준고용률을 이행하고 있는 사업주는 10.8%(188개소)에 불과한 실정이다(노동부, 1999, 국정감사자료). 이는 의무고용대상 사업주들이 정책이 의도하는 대로 장애인을 고용하는 것보다 부담금 납부가 유리하다고 보아 부담금의 납부를 선택하고 있기 때문이다. 이러한 사업주들의 나타내는 역선택의 결과는 장애인고용정책의 처벌의 전략이 얼마나 무력한 것인가를 보여주는 것이다.

<표 11.1> 연도별 의무고용대상 사업체 장애인고용 현황

(단위: 명, %, 1998년 12월말 현재)

연도	대상 사업체수	상시 근로자수	적용대상 근로자수	고용의무 인원	장애인 근로자수	고용률 (%)	기준고용률(%)
1990	2,017	2,448,361	–	21,000	7,758	0.37	–
1991	2,178	2,808,557	2,170,898	33,692	8,764	0.40	1.0
1992	2,242	2,885,010	2,152,751	33,411	8,748	0.41	1.6
1993	2,158	2,640,209	2,013,363	39,059	8,843	0.44	2.0
1994	2,141	2,719,944	2,092,005	40,585	9,097	0.43	〃
1995	2,229	2,922,444	2,238,490	43,505	9,582	0.43	〃
1996	2,231	2,976,014	2,279,116	44,455	10,185	0.45	〃
1997	2,184	2,907,897	2,240,868	43,411	10,331	0.46	〃
1998	1,919	2,537,312	1,952,499	38,145	10,625	0.54	〃

자료: 한국장애인고용촉진공단, http://kepad.or.kr/liblary/stat/emp_stat.htm
1998년 현황: 한국장애인고용촉진공단, 1999, 국정감사제출자료

<표 11.1>연도별 의무고용대상 사업체의 장애인고용 현황을 보면, 1998년 12월말 현재 의무대상 사업주들의 장애인고용률은 0.54%에 불과하다. 이는 장애인고용정책실시 이전인 1990년의 0.37%에 비교할 때 거의 9년 동안 겨우 0.14%(2,837명)가 증가하였다는 것이다.

이와 같은 장애인고용에 대한 기피는 대기업일수록 더욱 심각하게 나타나고 있다. 30대 그룹의 장애인고용 추이를 보면 1998년 12월말 현재 장애인고용률 0.31%로 이는 의무대상 사업주의 고용률 0.54%보다도 훨씬 더 낮은 수치이다. 30대그룹이 의무적으로 고용해야 할 장애인근로자 수는 14,460명이지만 실제로 고용한 장애인근로자 수는 2,249명에 불과하다. 결국 30대 재벌그룹들은 12,201명의 장애인근로자를 고용하는 대신 31,312,214,000원의 부담금의 납부를 선택한 셈이다.

<표 11.2> 30대 그룹의 연도별 장애인고용 현황

연 도	사업체 수	상시 근로자 수	적용대상 근로자 수	고용의무 인원	장애인근로자 수	고용률 (%)	부담금 총액(천 원)
1998	289	937,909	727,727	14,460	2,259	0.31	31,312,214
1997	338	1,100,291	854,268	16,926	2,372	0.28	34,036,030
1996	350	1,259,800	905,764	17,950	1,982	0.22	28,081,823

자료: 노동부, 1999, 국정감사자료

그런데 현재 장애인고용정책의 재원이 되는 장애인고용촉진기금이 거의 기업이 납부하는 부담금으로 조성되고 있다는 사실은 처벌의 전략의 정당성을 약화시키는 하나의 요인으로 볼 수 있다. 1993년에서 1998년 12월말 현재까지 장애인고용촉진기금의 조성현황을 보면, 기업의 부담금 대비 정부출연금 비율이 겨우 1.2-1.4%(1998년 12월말 기준, 기업 부담금이 794,470,070천 원, 정부출연금은 10,000,000천 원)에 불과한 실정이어서, 부담금의 납부가 곧 장애인고용정책의 재원이 되는 결과가 됨으로써 기업의 장애인고용부담금 납부를 정당화할 우려가 있다고 할 것이다.

한편, 의무대상 사업주로서 부담금 납부의 대상이 되지 않는 국가와 지방자치단체의 장애인 공무원 고용률을 보면, 1991년 0.51%, 1993년 0.71%, 1997년 0.99%, 1999년 6월 현재 1.32%로 꾸준히 증가하여 민간기업의 장애인고용률 0.54%(1998년 말 현재)에 비해 상당히 높은 수치이기는 하였지만, 기준고용률에 2%에는 거의 미치지 못하고 있는 실정이다.48) 이와 같은 국가와 지방자치단체의 낮은 장애인고용률이 갖는 문제는 민간사업체에 대한 처벌의 전략 행사의 정당성을 약화시키는 중요한 요인이 될 수 있다는 점이다. 장애인고용정책의 집행의 정치과정에서 살펴본 바와 같이 장애인고용정책의 처벌의 전략에 대한 적대적 태도를 보이는 기업들은 의무고용제의 폐지 또는 완화를 주장할 때마다 국가의 낮은 고용률과 부담금 납부의 문제를 제기하면서 국가가 책임져야 할 장애인고용의 재정적 책임을 기업에만 전가한다는 불만을 표시해 왔음을 주목할 필요가 있을 것이다.

〈표 11.3〉 연도별 국가 및 지방자치단체 장애인고용 현황

(단위: 명, %, 1999년 6월말 현재)

연 도	적용대상 공무원 수	고용의무인원	장애인 공무원	고용률(%)
1991. 1	291,584	5,793	1,504	0.52
1992. 1	256,403	5,128	1,698	0.66
1993. 1	279,480	5,548	1,987	0.71
1994. 1	280,887	5,580	2,181	0.78
1995. 1	279,480	5,568	2,309	0.83

---

48) 그 외, 정부투자기관 및 출연기관의 장애인고용률은 공무원고용률보다 더 낮은 실정이다. 1999년 6월 현재 정부투자기관의 장애인고용률은 1.08%, 출연기관의 고용률은 1.16%에 불과한 실정이다(노동부, 1999, 국정감사자료).

연 도	적용대상 공무원 수	고용의무인원	장애인 공무원	고용률(%)
1996. 1	291,325	5,794	2,565	0.88
1997. 1	294,594	5,851	2,926	0.99
1998. 1	305,542	6,073	3,303	1.08
1998. 6	311,388	6,186	3,570	1.15
1999. 6	276,491	5,490	3,636	1.32

자료: 한국장애인고용촉진공단, http://kepad.or.kr/library/stat/koji_stat.htm
1999. 6 현황은 노동부, 1999, 국정감사자료

이상과 같이 처벌의 전략에 대해 의무고용대상 사업주들은 낮은 고용률과 부담금 납부의 선호라는 반응으로 나타나고 있으며, 이러한 현상은 경제적인 부담능력이 큰 대기업일수록 더욱 강하게 나타나고 있다. 그러므로 처벌의 전략이 성과를 거두기 위해서는 다음의 사항들을 고려되어야 할 것이다.

첫째, 부담금의 액수를 상향조정할 필요가 있다. 장애인고용보다 재정적 부담이 되는 부담금의 납부를 선호하고 있는 대기업들의 반응은 결국 장애인고용을 강제하기 위해 존재하는 부담금이 전혀 부정적 강화기제의 역할을 하지 못하고 있다는 것을 의미한다. 본래 처벌의 전략에 있어 부정적 강화기제로서 부담금은 불응에 따른 비용을 높게 함으로써 정책이 의도하는 대로 행태를 변화시키도록 유인하기 위한 것이다. 그런데 불응에 따르는 처벌의 순비용 증가가 순응의 비용에 비해 같거나 낮게 감지된다면 행태 변화가 일어나기는 어렵다는 점에서, 의무고용대상 사업주들의 행태 변화를 유인하기에는 현재의 부담금 기초액의 수준을 높여야 할 것으로 판단된다. 그러나 이러한 변화이전에 부담금의 성격을 먼저 명확히 규정할 필요가 있다고 본다. 즉 부담금이 의무대상 사업주의 장애인고용을 촉진하기 위한 처벌기제인가 아니면 부족한 장애인고용정책의 재원인가에 대한 성격이 분명해질 때, 부담금이 실질적인 처벌의 기제로서 작용할 수 있을 것이다.

둘째, 부담금의 부과를 일률적 적용에서 사업주의 정책순응 행태에 따라 차등 적용시킬 필요가 있다. 부담금 고액납부 상위 20개 기업의 명단에서 확인할 수 있는 것과 같이 이 상위 그룹의 기업들은 수년 동안 거의 변동이 없는 실정이다(환경노동위원회, 1999). 특히 상위 4개 업체(삼성전자, 현대자동차, 한국통신, LG전자)의 경우는 1996~1998년까지 3년 동안 변함없이 최고순위를 지키고 있다(장애인신문, 1999. 10. 11). 따라서 기초액을 일괄적으로 모든 사업주에 적용하기보다는 정책순응 정도-즉 장애인고용률의 변화-에 따라 부담금 기초액의 적용을 차등화하여 악성 사업주에 대해서는 상대적으로 높은 부담금을 적용하는 것이 정책의 실효성을 높이는 데 기여할 것으로 판단된다.

셋째, 처벌의 전략의 정당성을 확보하기 위해서는 먼저 국가와 지방자치단체의 공무원고용의무기준율의 달성이 선행되어야 할 것이다. 공무원 의무고용률이 민간기업의 고용률보다는 높은 것으로 나타났지만, 정부기관의 장애인고용의무적용제외율을 고려한다면 실제 장애인 공무원 고용률은 더 낮은 실정이다.[49] 더구나 의무고용대상 사업주이면서도 국가와 지방자치단체는 고용부담금 납부를 면제받고 있을 뿐만 아니라 장애인고용촉진기금에 대한 1%대의 미미한 액수의 정부출연 등은 부담금 납부가 강제되는 기업에게는 처벌전략에 대한 불만과 저항 및 정부에 대한 불신을 초래하게 된다. 따라서 처벌의 전략의 실효성을 거두기 위해서는 공무원의 의무고용률이 우선적으로 달성되는 것이 필요하다.

---

49) 공무원의 장애인고용의무적용제외율은 1996년 기준으로 68.0%이다. 즉 장애인고용의무율 적용대상이 되는 공무원 수는 전체 공무원 911,772명의 32%인 291,325명에 불과한 실정이므로, 공식적인 고용률보다 실제로 고용되는 장애인 공무원의 고용률은 훨씬 더욱 미흡한 것으로 판단될 수 있다.

2. 보상전략에 대한 반응과 성과

보상의 전략은 장애인고용에 대해 보상(금전제공 혹은 조건의 패키지)을 제공함으로써 사업주들의 장애인고용을 유인하고자 하는 전략이다. 장애인고용정책의 보상의 전략은 기준율 이상의 장애인고용에 대해 의무고용대상 사업주에게 고용지원금을, 비의무고용대상 사업주에게는 고용장려금을 지급하고, 신규장애인을 고용하는 사업주에 대해서는 2-3년 동안 고용보조금 지급하며, 장애인고용 시설개선자금의 저리 융자 및 무상지원 등을 긍정적 강화기제로 사용하여 장애인고용을 확대하려고 하고 있다.

그런데 장애인고용지원금 지급 현황을 보면 고용지원금이 사업주들에게 별로 정적인 유인가를 제공하지 못하고 있는 것 같다. 1993년과 1995년을 비교하면 지급단가는 2배가량 상향조정되었음에도 지급사업체 수와 지급금액은 오히려 감소하였다. 그렇지만 1997년부터는 지원금 지급사업체가 전년도에 비해 상당히 증가하기 시작하였음을 보여주고 있다. 그러나 지원금의 지급단가가 기본적으로 낮게 책정되어 있기 때문에 대규모 기업에 대해서는 보상의 전략이 실효를 거두기는 어렵다고 하겠다.

〈표 11.4〉 장애인고용지원금의 지급 현황

(1999년 6월말 현재)

연 도	지급사업체 수	지급금액(천 원)	지급단가
1993	76	226,839	1인당 / 월65,000원
1994	50	124,620	1인당 / 월69,000원
1995	49	215,631	1인당 / 월119,000원
1996	77	461,768	1인당 / 월159,000원
1997	108	616,601	1인당 / 월173,000원
1998	116	768,037	1인당 / 월190,000원
1999. 6	93	699,500	1인당 / 월202,000원

자료: 노동부, 각 년도 노동백서; 장애인고용촉진공단, 1999, 국정감사자료

　장애인고용의무대상이 아닌 상시 근로자 300미만의 사업주가 2% 고용기준율을 초과하여 장애인을 고용하는 것에 대해 지급하는 고용장려금의 경우에는 지원금에 비해서는 상대적으로 사업주들에게 보상의 유인가를 제공하고 있는 것으로 보인다. 고용장려금 지급 현황을 보면, 장려금의 지급단가가 지원금이 50% 수준으로 책정된 1993년과 1994년에는 지급사업체가 각각 23개와 34개 업체로 저조하였으나, 지급단가가 지원금과 동일 수준으로 상향조정된 1995년부터는 지급사업체 수와 지급금액이 급증하기 시작하여 1998년 12월말 현재 장애인고용 장려금은 356개 사업체에 대해 4,534,612천 원이 지급되었다. 이와 같은 장려금의 지급사업체의 수 및 지급금액을 같은 시점의 의무고용 사업주를 대상으로 하는 지원금의 지급 현황(1998년 12월 현재, 116개 사업체에 대해 768,037천 원 지급)과 비교해 보면 보상전략으로서 장려금의 유인효과가 더 큰 것으로 판단할 수 있다. 이와 같은 장려금 지급 현황의 결과는 보상의 전략이 300인 미만 사업주를 대상으로 할 때 보상의 전략이 보다 높은 효과를 거둘 수 있을 것임을 시사한다. 이는 대부분의 장애인들이 상시 근로자 300인 이하의 소규모사업장에 취업하고 있다는 점에서도 상당한 설득력이 있는 것 같다.[50]

<표 11.5> 장애인고용장려금의 지급 현황

(1998년 12월말 현재)

연 도	지급사업체 수	지급금액 (천 원)	지급단가
1993	23	100,950	1인당 / 월32,000원
1994	34	141,368	1인당 / 월34,000원
1995	117	873,808	1인당 / 월119,000원
1996	278	2,369,755	1인당 / 월159,000원
1997	306	3,298,637	1인당 / 월173,000원
1998	356	4,534,612	1인당 / 월190,000원

자료: 노동부, 각 년도 노동백서

---

50) <사업체 규모별 장애인의 취업 현황>을 보면 다음과 같다.

　　1996년부터 중증장애인의 고용촉진과 장애인고용 창출을 위해 실시되고 있는 장애인고용보조금 지급 현황을 보면, 1996년부터 1998년까지 3,162명에 대하여 66억 원이 지급되었고, 1998년 상반기에는 1,264명에 대해 20억 원의 고용보조금이 지급된 것으로 나타나, 사업주들로부터 상당히 긍정적인 반응을 거두고 있는 것으로 보인다. 이것은 고용보조금의 지급목표와 지급실태를 비교해 볼 때에도 1997년과 1998년에는 지급 대상의 목표액보다 더 많은 보조금이 지급되었다는 사실에서도 사업주들에게 상당한 유인효과가 있음을 시사한다고 하겠다. 그런데 한편으로는 고용보조금의 지급이 신규 채용부터 경증장애인의 경우 2년간, 중증장애인의 경우 3년간 지급되기 때문에 일부에서는 사업주들이 기존 장애인근로자를 계속 고용하기보다는 보조금을 지급 받기 위해 신규장애인을 채용하려함으로써 이직 등 장애인의 직업안정의 침해를 우려하기도 한다(국회노동환경위원회, 1999).

(단위: 명, 1999년 8월말 현재)

연도 사업체 규모	1996	1997	1998	1999. 8
5인 미만	394	527	473	585
5-9인	410	466	696	701
10-29인	875	1,020	1,791	1,899
30-99인	1,012	958	1,126	1,133
100-299인	428	267	310	456
300-499인	220	399	272	396
500인 이상	238	479	359	539
계	3,577	4,183	5,027	5,709

자료: 장애인고용촉진공단, 1999, 국정감사자료

<표 11.6> 장애인고용보조금의 지급 현황

(단위: 천 원, 1999년 8월말 현재)

연 도	목 표[a]		지 급[b]	
	지급대상	지급금액	지급대상 (사업체 수)	지급금액
1996	450	1,152,448	384(106)	861,173
1997	252	2,645,217	1156(252)	2,443,000
1998	375	3,113,376	1622(375)	3,307,184
1999.8	-	-	1,833(413)	2,974,168

자료: a) 노동부, 1999, 국정감사자료
　　　 b) 장애인고용촉진공단, 1999, 국회예산결산위원회제출자료

　장애인고용촉진공단은 보상의 전략의 하나로 장애인고용에 필요한 작업시설, 장비, 편의시설, 출퇴근용승합자동차 등의 확보, 개선에 필요한 비용에 대해 연리 3%, 5년 거치 5년 분할상환 조건으로 융자 또는 무상지원하고 있는데, 1996년 - 1998년까지 지원 현황에서 나타나고 있는 것처럼 해마다 꾸준히 증가하고 있다. 그러나 시설자금융자나 무상지원의 경우 애초의 공단목표액과 비교해 보면 실제로 지급되는 금액은 상당히 적은 것으로 드러나고 있다. 특히 무상지원의 경우, 1998년도 목표액은 2,468,000천 원으로 설정되었지만 실제 지원된 금액은 20%(505,388천 원)에 불과하다. 이것은 무상지원의 경직성으로 인해 많은 지원 사업체들이 지원조건을 충족시키지 못하고 있기 때문이기도 하다.

<표 11.7> 시설, 장비 구입자금 융자 및 무상지원 현황

(단위: 천 원, 개소, 명, 1998년 12월 현재)

구 분	1996		1997		1998	
	대 상	금 액	대 상	금 액	대 상	금 액
시설자금융자	58	6,503,493	63	9,180,385	77	9,220,295
무상지원	16	355,507	28	684,802	46	505,388
복지공장융자	3	4,000,000	3	2,966,630	4	2,353,628

자료: 노동부, 1997; 1998; 1999, 노동백서

이러한 보상의 전략은 처벌의 전략과 달리 집행자(노동부)와 사업주 사이에 불편한 마찰을 유발시키지 않고 사업주의 행태 변화를 유인할 수 있는 전략이라는 점에서 장애인고용증진이라는 정책 의도의 실현에 기여도가 높을 것으로 기대되어, 사업주와의 불편한 관계를 원하지 않는 집행자에 의해 선호되는 경향이 있다. 그러나 앞의 통계 자료들에서 나타나고 있는 것처럼 현재로는 보상의 전략이 거의 효과를 발하지 못하고 있다. 이것은 보상의 전략에 내재된 문제라기보다는 전반적인 경제적 지원 수단의 보상의 수준이 너무 낮기 때문에 사업주들을 유인할 만한 경제적 유인책이 되지 못하고 있기 때문이다.

그러므로 보상의 전략이 성공을 거두기 위해서는 먼저 적절한 보상의 대상(혹은 조건)을 선택해야 하며, 선택된 대상에 대해 충분한 수준의 보상을 제공해야 할 것이다. 다시 말해, 이러한 보상의 전략이 실효를 거두기 위해서는 먼저 정책대상자인 사업주들의 순응 행태를 기준으로 적극적으로 장애인고용을 하는 모범적 사업주(good apples)에 대해 실질적인 보상이 제공되어야 하는 것이다. 그렇지만 이러한 보상의 전략의 이용이 정책대상 행위자들로 하여금 때때로 바람직하지 않은 선택 - 이를테면, 주어진 경제적 지원의 전부 혹은 일부를 다른 용도로 유용하는 것 - 을 할 수 있는 기회를 제공하는 결과가 되어 재정만 낭비될 수도 있다는 점에서, 전략의 효과성을

확보하기 위해서는 지원 대상 사업주에 대한 충분한 정보와 지식에 기초하여 정확하게 적용·관리하는 것이 필요하다.

3. 정보제공 전략의 성과

장애인의 고용을 어렵게 하는 장애 요인의 하나는 사업주의 장애인에 대한 편견 또는 차별적 태도이다. 따라서 장애인에 대한 이해와 장애인고용에 대한 사회적 책임에 공감할 수 있다면 사업주들이 자발적으로 장애인의 고용문제가 근본적으로 해결될 수 있을 것이다. 이런 점에서 정보제공의 전략은 강제성에 기초한 처벌의 전략이나 비현실적인 보상의 전략보다 효과적인 전략이라고 할 수 있을 것이다(전영평, 1995). 장애인고용촉진공단의 사업들은 이러한 정보제공의 전략을 상당히 수용하고 있는 것으로 평가되고 있다. 그러나 공단이 제공하는 정보의 메뉴는 상당히 한정되어 있고, 조사연구의 수준 또한 미흡한 것으로 보이며, 대체로 공단의 정보제공의 전략은 취업알선사업에 집중되어 있어 사업주들을 행태의 변화를 가져올 만한 설득적인 정보제공의 전략은 부족한 것으로 판단된다.

공단의 취업알선 실적의 현황을 보면 장애인의 취업이 해마다 꾸준히 증가해 오고 있으며, 특히 IMF 경제위기 상황하에서 정리해고와 대량실업이 발생한 1997년 이후에도 꾸준히 증가하고 있는 것은 공단의 취업알선 노력이 상당한 성과를 거두고 있다는 것으로 평가될 수 있다. 그러나 구직자의 수나 구인자의 수, 그리고 알선 건수에 비교해 볼 때, 취업건수는 상대적으로 매우 낮은 실정이다. 특히 이런 측면은 의무고용사업주를 대상으로 한 취업알선에서 더욱 분명하게 나타나고 있다. 이렇게 취업알선의 성과가 부족한 것은 구직자에 대한 과학적인 직업능력평가와 구인직무분석을 통해 장애인의 취업

욕구와 사업체의 요구를 동시에 충족시키는 적절한 체계가 확보되지 못하고 있기 때문으로 볼 수 있다.

<표 11.8> 연도별 장애인 취업알선 실적

(단위: 명)

구 분	구 인	구 직	알 선	취 업
1998	9,179	14,140	17,437	6,467
1997	10,896	8,585	13,537	5,041
1996	12,089	8,185	11,944	4,222
1995	11,418	7,443	10,134	3,247
1994	9,306	8,020	7,893	3,093
1993	7,097	7,028	6,100	1,952

자료: 노동부, 각 년도 노동백서

<표 11.9> 장애인고용촉진공단의 의무고용사업체 취업알선 실적

(단위: 명)

연 도	구인 수(업체 수)	취업알선	취업확정
1995	1365(226)	1,217	359
1996	1244(332)	1,375	458
1997	1457(392)	2,076	878
1998	813(274)	1,458	631
1999. 7	893(252)	1,273	822

자료: 한국장애인고용촉진공단, 1990, 국정감사 제출자료.

이와 같은 취업알선상의 문제는 사업주에게 장애인에 대한 종합적 정보를 제공하고 취업을 확대시키기 위해 시작된 채용박람회 개최의 결과에서도 발견되고 있다. 1997년 이후 3회의 채용박람회에서 756개의 업체에 대해 9,544명이 구직을 신청하였으나 그중 10.14%(968명)만이 취업을 하였다. 그런데 취업률보다 심각한 것은 이들 취업 장애인들이 취업 후 6개월 내에 이직한 자가 전체 취업알선된 장애인의 54%(521명)에 이르고 있으며, 특히 1998년에는 383명의 취업 장애인 중에서 255명

(67%)이 이직을 하였다는 사실이다. 이는 그만큼 공단의 취업알선이 임시적 고용증진에만 매달려 체계적이지 못하기 때문이라고 하겠다.

〈표 11.10〉 채용박람회의 성과 및 지출 현황

(단위: 명, 개소, %, 천 원)

구 분	구 직	업 체	취 업	취업률(%)	지출액(천 원)
1997. 4	2,280	229	331	15.52	55,528
1997. 9	2,683	242	254	9.47	65,593
1998. 9	4,581	285	383	8.36	63,857
합 계	4,963	471	585	10.14	121,121

자료: 노동부, 1998, 국정감사자료

이러한 사실들에 비추어볼 때, 취업알선 등 정보제공의 전략이 성공하기 위해서는 무엇보다 정확한 정보 개발 및 제공을 가능하게 하는 충분한 예산과 전문 인력의 확보가 우선되어야 할 것이다. 이런 점에서 최근 공단의 장애인고용정보 데이터베이스(DB)구축 등 정보관리체계에 대한 투자의 확대는 향후 정보제공이 전략이 보다 실효를 거두는 인프라를 형성할 것으로 기대된다.

한편, 정보제공의 전략의 중요성은 단순히 지식을 전달할 뿐만 아니라 정책이 의도하는 방향으로 정책대상자들의 행동을 유도하기 위하여 설득적 수단을 사용한다는 것이다. 즉 정보의 제공자는 객관적이고 정확한 사실에 대한 지식뿐 아니라 정책대상자들에게 무엇이 나쁘고 좋은지, 옳고 그른지에 대한 주관적인 정보제공을 통해 사업주들의 행태를 변화시켜야 한다는 것이다. 그런데 이러한 정보제공의 전략을 통해 장애인고용에 대한 사업주의 태도를 변화시켜 자발적으로 장애인고용을 하도록 설득하려면, 먼저 정부가 먼저 기준고용률 이상을 달성하는 선도적 역할을 해야 할 것이다. 이는 특히 장애인고용정책에 대한 불만과 부정적 반응을 나타내어온 경제단체들이 정부는 장애인고용률을 지키지 않으면서도 기업에만 장애인고용을 강제하고 부담금을 징수하는 것을 비판하면서 장애인고용정책 자체의 정당성에 대해 의문을 제기해 왔다는 점에서, 설득적인 정보제공의 전략이 실효를 거두기 위해서는 무엇보다 장애인의무고용 준수에 대한 정부의 선도적 역할이 선행이 기업의 설득하기에 앞서 선행되어야 할 중요한 과제라 할 것이다.

<표 11.8> 장애인고용정보 DB구축을 위한 예산 현황

(단위: 백만 원, 1999년 12월 현재)

구 분	1998년 예산(A)	1999년 예산(B)	예산 증감(B-A)
총 계	297	575	▲278
1. S/W 개발비	–	231	▲231
2. H/W	187	236	▲49
－주전산기	123	165	▲42
－W/S	–	14	▲14
－단말기	40	19	▼21
－기타	24	38	▲14
3. S/W	32	35	▲3
4. 통신망	48	44	▼4
－H/W	17	5	▼12
－통신비	31	39	▲8
－기 타	–	–	–
5. 기 타	30	29	▼1

자료: 장애인고용촉진공단, 내부 자료

4. 촉진적 전략의 성과

장애인고용정책이 촉진적 전략은 장애인고용의 완화적 모형에 입각하여 장애인이 고용되어 일할 수 있는 능력과 기술을 갖추고, 심리적 장애를 해소함으로써 작업현장에서 적응할 수 있는 태도를 갖추게 함으로써 장애인의 고용증진을 달성하고자 하는 전략이다. 그래서 촉진적 전략은 노동시장에 대한 정부의 직접적인 개입에 따른 기업의 적대감을 유발하지 않고, 장애인이 더이상 사업주들에게 귀찮은 짐이 아니라 진정한 노동력을 갖춘 인적 자원이 될 수 있도록 함으로써 장애인고용의 증진을 가능하게 대안적 전략이라고 할 수 있다(전영평, 1995: 289).

〈표 11.9〉 장애인직업훈련 실시기관 현황

(단위: 소, 명, 1999년 2월 현재)

구 분	1997		1998	
	기관 수	수료인원	기관 수	수료인원
일산직업전문학교	1	195	1	232
공공직업훈련시설	38	107	41	180
특수학교 전공과	16	374	20	491
인정직업훈련시설	3	152	4	217
장애인이용시설 등	2	111	5	253
안마수련원	1	84	1	81
계	61	1,023	71	1,466

자료: 노동부, 1999, 국정감사자료

보건사회연구원(1996)의 조사결과에 따르면, 장애인의 직업훈련이 현재의 취업에 도움이 되었다는 응답이 전체 61.4%라는 점에 비추어 볼 때, 직업훈련의 중요성을 알 수 있다. 현재 유일한 전문적인 장애인직업훈련학교인 일산직업전문학교의 직업훈련 실적을 보면, 1992-1998년에 1,470명을 훈련하였으며, 1997년의 자격취득률은 93%, 취업률은 88%를 나타내었고, 1998년에는 7개 공과 9개 직종에 대해 252명을 모집하여[51] 1년 과정의 훈련을 실시하여 233명이 수료하여,

그중 227명이 기능사 자격증을 취득하였고, 219명이 취업하여 94%의 취업률을 보이고 있다. 따라서 일산직업전문학교의 직업훈련 성과가 매우 긍정적이라고 평가될 수 있다. 하지만 일산직업학교의 훈련이 경증장애인 위주로 실시되고 있어, 최근에 계속 증가하고 있는 중증장애인에 대한 훈련기능이 미약하다는 한계를 드러내고 있다.[52]

또한 직업훈련의 성과는 장애인의 직업훈련 수요에 비추어서 평가될 필요가 있는데, 보건사회연구원의 조사결과(1996)에 따르면 장애인의 직업훈련 희망하는 장애인의 비율을 16%로 나타나고 있다(보건사회연구원, 1996: 198). 이 조사결과에 따르면 전체 직업훈련 희망 장애인 수는 약 16만 명으로 집계될 수 있다.[53] 따라서 현재의 장애인직업훈련기관의 정원으로는 장애인의 직업훈련 수요를 감당하기는 불가능하다고 할 것이다.

이러한 직업훈련 수요에 대응하여 공단은 현재 다양한 직업훈련기관의 지원을 통해 장애인의 직업훈련을 제공하고 있지만, 장애인의 직업수요를 감당하기에는 역부족이다. 또한 공단은 가장 훈련정원이

---

51) 일산직업전문학교 공과별 정원을 보면 다음과 같다.

공 과	전산응용기계	전 자	의 상		인쇄매체	목칠공예		귀금속공계	멀티미디어
직 종	선 반	전자기기	양장	한복	사진제판	목조	나전칠기	귀금속공예	O. A
인 원	30	30	15	15	30	15	15	30	30

자료: 장애인고용촉진공단, 1998, 업무현황보고

52) 1998년 현재 일산직업전문학교의 훈련생 252명 중에서 중증장애인은 122명 (48.4%)으로 집계되고 있다.
53) 여기서 직업훈련 희망 장애인 수의 산정은 전체 장애인 수에다 직업훈련 희망 비율을 곱하여 계산된다. 따라서 1995년 한국보건사회연구원의 장애인 센서스 결과 추정되는 장애인 인구 1,053,000명에 취업희망 비율을 곱하면 대략 16만 명이 된다.

많고 취업률이 높은 공공직업훈련시설을 지원을 통해 직업훈련을 확대하는 노력을 하고 있는데, 1996-1998년에 15개 교에 324명(6억), 99년 상반기 49개 교 240명(67백만 원)의 장애인에게 직업훈련을 하였다. 그러나 이 공공직업훈련기관에서의 장애인 통합훈련은 장애인을 위한 편의시설의 미비와 장애인의 특성을 고려한 전문상담 등의 직업재활체계가 미흡하여 많은 장애인들이 전용직업훈련시설을 선호함으로써 공공직업훈련기관의 총훈련인원 대비 장애인 훈련생 수는 1996년 0.3%, 1997 0.6%, 1998년 0.9%, 1999년 1.2%에 불과한 실정이다.

<표 11.10> 직업훈련비용 지원 실적 현황

(단위: 천 원)

연 도	1997			1998			1999		
구 분	기관수	예산액	지원총액(집행률;%)	기관수	예산액	지원총액(집행률;%)	기관수	예산액	지원총액(집행률;%)
계	71	8,965,960	3,488,512 (38.9)	83	5,720,655	3,356,476 (58.7)	92	5.669.670	1.937.960 (34.2)
공공직훈	48	392,862	88,209 (22.5)	48	1,663,972	539,207 (32.4)	49	827.710	121,087 (14.6)
특수학교	16	2,826,440	2,195,277 (77.7)	20	1,493,450	772,561 (51.7)	20	305.840	98,888 (32.3)
인정직훈	3	2,123,100	766,829 (36.1)	5	1,245,871	1,056,725 (84.8)	8	2.002.200	779,129 (38.9)
장애인이용시설 등	4	1,405,022	438,197 (31.2)	10	1,117,362	987,983 (88.4)	10	2.334.100	859,974 (36.8)
직업재활시설	-	2,218,536	0	-	200,000	0	8	200.000	78,883 (39.4)

자료: 한국장애인고용촉진공단, 1999. 국정감사자료

장애인 공단에 의한 인정직업훈련시설에 대한 지원 현황을 보면, 1998년 말 현재, 인정직업훈련시설 중 민간훈련시설(덕산직업전문학교, 삼육직업전문학교, 한국기술직업전문학교, 한국맹인복지연합회)에 1,056,725천 원을 지원하여 총 8개 직종에 174명이 수료하였고, 장애인 이용시설(대구장애인 종합복지관, 노틀담장애자 교육원, 성분도 재활원, 북부장애인 종합복지관, 정립회관)에 대해서는 657,246천 원의 지원을 통해 직업훈련을 실시하여 8개 직종 120명이 훈련을 수료하였으며, 안마수련원에 330,737천 원을 지원하여 안마수련생 47명이 수료하였다(노동부, 1999, 노동관계백서). 그 외 일반공공직업훈련시설 48개 훈련원(529백만 원 지원)에 189명이 훈련을 받았고, 특수학교 20개 교(773백만 원 지원)에서는 502명에 대해 훈련을 실시하였다(장애인고용촉진공단, 1999, 업무현황보고).

그런데 촉진전략에 있어 발견되는 중요한 문제는 공단이 취업시킨 장애인의 직종별 분포의 불균형이다. 특히 1999년 7월 현재 단순노무직의 비율이 55.3%로 취업 장애인의 절반 이상을 차지하고 있다는 점이다.[54] 이러한 결과는 구직 장애인의 낮은 교육수준 및 직업기술의 부족 때문이기도 하지만, 동시에 체계적인 직능평가, 직업 및 교육훈련의 부족, 그리고 취업알선 위주의 왜곡된 촉진전략의 결과로 평가될 수 있다. 결국 이런 점들이 높은 직업훈련 수요를 충족하

---

54) <직종별 장애인 취업 현황>을 보면 다음과 같다.

(단위, 명, 1999년 7월말 현재)

직종 \ 연도	1996	1997	1998	1999. 7
전문가(관리직)	10	35	116	63
준전문직(기술직 등)	59	79	85	109
사무직	518	335	565	593
서비스·판매직	182	194	136	137
농어업	1	5	4	2
기능직	832	519	729	550
기계조립	921	569	737	661
단순노무	1,254	2,447	2,655	2,620
계	3,577	4,183	5,027	4,735

자료: 장애인고용촉진공단, 1998, 1999, 국정감사자료

지 못하는 부족한 직업훈련시설, 전문적 능력의 미비, 홍보 부족 등과 함께 직업재활의 초기과정인 직업재활상담, 직업능력평가, 직업훈련 등으로 연결되는 고용알선체계의 미비와 직업재활 프로그램의 부족이라고 할 것이다.

〈표 11.11〉 장애인 직업훈련시설의 직업훈련 성과(1998. 3-1999. 2)

(1999년 2월 현재, 단위: 명)

구 분	기관수	정 원	입 소	중도 탈락	훈련중	수 료	자격취득	취 업			취업률 (%)
								계	조기취업	수료취업	
계	84	15,900	1,612	183	413	1016	431	462	297	165	45.5
공공직업 훈련기관	48	14,375	209	20	40	149	103	80	33	47	53.7
특수학교 전공과	20	685	554	52	209	293	6	66	25	41	22.5
장애인 이용시설	10	335	303	36	100	167	27	37	12	25	22.2
인정직업 훈련원	5	295	294	56	64	174	68	58	6	52	33.3
일산직업 전문학교	1	210	252	19		233	227	221	221		94.8

자료: 장애인고용촉진공단, 1999, 업무현황보고

5. 장애인고용정책의 집행전략과 결과의 요약

집행전략은 정책의 주요 목표와, 정책도구, 정책결과 등을 응집성 있는 하나의 전체로 통합시키는 양식(pattern)으로서 상이한 정책도구들의 결합(combinations of policy instruments)이다. 일정한 논리에 따라 결합된 특정의 정책목표를 지향하는 정책도구의 세트로서 집행전략은 집행결과와 정책목표를 연결하게 된다.

　장애인고용정책에 있어 정책도구를 결합시키는 정부개입 논리는 크게 두 가지의 모형으로 설명될 수 있다. 즉, 하나는 개인적 차원의 장애문제에서 출발하는 것으로서, 장애인고용의 촉진을 위해 장애인의 기능적 한계를 감소·완화하고자 하는 노동시장의 공급 측면에 초점을 둔 완화적 모형(ameliorative model)이며, 다른 하나는 노동시장의 수요조건에 초점을 두어 장애인의 고용조건의 변경을 통해 장애인고용을 촉진시키고자 하는 교정적 모형(corrective model)이다.

　교정적 모형은 보다 직접적인 노동시장에 대한 정부개입을 정당화하는 논리로서, 여기에는 장애인을 위한 고용기회의 창출 내지 확대 등 노동시장에 있어 장애인 노동력의 수요를 증대시키려는 전략적 대안이 강조되어진다. 이러한 교정적 모형의 정부개입 논리에 의거하면, 장애인고용을 위한 정부의 직접적인 고용창출 및 확대를 위한 다양한 집행전략이 사용될 수 있다.

　첫째, 현행 장애인고용정책에 있어 기본적 집행전략은 의무고용제도와 부담금제도를 구성요소로 하는 처벌의 전략이다. 즉 상시 300인 이상의 근로자를 고용하는 사업주는 근로자의 2% 이상을 장애인으로 고용하여야 하며, 만일 기준기고용률에 미달할 때에는 미달하는 장애인의 근로자 수에 해당하는 고용부담금을 납부하도록 강제하는 전략이다. 그러나 처벌의 전략에 대해 의무고용대상 사업주들은 장애인을 고용하기보다는 부담금의 납부를 선택하고 있어 집행결과는 장애인의 고용증진이라는 정책목적으로부터 멀어지게 되었다. 이러한 현상은 기본적으로 처벌의 전략에 포함된 부정적 강화기제인 부담금의 수준이 낮기 때문이다. 그리고 이 부담금은 장애인고용촉진기금의 순재원이 되고 있다는 점에서 벌금으로서의 성격보다도 마이너스 수익자부담금의 성격을 지니고 있기 때문에, 의무고용대상 사업장의 장애인고용률은 거의 증가하지 않고 부담금만 계속 증가하는 결과를 초래하게 되었다. 거기에 장애인고용촉진기금에 대한 정부의 출연금이 거의 없기 때문에 장애인을 고용하는 대신 부담금의 납부를 선택하는 것이 한편으로는 이른바 간접고용의 성격을 띠게 되어 이를 더욱 정당화하게 되며, 다른 한편으로는 부담금의 경제적 부담이 장애인고용정책에 대한 기업의 강력한 불만의 원인이 되는 등 처벌의 전략의 부작용이 발생하고 있다. 이런 점에서 처벌의 전략은 실패한 전략으로 평가될 수 있다. 하지만 이러한 평가를 내리기 전에 먼저 부담금의 성격을 분명히 규정되어야 할 것으로 보인다. 만일 부담금이 계속 장애인고용촉진기금의 전적인 수입원이 된다면 이를 실패한 전략이라기보다는 부족한 정책재원의 상황 속에서 정책을 집행해야 하는 집행자의 자원 확장 전략으로 평가될 수 있기 때문이다. 따라서 처벌의 전략이 실효를 거두기 위해서는 부담금의 성격이 명확하게 규정되어야 할 것이며, 물론 여기에는 정부의 강력한 의지가 선행되어야 할 것이다.

둘째, 장애인고용정책의 보상의 전략은 기준율 이상의 장애인고용에 대한 지원금 및 장려금제도, 고용지원금제도, 고용시설개선·확보 비용에 대한 융자 및 무상지원제도, 긍정적 강화기제로 사용하여 장애인고용을 확대하려는 전략이다. 그런데 이 보상의 전략에 대한 사업주들의 반응을 보면 성공적인 것으로 평가되기는 어렵다. 이것은 보상의 수준이 매우 낮기 때문에 사업주들에게 별로 정적인 유인가를 제공하지 못하고 있는 것으로 판단된다. 이러한 낮은 보상의 수준은 기본적으로 사업주에 대한 경제적 보상의 재원인 장애인고용촉진기금이 거의 대부분 고용부담금에 의존하기 때문이다. 따라서 보상의 전략이 실효를 거두기 위해서는 무엇보다 정부의 대폭적인 기금출연이 따르지 않는다면 어려울 것으로 보인다. 다만 앞의 집행전략의 분석에서 살펴본 바와 같이 보상의 전략에 있어 상시 근로자 300인 미만의 사업주들에 대해 제공하는 장려금제도는 다소 성과를 거두고 있는 것으로 판단된다. 이는 대부분의 장애인근로자들이 300

인 미만의 사업장에 취업하고 있다는 사실과, 한편으로 기업규모가 작을수록 조직의 유연성이 높고 그에 따라 장애인근로자의 수용 가능성이 크기 때문일 것이다. 따라서 현재의 상황에서 보상의 전략이 성과를 거두기 위해서는 이들 소규모 사업장을 겨냥하는 것이 효과적일 것으로 보인다.

셋째, 정보제공의 전략은 정보제공의 전략은 정부가 사업주에 대하여 장애인근로자에 대한 구체적이고 정확한 정보를 제공함으로써 장애인고용을 증진시키고자 하는 전략이다. 이 전략의 목적은 장애인고용에 대한 정보비용을 감소시키고 사업주의 태도를 변화시켜 장애인고용에 대한 사업주의 자발적인 참여를 제고하는 것이다. 장애인고용정책에 있어 정보제공의 전략은 장애인고용촉진공단에 의한 취업알선, 연구조사, 홍보, 정보관리의 4가지 범주로 요약될 수 있다. 먼저 취업알선은 구인 사업주와 구직 장애인을 서로 연결해 줌으로써, 사업주에게 구인 비용을 감소시키는 효과와 장애인에게는 고용기회를 제공해 주는 효과를 동시에 거둘 수 있다. 그런데 취업알선이 고용으로 연결되기 위해서는 사업주의 욕구와 장애인의 욕구를 일치시키는 것이 필요하다. 이런 점에서 취업알선전략이 성공하기 위해서는 사업주의 사업운영상의 요구를 충족시키고 구직 장애인이 수요조건에 적격한 자격을 갖출 수 있도록 하는 직업재활의 연속선상에서 취업알선전략이 사용될 필요가 있을 것이다. 그런데 이런 차원에서 장애인고용촉진공단의 정보제공의 전략을 평가한다면 부정적일 수밖에 없다. 집행전략의 분석에서 살펴본 바와 같이 공단이 제공하는 정보의 메뉴와 질이 아직 미흡한 것으로 평가되기 때문이다. 따라서 정보의 전략이 효과를 거두려면 정확하고 적실성 높은 정보의 개발과 제공을 가능하게 하는 물적·인적 자원에 대한 충분한 투자가 이루어져야 할 것으로 보인다. 한편, 정보제공의 전략의 중요성은 단순히 이와 같은 기술적 지식의 제공 이외에 이 정책대상자들의 행동을 유도하기 위하여 설득적 수단을 사용한다는 것이다. 즉 정보의 제공자는 객관적이고 정확한 사실에 대한 지식뿐 아니라 정책대상자들에게 무엇이 나쁘고 좋은지, 옳고 그른지에 대한 주관적인 정보제공을 통해 사업주들의 행태를 변화시켜야 장애인고용을 촉진시킬 수 있다. 이런 측면에서 정보제공의 전략이 즉각적인 효과를 거두기는 어렵겠지만, 자발적인 장애인의 고용과 사회통합이라는 궁극적인 장애인 정책의 이념 실현을 위해서는 사업주와 사회 일반구성원들이 장애인과 장애인고용에 대한 긍정적 인식이 필요하다는 점에서 정부는 정보제공의 전략을 꾸준히 전개해 나가야 할 것이다. 그리고 이러한 정보제공의 전략을 통해 장애인고용에 대한 사업주의 태도를 변화시켜 자발적인 장애인고용이 이루어지기 위해서는, 무엇보다 먼저 정부가 먼저 기준고용률 이상을 달성하는 선도적 역할을 해야 할 것이다. 이는 특히 장애인고용정책에 대한 불만과 부정적 반응을 나타내어온 경제단체들이 정부는 장애인고용률을 지키지 않으면서도 기업에만 장애인고용을 강제하고 부담금을 징수하는 것을 비판하면서 장애인고용정책 자체에 대한 정당성에 지속적으로 의문을 제기하고 있다는 현실에 비추어볼 때에도, 설득적인 정보제공의 전략이 실효를 거두기 위해서는 무엇보다 장애인 의무고용률이 달성되어야만 할 것이다.

　이러한 전략들과 별도로 장애인고용의 완화적 모형에서는 장애인고용의 어려움을 개인의 기능적 장애에 기인하는 인적 자본(human capital)상의 결점으로 보고, 개별적 장애의 제거 및 감소 내지 대안적 기능의 향상을 통해 그 결점을 극복하는 촉진의 전략을 지지하게 된다. 즉 장애인고용정책이 촉진적 전략은 장애인고용의 완화적 모형에 입각하여 장애인이 고용되어 일할 수 있는 능력과 기술을 갖추고, 심리적 장애를 해소함으로써 작업현장에서 적응할 수 있는 태도를 갖추게 함으로써 장애인의 고용증진을 달성하고자 한다. 그러므로 촉진적 전략은 노동시장에 대한 정부의 직접적인 개입에 따른 기업의 적대감을 유발하지 않고, 장애인이 더이상 사업주들에게 부담스러운 짐이 아니라 진정한 노동력을 갖춘 인적 자원이 될 수 있도록 함으로써 장애인고용의 증진을 가능하게 대안적 전략이라고 할 수 있다.

이러한 전략 속에서는 장애인에 대한 직업훈련과 재활서비스 등과 같은 정책도구의 이용이 강조되고 있다. 장애인의 취업이 단순한 직장획득이라는 차원을 넘어서 완전한 사회통합을 지향하는 전 인격적 취업의 달성이라는 직업재활의 연속선상에서 보면 촉진의 전략은 장애인고용체계에서 핵심적 위치를 차지하게 된다. 지금까지 장애인고용정책은 직업재활정책이기보다는 주로 고용(촉진)정책으로서의 성격만 강조되어왔기 때문에 촉진의 전략은 집행자들에 의해 무시되어왔다. 현재 정부의 장애인 정책체계에 보면, 직업재활서비스, 교육재활서비스 등을 포함한 장애인재활서비스는 보건복지부나 교육부의 소관 사항으로 규정되고 있기 때문에 노동부를 축으로 하는 장애인고용정책에서는 부분적으로 장애인근로자에 대한 직업 및 교육훈련 차원에서만 부분적으로 직업재활의 논리가 적용되어왔다. 더구나 장애인고용이라는 장래의 편익에 대한 투자 목적으로 장애인 개인이나 재활훈련기관 및 시설에 투자하게 되는 촉진적 전략은 높은 투자비용에 비해 장애인고용의 달성이라는 결과와 전략 간의 불확실성으로 때문에 단기적 성과와 능률성을 지향하는 관료적 집행자에게 촉진적 전략은 큰 매력이 없는 전략이다. 그렇지만 장애인고용의 정부개입 논리에서 살펴본 것처럼 완화적 모형에 입각한 촉진적 전략은 장애인의 고용이라는 목적 달성을 위해서는 결코 없어서는 안 될 기본적인 전략인 것이다. 따라서 촉진전략의 기피는 수혜자인 장애인들로부터 장애인고용정책의 실효성과 집행자의 의지에 대한 끊임없는 의문을 불러일으키는 원인이 되고 있는 것이다.

　현재 장애인고용정책에 있어 촉진의 전략에 포함될 수 있는 것으로는 장애인고용촉진공단의 직업훈련, 직업교육, 직업재활상담·직업능력평가, 각종 교육연수, 직업안정 등의 사업이 있다. 여기에서 미미한 촉진전략의 성과는 체계적인 직능평가와 직업 및 교육훈련의 부족, 그리고 취업알선 위주의 완화적 논리를 무시한 왜곡된 촉진전략의 결과이다. 따라서 촉진의 전략이 실질적인 장애인고용정책의 집행전략이 될 수 있으려면, 정부 각 부처로 분산된 직업재활사업의 체계성을 구축할 수 있는 통합·조정 메커니즘이 구성되고, 그 위에 충분한 직업훈련시설, 전문적 능력의 확보, 적절한 홍보 등과 함께 직업재활상담, 직업능력평가, 직업훈련 등으로 연결되는 고용알선의 체계를 구축하고 다양한 직업재활 프로그램의 개발이 있어야 할 것이다.

제12장
분석결과의 요약 및 시사점

본 연구는 장애인고용정책의 집행과정에 대한 분석을 통해 "왜 장애인고용정책의 실제적인 결과가 정책 의도나 기대와 다르게 나타나고 있는가?"에 대한 해답을 구하고자 하였다. 즉 장애인고용정책의 정책집행과정의 분석을 통해 정책결과를 설명하고자 하였다. 그런데 어떤 정책의 결과를 특징짓는 집행과정은 목적-수단-결과로 이어지는 단순한 과정이 아니라 상호작용하는 다양한 요인들이 복잡하게 얽혀 있는 그물망(network)과 같다. 그래서 정책집행과정 분석에 있어서는 이러한 복잡한 인과적 상호관계를 하나의 전체적 체계로 구성해 보는 것이 중요하다.

이를 위해 본 연구는 먼저, 장애인고용정책의 논쟁의 출발점인 왜 장애인고용문제에 정부가 개입해야 하는가에 관한 정부개입 정당성의 이론적 논거를 찾는 것에서부터 시작하였다. 현대 국가에 있어 장애인 문제는 사회의 각별한 관심은 물론 정부 차원의 정책적 배려가 요청되는 매우 민감하고도 중요한 문제 영역에 해당된다. 장애인은 육체적 또는 정신적으로 취약한 존재이며, 사회 세력 분포로 볼 때에도 힘이 약한 소수이기 때문에, 이들에 대한 정책적 배려가 없이는 장애인복지가 실현되기 힘든 것이 사실이다. 이러한 장애인이 처하고 있는 열악한 제반 문제들을 해결할 수 있는 대안은 장애인고용정책이라고 할 수 있다. 그런데 장애인고용문제를 어떻게 해결할 것인가-즉 시장의 실패로 보고 이에 대해 정부가 정책적으로 개입하여 해결할 것인가, 아니면 시장기능을 통해서 자연스럽게 해결되도록 할 것인가-에 대해서는 논란의 여지가 있다. 이것은 서로 상이한 사회적 가치관을 토대로 한 다양한 사회 세력들 간에 장애인 문제의 해결을 위한 방법-즉 혜택과 분배의 문제와 관련하여 어떻게 그러한 혜택이 계획되고 분배되어져야 하는가-을 둘러싼 논쟁으로 야기되고 있으며, 학자들 간에도 이에 대한 의견의 일치를 보지 못하고 있다. 이러한 논쟁의 핵심은 장애인의 복지를 확보하는 적절한 장치가 시장 메커니즘인가, 아니면 정부부문인가의 문제로 귀착된다고 하겠다.

그런데 이 논쟁의 근본적인 문제는 장애를 어떻게 볼 것인가에 관한 개념적 문제와 연결된다. 즉 장애를 개인의 문제로 볼 것인가 아니면 환경의 문제로 볼 것인가 하는 것이다. 이 책에서는 장애의 개념을 이 두 가지의 차원을 모두 포괄하는 양면적인 개념으로 규정하였다. 장애의 문제는 장애를 개인 혹은 그 개인의 속성에서 파악하느냐 아니면 그 개인을 둘러싼 환경에서 찾느냐에 따라 개인적 차원의 장애와 사회적 차원의 장애로 구별할 수 있다. 이 경우 손상과 기능장애로서 장애 개념은 개인적 차원의 장애로 사회적 장애로서 장애 개념은 사회적 차원의 장애이다. 이런 식으로 장애 개념을 인식하게 되면 장애문제에 대한 정부의 접근은 이 개인적 차원의 장애와 사회적 차원의 장애의 두 가지 측면에서 동시에 대응하는 것이 필요하게 된다.

이와 같이 장애의 통합적 시각에 입각하면, 장애인고용을 위한 정부의 개입은 장애인이 노동시장으로 잘 수용될 수 있는 여건을 확보할 수 있도록 하는 것이 필요하다. 이를 위한 정부개입 활동은 크게 장애의 두 가지 차원에 따라 구별되는 두 가지의 접근법으로 논의될 수 있는데, 하나는 장애인고용정책에 적용되는 정부개입이 개인적 장애 차원에서의 대응이며 다른 하나는 사회적 차원의 장애에 대한 대응이다. 전자는 장애인고용의 문제를 장애인의 개인적 문제(기능적 한계)의 해결을 지향하는 노동공급 측면에 초점을 둔 완화적 접근이고, 후자는 노동의 수요조건에 초점을 두는 것으로서 장애인이 직면하게 되는 고용환경의 변경을 지향하는 교정적 접근이다.

완화적 모형은 개인의 장애를 노동력 참여를 제한하는 주로 인적 자본(human capital)상의 결점으로 보고, 개별적 장애의 제거 및 감소 내지 대안적 기능의 향상을 통해 그 결점을 극복하는 전략을 제시하고 있다. 이는 흔히 장애인에 대한 전통적인 소득보장 프로그램이나 직업훈련과 재활 같은 노동공급 측면을 강조하는 전략의 이용을 정당화한다. 이에 반해 교정적 모형은 시장에 대한 보다 최근의 정부개입을 정당화하는 데 이용되는 것으로 장애인을 위한 직접적인 직업창출(job creation)의 시도와 동등한 접근 가능성의 확보(혹은 차별금지)를 위한 규제가 정당화된다. 직접적인 직업창출을 위한 정부개입에는 장애인을 고용하는 민간 고용주에 대한 고용보조금의 지급, 장애인을 고용할 목적으로 한 기업(이를테면 보호작업장)의 설립, 운영이나 보조금의 지원, 장애인을 위한 작업장 변경 비용의 보조, 개별 기업에 대한 장애인의 고용할당제(quotas), 직접적인 공공부문의 고용 제공 등이 있다. 그리고 직접적 직업창출과는 다소 다른 논거에 입각한 방법으로 장애인 집단을 사회적 소수집단으로 간주하고 장애인의 동등한 접근 가능성을 확보를 지향하는 인권적 차원의 정부개입이 정당화된다.

이와 같은 장애인고용문제의 해결을 위한 완화적 접근과 교정적 접근은 상이한 장애 개념과 그에 따른 해결방안에 입각하고 있으나 서로 배타적이라기보다는 상호보완적 성격을 가지고 있다. 예를 들어, 재활이나 훈련 프로그램 같은 완화적 접근을 통해서 장애의 감소나 기능의 향상이 이루어진다고 해서 이것이 반드시 고용으로 연결되는 것은 아니며, 그러한 공급중심의 정부개입 활동의 성패는 노동시장의 수요조건 또는 차별의 존재여부에 달려 있기 때문이다. 그 역도 마찬가지이다. 따라서 장애인고용을 위한 정부의 개입은 장애인의 측면과 고용주의 기대라는 두 가지를 모두 포괄함으로써 장애인의 수용 가능성이 제고되는 균형 잡힌 접근이 필요한 것이다.

물론 이러한 개념적 차원의 논리가 실제 정책에는 그대로 반영되지 않는다. 그것은 장애인고용정책 또한 하나의 정치과정의 산물이기 때문이다. 그 집행과정 또한 상황에 따라 변화하는 정치의 장내의 세력관계를 반영하는 정치적 과정으로 파악될 필요가 있다. 특히 정책집행 결과의 이해관계가 다른 집단으로 분명하게 귀속되는 사회규제적 성격을 띤 장애인고용정책에 있어서는 정치적 성격이 더욱 강하게 나타나게 된다. 정책집행으로 인해 영향을 받는 개인이나 집단들은 정책집행과정에 참여하여 자신의 이익을 보호 또는 확대하려 하며, 결국 이들과 공식적 집행자와의 상호작용에 의하여 정책내용이 확정되고 그에 따라 집행결과가 영향을 받게 된다. 이러한 사실은 장애인고용정책의 집행과정에 대한 정확한 이해를 위해서는 바로 정책참여자들의 상호작용이 정책결과에 어떤 영향을 미치는가를 분석하는 것이 중요함을 말해 준다. 따라서 정책과정에서 주된 참여자들은 누구이며, 자기들의 주장과 요구를 정책에 반영시키기 위하여 어떻게 정치적 행위를 하는가, 그리고 이 경우 정부는 이해관계의 조정이라는 소극적인 역할만을 담당하는지 아니면 정책과정을 실질적으로 지배하는지를 파악할 필요가 있다. 이와 같은 장애인고용정책의 집행의 정치과정은 정책집행자, 정책수혜자, 비용부담자의 3자로 구성되는 정책집행의 삼각형(또는 규제의 삼각형)으로 잘 설명될 수 있었다.

한편, 규제정책으로서의 장애인고용정책에 대한 보다 정확한 기술적 분석을 위해서는 정책목적의 달성을 위해 채택되는 정책도구와 전략에 대한 검토가 필요하다. 정부규제의 효과성에 관한 장책연구들은 규제도구 혹은 정책도구의 선택에 초점을 둔 도구적 접근법을 강조하고 있다. 도구적 접근법은 정책을 도구의 결합으로 보고, 문제해결을 위해 동원 가능한 실천적 수단으로서 정책도구들을 확인하고 이들 도구들의 효율적인 결합을 통하여 정책목표를 효과적으로 달성하고자 하는 것이다. 이러한 도구적 접근법은 특히 정책집행의 분석 및 평가에 있어 집행의 특성을 구분하는 방법으로 이용되고 있다.

이러한 도구론적 시각에서 보면, 교정적 논리에 입각한 사회규제적 성격의 장애인고용정책 성과는 정책이 요구하는 형태로 대상 집단(피규제자)인 사업주의 행태를 변화시킬 수 있느냐에 달려 있게 된다. 따라서 장애인고용정책의 집행 성과를 위해서는 결국 정책대상 집단의 순응을 확보하는 것이 필요한 것이다. 이와 같은 장애인고용정책의 전략 논의는 집행자인 노동부(그리고 공단)가 정책대상집단(주로 비용부담자)인 사업주들을 대상으로 규제의 기준과 법규를 성실히 지키도록 하기 위해 어떤 정책도구들의 세트를 이용하는가의 문제로 귀결된다. 장애인고용정책의 정책도구와 이에 따른 집행자인 노동부 및 장애인고용촉진공단의 활동을 보면 장애인고용정책의 정책 의도를 달성하기 위해 사용 가능한 모든 전략적 대안들이 총망라되어 있다. 이러한 집행전략은 4가지의 전략－처벌의 전략, 보상의 전략, 정보제공의 전략, 촉진의 전략으로 구별할 수 가 있다.

이와 같은 이론적 고찰을 통해서 장애인고용정책의 집행과정에 영향을 미치는 중요한 독립변인이 되는 4가지의 영향 요인을 도출하여 분석한 결과, 각 요인들이 장애인고용정책의 집행과정과 성과에 미치는 영향은 다음과 같이 나타났다.

1) 역사적 배경 및 상황적 여건: 한국의 장애인고용정책은 1980년대 후반의 급속한 사회적 변화의 환경 속에서 정당 간의 경쟁적인 제안과 정치적 합의 결과로 도입되었다. 이렇게 도입된 장애인고용촉진에관한법률의 내용 및 제정과정상의 특징은 한국의 장애인고용정책의 기본적인 성격-정책목표, 정책논리, 집행전략과 수단의 기본적 틀-을 규정함으로써 집행과정에 영향을 미치게 되었다.

첫째, 장애인고용정책의 목표의 구체성 및 하위목표 간(직업재활, 취업알선, 직업안정)의 우선순위의 불명확으로 인하여 집행단계에서 장애인고용정책의 구체적인 목표가 "고용관계를 전제로 한 장애인의 고용촉진"이 되었고, 그에 따라 장애인고용정책은 집행과정에서 취업 중심의 고용정책의 성격을 가지게 되었다.

둘째, 장애인고용정책은 장애인고용의무제(고용할당제)와 고용의무를 이행하지 않는 사업주에 대한 부담금의 부과라는 강력한 규제적 수단을 핵심으로 하는 노동수요중심의 교정적 논리를 채택하게 됨으로써, 집행과정에서 줄곧 사업주의 저항과 중증장애인의 소외라는 문제를 가지게 되었다.

셋째, 정부의 재정적 책임에 대한 규정이 모호성으로 인하여 장애인고용촉진기금이 의무고용 미이행 업체의 부담금에 의존하는 기형적 재원 형태를 초래하였고, 그 결과 정책 자체의 정당성에 대한 비판과 비용부담 집단의 정책에 대한 부정적 태도와 불만을 초래하게 되었다.

넷째, 정책수단 결정이 애매하고 모호한 형태로 이루어져 구체적인 결정은 집행단계로 위임됨으로써 집행기관인 노동부의 재량권을 확대하는 결과를 초래했다. 특히 의무고용대상 사업주의 범위, 기준고용률의 결정, 고용부담금의 수준 등 장애인고용정책의 핵심적 내용들이 집행단계에서 결정되었다.

상황적 여건은 정책집행의 참여자들이 정책반응을 나타내는 데 제약조건으로 작용하기도 하고, 자신의 입장을 정당화하거나 강화시키는 상황적 조건이 되었다. 즉, 장애인고용정책의 결정당시의 환경적 요인의 영향으로는 여소야대의 정치구조와 경제적 호황, 서울올림픽 개최 등의 사회적 사건과 국제적 압력 등의 영향과, 장애인단체의 조직적 세력화 등에 의해 기존의 정책적 노선과 상이한 장애인고용촉진법의 입법화를 가능하게 만들었다. 여기에서 특히 국제사회의 압력과 장애인운동의 영향이 가장 큰 것으로 평가될 수 있다. 그러나 1990년대의 변화된 정치, 사회, 경제적 상황은 집행과정에 영향을 미치게 되었는데, 특히 정책지침이 결정되고 장애인고용정책체계가 구성되는 단계에서 정책수혜자인 장애인보다 비용부담자인 기업의 이익이 실현되는 방향으로 영향을 미쳤다. 또한 이후의 정치적·경제적 상황의 변화에 따라 기업주들은 의무고용제의 완화 또는 철폐를 주장해 왔다.

2) 정책집행체계: 장애인고용정책에 있어서 실질적인 집행체계를 보면, 장애인고용정책의 주무 부처인 노동부 외에, 전문적 장애인고용촉진사업의 집행기구로서 한국장애인고용촉진공단을 두고 있다. 그러나 노동부의 산하기관으로서 장애인고용촉진공단은 노동부에 대해 계획·인사·재정적 차원에서 종속적인 위치에 있게 됨으로써 독립적이고 전문적인 집행활동을 수행하는 데에 일정한 한계를 가지게 되었다. 또한 장애인고용촉진공단의 조직기구와 인적 구성의 특성이 장애인고용을 위한 촉진적 전략을 효과적으로 수행하기 어렵게 하였다. 더구나 전통적으로 보건복지부의 재활사업과 중복되면서도 단절적인 직업재활사업의 연계 구조를 가지게 된 결과, 상호간 책임 회피와 혼란, 또는 관료적 이익추구에 기초한 업무 소관의 분쟁을 초래하게 만들었다. 또한 정책자원의 문제, 특히 재원 확보 및 재원 형태상의 문제는 정책집행상에 여러 가지 국면으로 큰 영향을 미치게

되었다. 특히 장애인고용정책에 미친 자원의 문제는 재정의 규모가 아니라 재정의 형태라는 특이한 상황을 연출하였다. 재원 형태는 집행전략의 효과성을 근본적으로 약화시키는 결과를 초래함으로써 집행과정에 큰 영향을 미치게 되었다.

3) 정치과정: 집행자, 정책수혜자, 정책비용부담자로 구성되는 정책집행의 삼각형을 통해 집행과정이 누구에 의해 또는 어떤 힘에 의해 영향을 받는지가 보다 분명하게 분석될 수 있었다. 장애인고용정책의 집행과정 및 법 개정의 정치과정에 대한 고찰을 통해 정책결정과정에서 정책내용이 포괄적·추상적으로 규정되고 잠재적 갈등이 봉합한 채로 정책집행단계로 구체적 수단의 결정이 위임됨으로써, 비용부담자인 사업주의 비용부담을 회피하고자 하는 적극적인 시도에 의해 정책집행과정이 영향을 받게 되었다. 둘째, 정부개입의 성과는 정책의 도입 및 하위 프로그램에 대한 정책참여자들의 반응에 의해 영향을 받고 있다. 셋째, 사업주의 정책에 대한 소극적·적극적으로 전개되는 부정적 반응에 대응하여 노동부의 집행성향은 적대적 규제 성향보다는 점차 친기업 성향을 띠게 되었음을 확인할 수 있었다. 끝으로 법 개정 과정에서 보여주고 있는 것처럼 장애인고용정책의 집행과정을 통해 정책수혜자인 장애인들이 점점 조직적인 이익투입 활동을 강화해 나감으로써 이익집단 정치상황으로 전개되고 있음을 보여주었다.

4) 집행전략 및 도구: 집행전략은 정책의 주요 목표와, 정책도구, 정책결과 등을 응집성 있는 하나의 전체로 통합시키는 양식(pattern)으로서 상이한 정책도구들의 결합(combinations of policy instruments)이다. 일정한 논리에 따라 결합된 특정의 정책목표를 지향하는 정책도구의 세트로서 집행전략은 집행결과와 정책목표를 연결하게 된다.

정부가 사용하는 집행전략은 교정적 논리에 따른 처벌의 전략, 보상의 전략, 정보제공의 전략과, 완화적 논리에 따른 촉진의 전략으로 분류될 수 있는데, 대부분의 전략들이 거의 성과를 거두지 못하고 있는 것으로 나타났다. 결국, 집행 성과는 이러한 필수적인 전략들을 어떻게 조화, 강화시켜 장애인고용을 활성화하느냐 하는 것과, 정부가 얼마나 재정적 지원을 확보할 수 있는가에 달려 있는 것으로 평가된다.

이상의 분석을 통해 본 연구는 다음과 같은 시사점을 얻을 수 있다.

첫째, 정책집행의 성과에 미치는 정책논리의 중요성이다. 잘못된 논리에 입각한 정책은 아무리 집행을 강화하더라도 성과를 기대하기는 어렵다는 것이다. 장애인고용정책은 장애인고용을 위한 분명한 개입논리를 갖지 못함으로써, 취업알선 중심의 고용정책을 전개했음에도 거의 성과를 거두지 못하였다. 이는 장애인고용의 증진은 교정적 논리와 완화적 논리의 통합적 모형의 중요성을 반증하는 것이다. 그리고 이것은 기본적으로 장애인 문제에 대한 접근은 개인적 모형과 사회적 모형을 통합하는 장애 개념의 양면성의 인식에서부터 출발할 필요가 있음을 확인해 주는 것이다.

둘째, 정책집행의 분석에 있어서 정책의 성격규명이 중요함을 알 수 있다. 장애인고용정책은 여타 복지정책과는 다른 사회규제적 성격을 가짐으로써 상이한 정치과정이 전개되고 있다. 즉 의무고용제라는 강력한 규제수단을 핵심으로 하는 장애인고용정책은 규제자(정부)와 피규제자(비용부담자) 및 규제수혜자들로 형성되는 규제정치의 삼각구조를 형성하고 있다는 점이다. 그에 따라 정책집행의 성과를 거두기 위해서는 상이한 이해관계를 갖고 집행과정에 참여하는 정책대상 집단들에 대한 집행자의 정치적 역할이 어떻게 이루어지느냐 하는 것이 중요시되는 것이다.

셋째, 장애인고용정책의 집행과정 연구를 통해서 정책의 결정과 집행을 연계하여 분석하는 것이 중요함을 알 수 있다. 즉 장애인고용정책의 결정과정상의 특징과 내용이 지속적으로 집행과정에 걸쳐 영향을 미치고 있었다. 이러한 사실은 정책집행과정을 결정과정과 분리하여 분석하여서는 집행과정을 제대로 이해하기 어렵다는 점을 확인시켜주는 것인 동시에, 정책도입단계의 특징이 집행에 미치는 영향에 관한 개념적 틀로서 정박효과 모형의 유용성을 보여주고 있다.

넷째, 집행과정상의 상황적 여건이 집행과정에 중요한 영향을 미치고 있다는 점이다. 즉 상황적 조건이 어떻게 펼쳐지느냐에 따라 정책참여자들의 행태(또는 정책반응)가 다르게 나타나고 있고, 그에 따라 집행과정이 상당한 영향을 받게 되었다는 사실을 주목할 필요가 있다.

다섯째, 집행전략이 실효성을 거두기 위해서는 어떤 정책도구가 이용되느냐 하는 것보다 어떻게 사용하느냐가 더욱 중요하다는 사실이다. 장애인고용정책에는 모든 전략적 대안이 구비되어 있지만, 대상 집단의 행동을 유인할 수 있을 만큼 충분한 수준으로 부정적 혹은 긍정적 강화기제가 사용되지 못함으로써 집행의 성과를 거의 거두지 못하였다. 이러한 사실은 효과적인 정책집행전략은 개별적 도구의 선택을 어떻게 하느냐보다는 각 도구의 효과성을 담보할 수 있는 집행전략 설계의 필요성을 알려주는 것이라 하겠다.

|참|고|문|헌|

1. 국내문헌

강경선.(1989). 장애인 문제에 관한 사회구조적 고찰. 장애인복지법제. 36-59. 법무부.

강위영.(1991). 취업을 위한 장애인의 올바른 자세. 장애인고용 창간호, 38-41. 서울: 한국장애인고용촉진공단.

강필수.(1994). 장애인취업실태조사. 한국장애인고용촉진공단.

권도용.(1992a). 장애인고용의 통합적 지향. 장애인의 사회통합. 제1회 재활 심포지엄 보고서.

권도용.(1992b). 중증장애인 중심의 일반고용시스템. 장애인고용 봄호: 14-24. 서울: 한국장애인고용촉진공단.

권도용.(1997). 고용촉진법을 통해 본 장애인직업정책의 변화와 과제. 김정열 편. 장애인 정책입문. 서울: 장애우권익문제연구소.

권도용·장창엽.(1993). '93장애인고용촉진을 위한 사업주 지원방안. 한국장애인고용촉진공단.

김문성.(1989). 정책집행에 관한 모형형성을 위한 실증적 연구(에너지절약정책집행을 사례로). 한국행정학보 21(2).

김승아.(1994). 장애인 직장 적응과 대인 관계에 관한 연구. 한국장애인고용촉진공단 '94연구 과제 발표회 논문:65-110.

김영배.(1991). 장애인의무고용제 실시에 따른 기업인의 역할과 자세. 장애인고용 창간호. 18-20. 서울: 한국장애인고용촉진공단.

김영종.(1987). 임금정책의 결정집행과정과 효과. 한국행정학보 21(2).

김정기.(1996). 장애인고용촉진정책에 관한 평가적 연구: 장애인의무고용제를 중심으로. 한국사회복지학 29: 1-23.

김정수.(1994). 장애인복지를 위한 행정의 제 기능. 협동 사회의 정착을 위한 행정의 제 기능. 서울: 집문당: 53-84.

김종인.(1999). 외국의 장애인고용정책. 장애인고용 겨울호: 22-35. 서울: 한국장애인고용촉진공단.

김중대.(1989). 장애자복지론. 대구: 홍익출판사.

김태성 · 성경륭.(1993). 복지국가론. 서울: 도서출판 나남.

김행범.(1995). 실증적 정책집행에 관한 연구. 한국행정학보 29(4): 1441-1461.

노순규.(1991). 장애인의 고용과 기업의 사회적 책임. 장애인고용 겨울호: 64-66. 서울: 한국장애인고용촉진공단.

박광국.(1995). 환경정책의 성공적 집행을 좌우하는 요인에 관한 인식도 평가. 한국행정학보 29(1).

박석돈.(1996). 중증장애인고용촉진법으로 개정되어야 한다. 함께걸음 9월호: 26-29.

박연수.(1992). 2000년대 한국의 사회복지와 재활정책. 장애인의 사회통합. 제1회 재활 심포지엄 보고서.

박옥희 · 권중돈.(1994). 장애인복지의 현황과 정책과제. 한국보건사회연구원.

박훤구.(1992). 경제사회 여건변화와 장애인고용. 장애인고용 여름: 21-24. 서울: 한국장애인고용촉진공단.

소영진.(1993). 정책 딜레마와 조직의 대응 – 한국의 산업안전보건 정책을 중심으로. 고려대학교 대학원 박사학위논문.

송호근.(1997). 시장과 복지정치. 서울: 사회비평사.

안병즙.(1991). 장애인의 직업재활과 과제. 장애인고용. 겨울호 28-32. 서울: 한국장애인고용촉진공단.

오혜경.(1992). 직업훈련의 활성화 방안. 장애인고용 겨울호: 25-32. 서울: 한국장애인고용촉진공단.

오혜경.(1997). 장애인복지학입문. 서울: 아시아미디어리서치.

유종해.(1991). 장애인고용정책에 관한 논의. 장애인고용 겨울호: 14-18. 서울: 한국장애인고용촉진공단.

이달엽.(1996). 장애인의 삶의 질과 권리. 대구대학교 재활과학연구소 발표 논문: 167-196.

이덕복.(1993). 공공정책의 정당화 논리에 관한 연구: 논리실증주의적 정당화 논리의 한계. 서울대학교 대학원 박사학위논문.

이성규.(1998a). 노·사·정 사회적 합의가 장애인복지정책에 주는 함의. 한국사회복지학 36: 259-283.

이성규.(1998b). 경제위기, 사회정책 그리고 장애인고용. 장애인고용 봄호. 서울: 한국장애인고용촉진공단.

이성규.(1999). 장애인고용정책의 과정과 전망. 장애인고용 겨울호: 36-52. 서울: 한국장애인고용촉진공단.

이승철.(1992). 정부규제의 근거로서의 시장실패에 관한 연구. 한국행정연구 1(2): 6-16. 한국행정연구원.

이시경.(1996). 환경규제정책수단 선택의 쟁점과 기준. 한국행정학보 30(1): 114-126.

이채필.(1991). 장애인고용제도의 올바른 이해와 적절한 수용. 장애인고용 창간호: 34-37. 서울: 한국장애인고용촉진공단.

이흥재.(1989). 장애인인권의 사회법적 보장. 장애인복지법제: 9-35. 서울: 법무부.

장애인재활연구소(1992). 장애자복지종합대책의 시행·평가. 한국상애인 재활협회.

장창엽.(1994). 장애인고용에 있어서의 할당 고용, 부담금제도의 역할. 장애인고용 특집 합본호: 60-67 :서울: 한국장애인고용촉진공단.

전영평.(1995). 장애인고용촉진을 위한 행정전략의 평가. 한국행정학보 29(1): 279-300.

전영평.(1998). 장애인고용정책의 변화와 그 수용에 관한 비교연구: 미국과 한국의 사례. 한국정책학회보 7(2): 115-138.

전영평·이곤수.(1999). 장애인복지와 정부개입의 논리. 사회정책논총 11(1): 7-28. 사회정책연구원.

전영호(1994). 장애인복지론. 서울: 학문사.

전준구.(1996). 한국 장애인고용정책의 집행과정에 관한 연구. 동국대학교 대학원 박사학위논문.

정기원외.(1996). 장애인 취업실태와 고용의 경제적 효과. 서울: 한국보건사회연구원.

정순민.(1989). 장애인의 재활·복지. 서울: 중앙경제사.

조용호.(1995). 한국장애인고용촉진공단이 나아가야 할 방향. 장애인고용 봄호. 서울: 한국장애인고용촉진공단.

조흥식.(1992). 선진국의 장애인복지정책 프로그램과 한국 장애인복지정책의 과제.

장애인고용 봄호: 29-34. 서울: 한국장애인고용촉진공단.

최병선.(1992). 정부규제론. 서울: 법문사.

최성재·남기민.(1993). 사회복지행정론. 서울: 도서출판 나남.

최종원.(1997). 정책집행 연구의 이론적 틀에 대한 비판적 고찰. 한국정책학회보 7(1): 173-206.

한국재활재단.(1997). 한국장애인복지변천사. 서울: 양서원.

한림과학원.(1993). 복지국가의 현재와 미래. 서울: 도서출판 나남.

허만형.(1998). 복지경제론: 복지가 경제를 살린다. 서울: 홍익제.

황의경·배광웅.(1991). 심신재활인재활복지론. 서울: 홍익재.

2. 외국문헌

Andrews, K. (1971). *The Concept of Corporate Strategy*. Homewood, IL: Irwin.

Bagchus, Rene. (1998). The Trade-off Between Appropriateness and Fit of Policy Instrument. in Peters, Guy and Frans K. M. van Nispen eds. (1998). *Pblic Policy Instruments: Evaluating the Tools of Public Administration*. Northampton, MA: Edward Elgar.

Baier, V. E., James G. March, and H. Saetren. (1988). Implementation and Ambiguity. in James G. March (ed.), *Decisions an*. New York: Basil Blackwell Ind.

Baldwin, David A. (1985)., N. J.: Princeton University Press.

Baldwin, M. L. (1997). Can the ADA Achieve its Employment Goals? 549: 37-52.

Bardach, Eugene and Robert A. Kagan., (1982). Philadelphia: Temple Univ. Press.

Bardach, Eugene. (1977). Cambridge: The MIT Press.

Barret, Susan and Colin Fudge. eds. (1981). London: Methuen.

Barry, M. Mitnick., (1980)., New York: Columbia University Press.

Baumol, W. J. and Oates, W. E. (1979). N. J.: Prentice Hall, Inc.

Berkowitz, M. and Hill, M. A. eds. (1989). New York: ILR Press.

Berman, Paul. (1978). The Study of Macro-and Micro-Implementation: A Position Paper. 26: 2.

Berthoud, J. N. (1993). Fighting Mandates in the States. *Comparative State Politics* 14(6): 23-26.

Bishop, P. E and Jones, jr. A. J. (1993). Implementing the Americans with Disability Act of 1990: Assessing the Variables of Success. 53(2):121-128.

Bowers, James R. (1990)., New York: Praeger.

Burke, John P. (1986). Baltimore: The Johns Hopkins Univ. Press.

Burkhauser, R. V. (1992). Beyond Stereotypes: Public policy and the Doublely Disabled. 3(5): 60-69.

Burkhauser, R. V. (1997). Post-ADA: Are People with Disability Expected to Work.549: 71-8Burkhauser, R. V.(1989)., Sweden, and the Netherlands.

Burkhauser, R. V., Haveman, R. H., and Wolfe, B. L., (1993). How People with Disability Fare When Public Policies Change. 12 (2): 251-269.

Chandler, A. (1977). Cambridge, MA: Harvard University Press.

Coates, Joseph F.,(1982). Why Government Must Makes a Mess of Technological Risk Management. Christoph Hohenemser and Jeanne X. Kasperson(eds.)., Boulder: Westview Press.

Collignon, F. C. (1997). Is the ADA Successful? Indicators for Tracking Gains.549: 129-147.

Daly, M. C. (1997). Who is Protected by the ADA? Evidence from the German Experience.549: 101-116.

De Bruijin, Hans A. and Hans A. M. Hufen. (1998). The Traditional Approach to Policy Instrument. in Peters, Guy, Frans K. M. and Van Nispen(eds.), MA: Edward Elgar.

Diver, Colin S. (1980). A Theory of Regulatory Enforcement. 28(3): 257-299.

Doern, G Bruce and Richard W. (1983). Toronto: Metheun.

Downs, Anthony. (1967). Boston: Little, Brown.

Edward Ⅲ., G. C. (1980). Washington, D. C.: Congressional Quarterly Press.

Edwards Ⅲ, George C. and I, Sharkansky. (1978). San Francisco: W. H. Freeman.

Elmore, R., Gustafsson, and E. C. Hargrove. (1986). Comparing Implementation

Processes in Sweden and the United States. 9(3): 209-233.

Elmore, Richard. (1980). Backward Mapping: Implementation Research and Policy Decisions. 94(4).

Elmore, Richard. (1985). Forward and Backward Mapping: Reversible Logic in the Analysis of Public Policy. in K. Hanf and Theo A. J. Toonen(eds.)Netherland: Mainus Nijhoff Publishers.

Elmore, Richard. (1987). Instruments and Strategies in Public Policy. 7(1): 174-186.

Gaskill, George and B. Joerges. (1987). Aldershot, England: Gower.

Gilbert, Neil and P. Terrell. (1993). (3rd. ed.). Englewood Cliffs. N. J.: Prentice-Hall.

Goggin, M. L. et als. (1990). Glenview: Scott Foreman / Little Brown.

Goodin, Robert E. (1988). Princeton, New Jersey: Princeton University Press.

Gould, Leroy C. et al., (1988)., New York: Russell Sage Foundation.

Greenwood, Ted., (1984). New York: Praeger.

Gruber, Judith E., (1987). Berkeley: Univ. of California Press.

Hahn, Harlan. (1982). Disability and Rehabilitation Policy:
Is Paternalistic Neglect Really Benign? 42(4): 385-397.

Hahn, Harlan. (1985). Toward a Politics of Disability:
Definition, Disciplines, and Politics. 22 (4): 87-105.

Hahn, Harlan. (1988). The Politics of Physical Differences:
Disability and Discrimination. 44(1): 39-48.

Hanks M. and Poppin, D. E. (1981). The Sociology of Physical Disability: A Review of Literature and Some Conceptual Perspectives. 2: 309-328.

Hansenfeld, Yeheskel and Thomas Brock. (1991). Implementation of Social Policy Revisited 22(4): 451-479.

Hargrov, Erwin C. (1975). Washington D. C.: Urban Institute.

Hargrov, Erwin C. (1983). The Search for Implementation Theory. in R. Zeckhauser and D. Leebaert(eds.). Durham, N. C.: Duke University Press.

Haveman, R. H., V. Halberstadt and R. V. (1984) Ithaca / London: Cornell University Press.

Heclo, H. (1974). New Haven: Yale University Press.

Hemenway, David. (1985) Greenwich, C.N.: JAI Press.

Hirschman, Albert. (1991). Cambridge, MA.: Harvard University Press.

Hjern, Benny and Chris Hull. (1982). Implementation Research as Empirical Constitutionalism. 10(2).

Hjern, Benny and Chris Hull. (1985). Small Firm Implementation Creatin: An Assistance Structure Explanation. in K. Hanf and Theo A. J. Toonen (des.). Netherland: Mainus Nijhoff Publish.

Hood, Christopher C. (1983)., London: Macmillan.

Howllett, Michael. (1991). Policy Instruments: Policy Styles, and Policy Implementation: National Approaches to Theories of Instrument Choice 19(2): 53-73.

Hudgins, E. L. (1995). Handicapping Freedom: The Americans with Disabilities Act.2: 67-76.

Hull, Chris and Benny Hjern (1987). London: Croom Helm.

Johnson, W. G. (1997). The Future of Disability Policy: Benefit Payments, and Policy.549: 160-172.

Johnson, W. G. and Baldwin, M. (1993). The Americans With Disabilities Act: Will it Make a difference? 21(4): 775-788.

Kaufman, Herbert. (1967). Baltimore: Johns Hopkins Press.

Kelman, Steven. (1981) Cambridge, MA.: MIT Press.

Kingdon, J. W. (1984) New York: Little, Brown.

Kowalczyk, Tamara K. and Christopher J. Wolfe. (1988). Anchoring Effect Associated With Recommendations From Expert Decision Aids: An Experimental Analysis. 10: 147-169.

Lester, James P., Ann O'M. Bowman, Malcolm L. Goggin, and Laurence J. O'Toole, Jr. (1987). Public Policy Implementation: Evolution of Field and Agenda for Future Research. 7(1).

Lilley Ⅲ, W. and Miller Ⅲ, C., (1977). The New "Social Regulation".47: pp.49-61.

Linder, Stephen and B. G. Peters. (1989). Instruments of Government: Perceptions and Contexts. 9.

Lipsky, Michael. (1980). New York: Russel Sage.

Lowi, T. (1972). Four Systems of Policy, Politics, and Choice. 32(4): 298-310.

Lunderquist, Lennart. (1987). Lundlitteratur.

Majone, Giandomenico and Aaron Wildavsky. (1979). Implementaion and Evolution., in Pressman, J. L. and A. Wildavsky,(2nd ed.). Berkeley, California: University of California Press.

Majone, Giandomenico and Aaron Wildavsky. (1979). Implementation and Evolution. in Jeffery L. Pressman and Wildavsky,(2nd ed.). Berkeley, California: University of California Press.

March, James G. and J. P. Olsen eds. (1976). Bergen: Unversitetsforlaget.

Mazmanian, D. A. and P. A. Sabatier. (1981) Lexington, MA.: Lexington Books.

McDonnel, R. M., and Elmore, R. F. (1987). Getting the Job Done: Alternative Policy Instruments 9.

Meier, K. J. (1986). N. Y.: St. Martin's Press.

Meier, K. J., and Plumlee, J. P. (1978). Regulatory administration and Organizational rigidity. 31.

Michael, S. Baram, (1982)., Mass.: Lexington Books.

Milward, H. B. and Rainey, H. G. (1983). Don't Blame the Bureaucracy. 3(2): 149-168.

Mishra, Ramesh. (1984). 김한조·최경구 역. (1990). 복지국가위기론. 서울: 법문사.

Mitnick, Barry M. (1980). N. Y.: Columbia University Press.

Montjoy, R. S. & L. J. O'Tool, (1979). Towards a Theory of Policy Implementation: An Organizational Perspective 39: 465-476.

Moran, M. (1986). Theories of regulation and Changes inregulation: The Case of Financial Markets, 34. pp.185-201.

Morone, Joseph G., and Woodhouse, Edward J. (1986)., Berkeley: University of California Press.

Mudrick, N. R. (1997). Employment Discrimination Laws for Disability: Utilization and Outcome. 549: 53-70.

Nagi, S. Z. (1991). Disability Concepts Revisited: Implication for Prevention. Andrew M. Pope & Alvin R. Tarlov. ed. Washington, D. C.: National Academy Press.

Nakamura, Robert T. and F. Smallwood. (1980). N. Y.: St. Martin's Press.

Needham, D. Barrie. (1982) Aldershot: Gower.

Niskanen, William A. (1971). Chicago: Aldine-Atherton.

O'Day, B. (1996). Re-authorization of the Rehabilitation Act: Comprehensive Solution or Political Satisfying?11(3): 411-427.

Oliver, Michael. (1996). London: Macmillan Press LTD.

Pashigian, B. P. (1988). Environmental Regulation: Whose Self-Interests Are Being Protected?. Stigler, G. J.(ed.)., Chicago and London: The University of Chicago Press.

Percy, S. L. (1989). Tuscaloosa and London: The University of Alabama Press.

Percy, S. L. (1993). ADA, Disability Rights, and Evolving Regulatory Federalism. 23 (Fall): 87-105.

Peters, Guy and Frans K. M. van Nispen eds. (1998). Northampton, MA: Edward Elgar.

Peters, Guy. (1982). N. Y.: Franklin Watts.

Pfeiffer, D. (1993). Overview of the Disability Movement: History, Legislative Record, and Political Implications. 21: 724-734.

Pfeiffer, D. (1994). The Americans With Disabilities Act: Costly Mandates or Civil Right? 9(4):533-542.

Pfeiffer, D. (1996). 'We Won't Go back': The ADA on the Grass Roots Level. 11(3): 271-284.

Pfeiffer, D. and Giampietro. (1977). Government Policy Toward Handicapped individuals 6: 93-101.

Pope and Alvin R. Tarlov(eds.). Washington, D. C. National Academy Press.

Pressman, Jeffery and Aaron Wildavsky. (1973) Berkely, CA.: University of California Press.

Rainey, H. G. (1997).(2nd ed.). California: The Jossey-Bass Inc.

Rawls, John. (1972). 황경식 역. (1985). 사회정의론. 서울: 서광사.

Rein, Martin. (1983). New York: M. E. Sharpe. Inc.

Ripley, R. B. and Franklin, G. A. (1986). 2nd (ed.) Chicago, Illinois: The Dorsey and Press.

Ripley, Randall B. (1985). Chicago: Nelson-Hall Publishers.

Roger, E. Kasperson. and K. David Pijawka. (1985). Social Response to Hazards and Major Hazard Events: Comparing Natural and Technological Hazards45.

Sabatier, Paul and Daniel Mazmanian. (1979). The Conditions of Effective Implementation: A Guide to Accomplishing Policy Objectives. 5.

Sabatier, Paul. (1986). Toop-Down and Bottom-Up Approaches to Implementation: A Critical Analysis and Suggested Synthesis. 6(1): 21-48.

Salamon, L. M. (1981). Rethinking Public Management: Third-party Government and the Changing Forms of Governments Action. 29(3): 256-275.

Salamon, L. M., and Lund, M. S. (1989). Washington D. C.: The Urban Institute Press.

Scotch, R. K. (1984). Philadelphia: Temple University Press.

Scotch, R. K. (1988). Disability as the Basis for a Social Movement: Advocacy and the Politics of Definition.44(1):159-172.

Scotch, R. K. and Schriner, K. (1997). Disability as Human Variation: Implications for Policy.549: 148-159.

Shakespeare. T. and Watson. N. (1997). Defending the Social Model. 12(2): 293-300.

Shavell, Steven. (1991). Specific Versus General Enforcement of Law. 99: 1088-1108.

Shavell, Steven. (1993). The Optimal Structure of Law Enforcement. 36: 255-287.

Sieber, Sam D. (1981) N. Y.: Plenum Press.

Stoker, Robert P. and Laura A. Wilson. (1998). Verifying Compliance: Social Regulation and Welfare Reform. 58(5): 395-405.

Titterton, M.(1989). Managing Threats to Welfare: The Search for a New Paradigm of Welfare. 21(1).

Van Meter, D. and C. Van Horn. (1975). The Policy Implementation Process: A Conceptual Framework. 6: 445-488.

Vogel, D. (1983). Cooperative Regulation: Environmental Protection in Great Britain, The 72.

Watson, S. D. (1993). Introduction: Disability Policy as an Emerging Field of Mainstream Public Policy Research and Pedagogy. 21(4).

Wilson, G. K. (1984). Social Regulation and Explanations of Regulatory Failure. 32: 203-225.

Wilson, J. Q. (1980). New York: Basic Books, Inc.

Wilson, J. Q. (1989). N. Y.: Basic Books.

Winter, Soren. (1990). Integrating Implementation Research. in D. Palumbo and D.

Calista (eds.). London: Greenwood Press.

Woodside, K. (1986). Policy Instruments and the Study of Public Polcy. 19.

Yelin, E. H. (1992). New Bruswick, N. J.: Rutgers University Press.

Yelin, E. H. (1997). The Employment of People with and without Disabilities in an Age of Insecurity.549: 117-128.

3. 기 타

국회사무처. 각 년도. 국정감사(노동환경위원회).

국회사무처. 각 년도. 노동환경위원회 회의록.

국회사무처. 각 년도. 보건복지위원회 회의록.

노동부. 1997-1999. 국정감사 업무현황보고

노동부. 1994. 장애인고용촉진사업계획(1994-1998).

노동부. 1997. 장애인고용촉진5개년계획(1998-2002).

노동부. 1999. 장애인고용촉진5개년계획(1998-2002: 수정).

노동부. 1991. 장애인고용제도: 알고 보면 이렇습니다.

노동부. 1996-1999. 국정감사답변자료.

노동부. 각 년도. 노동백서.

노동부. 노사관계개혁백서. 1999.

노동부. 1993. 사업체 장애인고용실태 조사보고.

노동부. 1992. 주요 사업계획.

노동부 직업안정국. 1993. 장애인고용촉진사업계획('94-'98)

대구장애자복지회관. 1989. 장애자의무고용제에 대한 기업체 의식조사.

보건복지부. 각 년도. 보건사회백서.

장애인먼저실천중앙협의회. 1997. 6. 장애인에 대한 국민여론조사보고서.

장애인복지21. 1995-1999.

장애인신문. 1996-1999.

장애우권익문제연구소 (1989-1999). 함께걸음.

전국경제인연합회. 1998. 70대 핵심규제 개혁과제.

한국노동연구원. 1996. 4. 장애인고용정책에 관한 대토론회 자료집.
한국장애인고용촉진공단. 1996-1999. 고용동향.
한국장애인고용촉진공단. 1996-1999. 국정감사답변자료.
한국장애인고용촉진공단. 1997-1999. 업무현황보고.
환경노동위원회. 1999. 9. 국정감사 참고자료.

http://www.molab.go.kr/molw/owa/molab400
http://welfare.or.kr/search/news_welfare.htm
http://www.mohw.go.kr
http://members.iworld.net/jtjang/
http://www.welfare.or.kr/
http://www.nso.go.kr/
http://ns.ksrd.or.kr/
http://www.kepad.or.kr/

Access to Disability Data: http://www.infouse.com/disabilitydata
Australian Department of Social Security: http://www.dss.gov.au
Australian Governments' Entry Point: http://www.nla.gov.au/oz/gov/
Disability Net(UK): http://www.disabilitynet.co.uk
Disability Statistics Center(US): http://dsc.ucsf.edu
Disabled Peoples' International(DPI): http://www.escape.ca/~dpi
International Classification of Impairments, Disabilities, and Handicaps
        : http://www.who.ch/whosis/icidh/icidh.htm
Ministry of Health and Welfare(Japan): http://www.mhw.go.jp
National Center for the Dissemination of Disability Research
        : http://www.ncddr.org
National Institute on Disability&Rehabilitation Research
        : http://www.ed.gov/offices/OSERS/NIDRR/index.html
National Rehabilitation Information Center: http://www.cais.net/naric
WebABLE: http://www.yuri.org/webable

이 곤 수 (李 坤 洙)

〈주요 경력〉

현) (사)시스템평가연구원 연구위원
동국대학교(경주C) 겸임교수

대구대학교 행정학박사
대구대학교 사회과학연구소 전임연구원
동국대학교 지역정책연구소 책임연구원
대구대학교, 동국대학교, 경주대학교, 안동대학교, 상주대학교 강사

〈저서 및 논문〉

지속가능발전과 지역사회(공저)
공공서비스 성과평가와 측정(공저)
공공부문 장애인고용증진의 영향요인(2006)
지방정부의 지역축제 차별화 전략(2006: 공저)
지역혁신거버넌스의 실증적 분석: 포항시 사례(2005: 공저)
지속가능발전에 대한 주민인식조사(2005: 공저)
지역축제 참여자 만족도의 종합적 평가(2005: 공저)
광역생활권내 자치단체 간 「삶의 질」의 비교평가(2005: 공저)
기초자치단체의 행정서비스 품질지수 측정(2005: 공저)
행정서비스 질 분석을 이용한 기초자치단체 성과평가(2005: 공저)
성과평가관리시스템 구축과 적용(2005: 공저)
광역자치단체의 성과평가: DEA와 SURVEY 방법론 적용(2004: 공저)
지속가능발전의 지역화에 관한 방법론적 고찰(2004: 공저)
지속가능발전을 위한 도시환경의 평가(2004: 공저)
한국의 지방자치와 주민참여(2003: 공저)
장애인고용정책집행의 평가: 집행부실과 문제점 진단(2002)
항해와 정박효과의 은유를 통한 장애인고용정책집행의 해석(2002: 공저)
지역복지향상을 위한 지방정부의 역할(2001: 공저)
장애인고용정책의 집행전략분석(2001: 공저)
정보기술의 발전이 고용에 미치는 효과(2001: 공저)
정부의 정보화와 공무원의 적응 행태: 경상북도 사례(2000: 공저)
사회복지전문요원의 공직몰입 결정요인(2000: 공저)
공공부조의 실태와 방향: 대구시를 중심으로(2000: 공저)
정책논리와 정책수단의 연계: 장애인고용정책 사례(2000)
장애인복지와 정부개입의 논리(1999: 공저)
사회복지전문요원의 이직의도 결정요인에 관한 연구(1999: 공저)
정부 규제와 이익집단 정치: 한약분쟁과 약사법 개정안 사례(1999: 공저)
공무원의 행정정보활용에 미치는 결정요인 분석(1999: 공저)
지방정부 장애인고용촉진 요인에 관한 실증분석(1998: 공저)

장애인고용과 정책집행

• 초판 인쇄	2007년 5월 30일
• 초판 발행	2007년 5월 30일
• 지 은 이	이곤수
• 펴 낸 이	채종준
• 펴 낸 곳	한국학술정보㈜
	경기도 파주시 교하읍 문발리 526-2
	파주출판문화정보산업단지
	전화 031) 908-3181(대표) · 팩스 031) 908-3189
	홈페이지 http://www.kstudy.com
	e-mail(출판사업부) publish@kstudy.com
• 등 록	제일산-115호(2000. 6. 19)
• 가 격	16,000원

ISBN 978-89-534-6751-4 93350 (Paper Book)
　　　 978-89-534-6752-1 98350 (e-Book)